本书系教育部人文社会与科学重点研究基地重大项目"大学与中小学教师教育共同体建设研究"资助成果，项目号：12JJD880008

# 和谐共生：教师教育共同体的理论与实践

孟繁华　张景斌 等著

首都师范大学出版社
CAPITAL NORMAL UNIVERSITY PRESS

**图书在版编目(CIP)数据**

和谐共生:教师教育共同体的理论与实践 / 孟繁华 等著. —北京:首都师范大学出版社,2016.12(2018.12重印)

ISBN 978-7-5656-3219-8

Ⅰ.①和… Ⅱ.①孟… Ⅲ.①师资培养－研究 Ⅳ.①G451.2

中国版本图书馆 CIP 数据核字(2016)第 233974 号

HEXIEGONGSHENG:JIAOSHI JIAOYU GONGTONGTI DE LILUN YU SHIJIAN
和谐共生:教师教育共同体的理论与实践

孟繁华　张景斌 等著

首都师范大学出版社出版发行
地　址　北京西三环北路 105 号
邮　编　100048
电　话　68418523(总编室)　68982468(发行部)
网　址　www.cnupn.com.cn
印　刷　河南省新乡六通实业有限公司
经　销　全国新华书店
版　次　2016 年 12 月第 1 版
印　次　2018 年 12 月第 2 次印刷
开　本　710mm×1000mm　1/16
印　张　17
字　数　288 千
定　价　38.00 元

# 序

2001 年 4 月，首都师范大学王长纯教授和宁虹教授在国内首倡教师发展学校建设。从那时开始，历经 15 年，这一关系到师范大学教师教育发展道路的探索，不断深化，不断延伸，甚至可以说，这一探索对我国师范大学教师教育改革产生了深远的影响。

教师发展学校的本质就是通过大学和中小学教师教育共同体的建设，把大学的文化特质与中小学教育教学的丰富实践密切地结合起来，推进大学与中小学之间文化交流与融合，实现大学与中小学理论与实践的双向激活，提高教师教育质量。

在大学与中小学之间建立一种平等共生的合作伙伴关系，是教师发展学校建设的基础。在教师发展学校建设的历程中，一系列的工作、活动和探索，都是在这个基础上开展、形成和实现的。教师发展学校这一建设理念，借鉴了美国"PDS"建设的理论和实践，同时也有自身在理论思考和建设过程中形成的特质。

关于美国"PDS"建设的大量文献都十分强调大学与中小学之间建立"PDSs 式的合作关系"。霍姆斯小组成员古德莱德强调"若想使大学找到通向模范学校的道路，并使这些学校保持其高质量，学校和教师培训院校就必须建立一种共生的关系，并结为平等的伙伴"。在美国"国家教师教育认证委员会"颁布的《PDSs 标准》中指出："PDSs 之所以重要，是因为它把改革的两个支流结合在一起，它支持了两者之间必要的联系并超越了这种联系使合作得到进一步的发展。长期以来，教育工作者一直在寻求能够使基础教育与专业教育有效地结合并使双方都能够获益的方式。大学和中小学的教育工作者都意识到了研究与实践之间的鸿沟，也都意识到了在专业准备与学校改革的真实世界之间缺少清晰的联系。大学和中小学的教育工作者都在寻求发展一种结合体，这种结合体能够使大学和中小学从他们之间所建立的联系中获益。"PDSs 所倡导和实现的大学与中小学之间的平等、共生的合作伙伴关系，或许可以说是 PDSs 最突出的特点和贡献。这一特点突出了 PDSs 的改革和创新的性质，它使得 PDSs 不再仅仅是类似于医科大学的教学医院那样的辅助性质，而成为一种新的学校机制，改变着对于学校的传统理解，使得 PDSs 成为"真正的学校"。大学的学术创新精神进入中小学，为中小学教师成为研究者提供着新的基础和新的发展空间，它将有力地改变中小学教师的工作和生活态度，使得现代科学和研究的学术氛围于他们不再相隔遥远。霍姆斯小组在它提出 PDSs 的时候，已经预见了这个前景："最富有创新精神的专业实践将在这些场所得到发展、示范和批评性的评估。通过创造在任何地方都可以进行试验的示范实践'典范'，专业发展学校可以对专业知识的发展和完善做出重大的贡献。"

大学与中小学的教师教育合作共同体建设，所寻求的正是这样一种平等共生的合作伙伴关系。它"追求的不是将一种观点强加给另一方，而是双方的平等合作，是倾听，是学习，是尊重，是主体间在面向实践过程中相互沟通，改变双方的观点，而达到一种新的视界"，它"充分重视和理解实践中'主体—主体'间的关系"，认为"教育研究、教育的改革和发展都应该是教育实践主体之间在实践中的相互引发、激活，直至有所创新的过程"，"这也就是主体双方进入一个由当场发生的语境、情景本身所构成的心领神会的共同创造之中。"这种理论态度，汲取当代的现象学和解释学等哲学思想的启示，"张扬了哲学对人类生存意义的关怀和占有意义空间的人类实践的主体创造精神"。

大学和中小学之间，是有着文化的差异的。这种差异，导致两种文化之间的隔膜以及理论和实践的距离。但是这种差异，也是合作的前提。有了差异，才有合作的相互需要。因为总是有差异，合作才总是需要持续。这种差异是长期的历史传统造成的，改变这一点，需要长时期的努力。

　　长达 15 年的实践积累和理论成果，并非一蹴而就。这一探索，经历了两个阶段。第一阶段（2001—2008 年），我们提出了"开放、合作和实践"为核心理念的指导思想，开放就是打破教师教育长期以来存在的体制性障碍；合作意味着搭建大学—中小学教师教育共同体平台；实践则是走进中小学教育现场，充分反映教育现场实践的丰富性。第二阶段（2009 年至今）提出了"反哺、超越与激活"的教师教育共同体建设核心理念。中小学实践反哺大学教师教育就是要建立有效的双方协同发展机制，用中小学丰富的实践激发大学教师教育活力，改进大学教师教育；超越就是要摆脱教师教育对经验的路径依赖，避免堆砌中小学经验用于大学教师教育的做法，走出单纯经验循环怪圈，开拓理论自觉的实践空间；激活则是通过双方协同，在开放的状态、融合的互动关系中，激活新一轮更丰富、更深刻的理论建构和实践探索，形成充满活力的大学和中小学一体化的教师教育。

　　这一探索走到今天，凝聚了老一代专家教授和许多青年学者的智慧，众多中小学教师，甚至广大师范生，对本项成果的产生也有重要贡献，以至于有时很难分清哪一想法是谁首先提出来的了。我想这也正是 U-S 教师教育共同体思想所蕴含的内容之一。

　　这一探索将继续下去，这是我们共同的使命。

孟繁华

2016 年 4 月于北京

# 目　　录

# 第一章　教师教育共同体的理解

20 世纪 80 年代中期以来，从西方发达国家开始，教师教育改革的关注点从"个人化的努力（individual effort）"转向"学习者的共同体（communities of learners）"。[①] 我国改革开放 30 多年来，随着素质教育的稳步推进，基础教育对教师质量的要求越来越高，我国教师教育改革的重心也如同国际社会一样，逐步从"个人化的努力"转向"学习者的共同体"。教师共同体的出现促进了教师之间知识和经验的交流与分享，提高了教师自主发展的积极性，为学校的进一步发展创造了可能，也对我国教师教育改革产生了积极影响。

## 一、教师教育共同体的产生

基础教育和教师教育改革深刻地触动并改变着传统思维的方式和行为的方式。这种改变的突出体现就是我国中小学教师由过去工具化的个体劳动走向自主与合作发展，由专业技术熟练的适应型教师，转向反思型实践者、转向教学研合一的专业工作者，转向教学团队的合作者。于是，近几年来，相当数量的各种各样的教师教育共同体应运而生，以不同的方式推动着教师专业发展。其中包括大学和中小学合作的、旨在促进教师专业发展的学习共同体，区域教师发展共同体，校际教师发展共同体，城乡教师发展共同体，移动性教师发展共同体等等。

### （一）共同体的内涵

共同体（community）是一个社会学的基本概念，它是由德国著名社会学家和哲学家滕尼斯（F. Tönnies）从社会这一概念中分离出来的。在滕尼斯的视野中，共同体的涵义十分广泛，它强调人与人之间所形成的亲密关

---

[①]　T. G. , Wineburgs, et al. In the company of colleagues: aninterimreport of the development of a community teacher learners. *Teaching and Teacher Education*，1998(1)：16—21.

系和共同的精神意识以及对共同体的归属感、认同感；而且他强调的更多的是一种研究路径、一种理想类型。这种共同体不仅包括地域共同体，还包括血缘共同体和精神共同体，人与人之间具有共同的文化意识是其精髓。滕尼斯强调共同体是建立在自然基础上的、历史和思想积淀的联合体，是有关人员共同的本能和习惯或思想的共同记忆，是人们对某种共同关系的心理反应，表现为直接自愿的、和睦共处的、更具有意义的一种平等互助关系。

社会学家鲍曼（Z. Bauman）在滕尼斯的意义上指出，共同体一直是一个象征着互助、和谐和信任的褒义词，其本质是传递出一种安全、愉悦和令人神往的满足感，意味着怀念一种传统的稳定生活，或者渴望重新拥有一个团结和谐的世界。同时，共同体及其成员的身份不是人为设计的自然存在物，成员资格的认同也不需要去刻意寻求，更无法接受来自外界的任何反思、批判或试验。因此，一旦人为地夸大它的温馨和纯洁之美或贬低其存在的价值，就意味着共同体濒临消亡，而且共同体一旦解体，它就不可能再还原。在其著作《共同体》中他用坦塔罗斯的痛苦来隐喻共同体的实践历程。

我国的社会学前辈学者吴文藻先生直接把这种"共同体"解释为"自然社会"，而把"社会"解释为"人为社会"。

共同体是以共同体成员自愿为基础，以具有共同的价值追求为背景，旨在获得一种和睦共处的及更具有意义的一种平等互助关系的组织形式。

### （二）共同体理论产生和发展的基本脉络

共同体一词由来已久，含义丰富，关于共同体的思想早在古希腊亚里士多德那里就产生了，而后在西方经西塞罗、奥古斯丁、阿奎那、埃德蒙·伯克，一直到约翰·密尔、费迪南·滕尼斯、黑格尔和杜威，共同体及共同体关系概念的内涵和意义虽历经变化，但这一思想传统在西方历史上一直没有中断过。[①]就共同体思想的发展而言，历史上具有两条大的脉络："在政治哲学上，共同体（Community）一词的意义，可溯源自亚里士多德的政治共同体（kovovia），是为达到某些善之目的所形成的共同关系或团体。然而，在19世纪，社会学对共同体的讨论，并不是源自这一意涵。在社会学框架内，共同体概念一开始指的是社会的某种组织方式、联系纽带和结合原则。威廉姆斯（R. Williams）认为共同体这个词的复杂性，是与历史过程中所发展出来的各种思潮复杂的互动有关：一方面，它具有'直接、

---

① 李建兵：《共同体主义：批判中寻求存续空间》，《广西社会科学》，2004年第3期，8—11页。

共同关怀'的意涵；另一方面，它意指各种不同形式的共同组织，而这些组织也许可能、也许不可能充分表现出上述的关怀。"①

美国社会学家布林特(S. Brint)在回顾共同体这一概念时，认为在社会学中讨论共同体，有两个渊源，一个是源自滕尼斯，另一则是来自涂尔干。

1. 共同体与社会：滕尼斯的共同体思想

德国社会学家滕尼斯在1887年出版了社会学著作《共同体与社会》。在这部著作中，滕尼斯区分了两种人类共同生活的形式，即共同体和社会。他认为，共同体与社会是一对对立的范畴。"共同体是古老的，社会是新的，不管作为事实还是作为名称，皆如此。"②共同体的本质可以被理解为现实的和有机的生命的关系，而这种关系本身就是结合。"共同体是持久的和真正的共同生活，社会不过是一种暂时的和表面的共同生活。因此，共同体本身应该被理解为一种生机勃勃的有机体，而社会应该被理解为一种机械的聚合和人工制品。"③他认为，人类有两种意志：一种是本质意志，另一种是选择意志。本质意志主要基于情感动机，指的是人们在传统的和自然的感情纽带基础上的一致性和相互融洽。选择意志则主要基于思想动机，指的是人们那种尽量排除感情因素的纯理智思维、个人的目的性打算及人与人之间利益关系的考虑。这两种意志形式分别与"共同体"和"社会"的类型对应。

共同体主要是基于自然意志(natural will)，例如情感、习惯、记忆等，以及血缘、地缘和心灵而形成的社会组织，包括家庭、邻里、乡镇或村落。这种社会组织属于一种有机的整体。人们在整体中扮演着不同的角色，是社会成员的身份，彼此之间有着亲密的互动，相互依存，并且寻求归属感及深入的了解。他认为，最初的共同体是血缘共同体，"血缘共同体作为行为的统一体发展为和分离为地缘共同体，地缘共同体直接表现为居住在一起，而地缘共同体又发展为精神共同体……地缘共同体可以被理解为动物的生活的相互关系，犹如精神共同体可以被理解为心灵的生活的相互关系一样。因此，精神共同体在同以前的各种共同体的结合中，可以被理解为真正的人的和最高形式的共同体"。④

① 转引自陈美萍：《共同体(Community)：一个社会学话语的演变》，《南通大学学报(社会科学版)》，2009年第1期，118—123页。

② ［德］斐迪南·滕尼斯著，林荣远译：《共同体与社会》，北京：商务印书馆，1999年，53—54页。

③ 同上书，54页。

④ 同上书，65页。

社会则是基于理性意志(rational will)，深思熟虑、抉择、概念等，符合主观利益而形成的社会关系，如各种利益团体，以及各种规模不等的城市或国家。在社会，参与者是基于独立性质的个人，根据主观判断而采取的行动。他们的关系是疏离的，可是又不得不彼此联合，以争取自己的权益。人与人之间的关系主要是与利益相结合，必须靠契约来维持。这种社会的人际关系是契约性、非人格化、专门化的，强调隐私和个人。滕尼斯也表示，共同体和社会只是理念类型，在现实生活中，并不存在纯粹的共同体或纯粹的社会，而只是存在与共同体和社会近似的社会实体。共同体和社会就好像是社会形式的两个端点，任何形式的社会都可以在这两个端点之间找到定位。

在此基础上，滕尼斯还提出了能够把一个团体的成员团结在一起的特殊的社会力量，即共同体内部的默认一致。这种默认一致是指团体成员把"相互之间的、共同的、有约束力的思想信念作为一个共同体自己的意志"①。"默认一致是对于一切真正的共同生活、共同居住和共同工作的内在本质和真实情况的最简单的表示。"②"结构和经验的相似性越大，或者本性、性格、思想越是具有相同的性质或相互协调，默认一致的可然率就越高……默认一致的真正的机关是语言本身，默认一致就是在这个机关里发展和培育它的本质，人们用表情和声响表示，相互告知和感受到痛苦与快乐、惧怕与愿望和所有其他的感情和情绪的激动。"③

滕尼斯对共同体充满了乡愁，他认为只有在共同体这种社会组织形式或社会实体中，人类才能够重新找回那种人与人之间应有的道德关怀，他希望人类社会能够回归共同体时代。滕尼斯的这种思想与他所处的时代有很大关系，在19世纪，共同体的失落(loss of community)是当时社会的核心问题。当时整个的西方社会背景是社会逐步转型，由于大工业社会的不断推进和发展，传统社会那种人与人之间的休戚与共、如同亲情样子的直接的互动没有了，取而代之的是人与人互动的主要方式的非人格化，人们的生活越来越依靠他们从未见过和不曾认识的人，彼此的互动被市场力量或法律制度所支配，因此共同体这种直接性的互动方式在工业社会的社会关系中被区分出来。滕尼斯提出"共同体"与"社会"这对范畴，在更多的层面上是对共同体进行了带有理想主义的美化。传统的共同体也并不都是美好的、和谐的一面。尽管如此，滕尼斯对共同体的经典论述还是使我们在

---

① ［德］斐迪南·滕尼斯著，林荣远译：《共同体与社会》，北京：商务印书馆，1999年，71页。
② 同上书，74页。
③ 同上书，72页。

全球化时代得以理解共同体的某些重要的内核。

2. 机械团结和有机团结：涂尔干的共同体思想

与滕尼斯同时期的社会学家涂尔干(É. Durkheim)在《社会分工论》中尝试运用一种新的方法来探讨个人和社会之间的关系问题。为此，他引入了一个关键的论题，即社会团结或社会整合。在涂尔干的眼中，社会团结或社会整合可以被看作是一种社会事实，这个事实存在于个人的外部，而且不能根据个人的特殊性来解释。他在理论中划分了两种不同类型的社会结构，即机械团结和有机团结，这两种社会结构反映了分工程度的不同和团结的主要形式的不同。

其一，机械团结

根据无机物分子之间所存在的联系的类比(分子都是相同的，而且纯粹是机械的联系)，涂尔干把多半是不发达的和古代社会中的那些团结称为机械团结。他认为，机械团结是由于彼此相似或相同而形成的团结。当这种形式的团结主宰社会时，个人之间的差异不大。同一团体的成员彼此相近或相似，因为他们有着同样的感情，赞成同样的道德准则，承认同样的神圣的事物。在这种情况下，社会是"协调一致"的，因为个人之间还没有分化。机械的团结之所以有可能，乃是以集体淹没个性为代价的。

其二，有机团结

与上述关于机械团结的论述相反，发达的社会就像一个具有各种器官的有机体一样，其中每个人都按照社会的分工执行着某种专门的职能。因此，涂尔干把这种社会中所出现的新的团结形式称之为有机团结。分工决定着个人的区别：这些个人按照其职业上的作用发挥着个体的、个人的能力。每个个体现在都是独立的个人，都意识到每个人都依赖于他人，所有的人都由分工所造成的社会关系的统一体系联系着，这就造成人们彼此的相互依赖感、团结感和自己与社会的联系感。用涂尔干的话来说，在这种形式的团结中，集体的"协调一致"即和谐统一产生或表现为分化。个人不再彼此相似，而是彼此有别。正是由于不同，"协调一致"才以某种方式得以实现。

从中可以看出，以机械团结为基础的社会，它的分工极不发达，但是它有强烈的集体意识。以有机团结为基础的社会，它有高度发达的分工，结果是高度和广泛的相互依赖替代了强烈的集体意识作为团结的根源。涂尔干认为，一般说来，这两种社会是统一的进化链条上的两个环节，社会分工的发展推动了社会结构从机械团结向有机团结的转变，社会是从机械团结向有机团结进化的，但是集体意识在有机团结中并未完全消失，而是以另外的形式表现出来。

涂尔干不把共同体视为一种社会结构或外实体，而是人们互动中存在的一些特性。因此，共同体不是只存在于传统农业社会，在很多的现代城市中，它也存在着。依循涂尔干途径分析的研究者，累积及证实了近似共同体的重要社会关系，包括了结构层面和文化层面："(1)紧密的社会约束力；(2)对社会机构的依附和参与；(3)仪式庆典；(4)小规模人口；(5)相似的外表特征、生活方式及历史经验；(6)相同的道德信仰、道德秩序等。布林特(Steven Brint)对这些研究的结论是：如果强调近似共同体的关系，是社会学对一个被社会精神影响的世界的重要贡献，那唯有把社会关系中会产生变化的层面，从一个更广阔的社会概念区分出来，这个贡献才变得有可能。在这一理解上，"共同体"概念的命运，标志着社会科学的成熟：从一个模糊的共识，走向一个清楚的分析概念。布林特(Steven Brint)对共同体的分析与结论很符合社会学到美国之后的发展趋势与研究方法。一个具体、可以清楚分析的共同体概念是注重经验研究的美国社会学所需要的。"①

涂尔干显然没有滕尼斯对前工业社会的深切的乡愁，反而是认为现代工业社会可以透过职业团体的伦理，以及社会分工所产生的依赖关系加以整合。这样的工业社会使个人获得更大的自主，可是，同时也依附在社会秩序上，所以他对共同体的研究不限于整体社会关系，而是集中在更小的社会结构或文化群体中。②

20世纪初，社会学由欧洲传到美国，而美国没有欧洲大陆深厚的文化传统，加上城市中各地移民、不同的种族及语言文化背景，使得美国社会学研究几乎是很快就把研究焦点放到了城市问题上。而如何研究城市问题，将城市生活和传统生活作比较是一个很自然会被选择的途径，除此，对某个地理范畴的人群聚落，尤其是不同种族的移民群体深入了解，则成了另一个研究途径。欧洲的"共同体"研究，在美国社会学逐渐演变成城市社会学中的社区研究。③

在近二三十年中，还有一些著名的社会学家对共同体进行了论述。这些论述从不同方面丰富并发展了共同体思想。

---

① 陈美萍：《共同体(Community)：一个社会学话语的演变》，《南通大学学报(社会科学版)》，2009年第1期，118—123页。

② 同上。

③ 同上。

### 3. 鲍曼的共同体思想

鲍曼是英国著名的社会学家，他在《共同体》一书中，从社会理论层面重点阐发共同体对安全的意义，并追踪其在现代社会变迁进程中的转换问题。鲍曼是在滕尼斯的意义上把"共同体"视为一个象征着安全和谐的有机体。鲍曼在滕尼斯的意义上还指出，共同体一直是一个象征着互助、和谐和信任的褒义词，其本质是传递出一种安全、愉悦和令人神往的满足感，意味着怀念一种传统的稳定生活，或者渴望重新拥有一个团结和谐的世界。同时，共同体及其成员的身份不是人为设计的自然存在物，成员资格的认同也不需要去刻意寻求，更无法接受来自外界的任何反思、批判或试验。因此，一旦人为地夸大它的温馨和纯洁之美或贬低其存在价值，就意味着共同体濒临消亡，而且共同体一旦解体，它就不可能再还原。

"共同体"之所以会给人以不错的感觉，那是因为这个词所表达出来的含义——它所传递出的所有含义都预示着快乐，而且这种快乐通常是我们想要去经历和体验，但看起来又可能是因为没有而感到遗憾的快乐。首先，共同体是一个"温馨"的地方，一个温暖而又舒适的场所。在共同体中，我们相互都很了解，我们可以相信我们所听到的事情，在大多数的时间里我们是安全的，并且几乎从来不会感到困惑、迷茫或是震惊。其次，在共同体中，我们能够互相依靠对方。我们的责任，只不过是互相帮助，而且，我们的权利，也只不过是希望我们需要的帮助即将到来。

令人遗憾的是，"共同体"意味着的并不是一种我们可以获得和享受的世界，而是一种我们将热切希望栖息、希望重新拥有的世界。威廉姆斯(R. Williams)曾经评论说，共同体值得注意的东西是，"它总是过去的事情"。今天，"共同体"成了失去的天堂的别名。

《共同体》的译者欧阳景根对本书中所指的共同体进行了注解，"'共同体'一词的原文是 community，社会学家往往把它理解为'社群'、'社区'。但在本书中，此词的所指过于广泛，指社会中存在的、基于主观上或客观上的共同特征(这些共同特征包括种族、观念、地位、遭遇、任务、身份等等)(或相似性)而组成的各种层次的团体、组织，既包括小规模的社区自发组织，也可指更高层次上的政治组织，而且还可指国家和民族这一最高层次的总体，即民族共同体或国家共同体。既可指有形的共同体，也可指无形的共同体。"[1]

鲍曼在其中提出了确定性与自由的问题。他认为，为了得到"成为共

---

① [英]齐格蒙特·鲍曼著，欧阳景根译：《共同体》，南京：江苏人民出版社，2007年，1页。

同体中一员"的好处，你就需要付出代价。付出的代价是自由。"失去共同体，意味着失去安全感；得到共同体，如果真的发生的话，意味着将很快失去自由。确定性和自由是两个同样珍贵和渴望的价值，他们可以或好或坏地得到平衡，但不可能永远和谐一致，没有矛盾和冲突。"

他认为，滕尼斯选择"共同理解（common understanding）"、"自然地出现（coming naturally）"作为共同体区别于激烈争吵、你死我活的竞争、讨价还价和相互吹捧的世界的特征。①

4. 当代其他社会学家的共同体思想

多年以后，瑞典的一位很有洞察力的分析家罗森伯格（G. Rosenberg），在 2000 年发表于"La Nouvelle LettreInternationale"的一篇文章中创造了"温馨圈子（warm circle）"概念，来理解处于人类和睦相处中的天真状态。在这一"温馨圈子"内提供的、不带感情的、人们期望的忠诚，"不是源于外部的社会逻辑，也不是源于任何经济的成本—收益的分析"。② 这恰恰是使得这一圈子变得"温馨"的东西。在这一"温馨圈子"内，人们不必证明任何东西，而且无论做了什么，都可以期待人们的同情与帮助。

美国人类学家，社会学家雷德菲尔德（R. Redfield）非常赞成滕尼斯的观点，即在一个真正的共同体中，没有任何反思、批判或试验的动力；但他又急忙解释说，这种情况是因为，只有在以下的范围内，共同体才和它的本质保持一致。即它区别于其他的人类群集（groupings），它是小的，但它也是自给自足的。"它给共同体内的人提供所有的或多数的活动与需要。小的共同体是一个从摇篮到坟墓的安排"。雷德菲尔德对共同体特性的选择，恰恰不是随意的。"独特性（distinctiveness）"意味着：它分为"我们"和"他们"，它是分离的，也是消耗的，不再存在"模棱两可"的情况，谁是不是"我们中的一员"，这是显而易见的，不存在混乱状态，也没有混乱的理由——没有认识上的含糊不清，因而也就没有行为上的摇摆不定。"小（smallness）"意味着：共同体内部人们的交流是全面的、经常的，因而由于它们相对稀有、浅薄和随随便便的特性，就把来自共同体"外界"的零星信号置于不利地位。而"自给自足"却意味着：与"他们"的分离几乎是全面的，打破这种分离的机会是少之又少的。在有效地保护共同体的成员免于遭受对他们的习惯方式的挑战中，这三个特性结成了钢铁长城。只要这三位一体的特性保持完好无损，那么，反思、批判和试验，就确实是几乎不可能出现的。

---

① ［英］齐格蒙特·鲍曼著，欧阳景根译：《共同体》，南京：江苏人民出版社，2007 年，5 页。

② 同上书，5—6 页。

雷德菲尔德"小共同体"完好无损的一致性，依赖于封锁与他们所栖息的世界之外的交流渠道。雷德菲尔德要说的共同体的一致性，或者说滕尼斯更喜欢说的共同理解的"自然而然性"都是由相同的原料所做成的：即它们都是由同质性（homogeneity）、共同性（sameness）所构成的。①

英国著名的左派史家霍布斯鲍姆（E. Hobsbawm）最近指出："'共同体'一词从来没有像最近几十年来（在这几十年中，在现实生活中很难找到社会学意义上的共同体）一样不加区别地、空泛地得到使用了"；他评论说："在一个其他所有东西都在运动和变化、其他所有东西都不确定的世界中，男人和女人们都在寻找那些他们可以有把握地归属于其中的团体。"杨（J. Young）对霍布斯鲍姆的观点和评论，做了一个简洁而又一针见血的解释："正是因为共同体瓦解了，身份认同（identity）才被创造出来。"②

从滕尼斯、涂尔干、鲍曼到霍布斯鲍姆等西方社会学家对共同体从各自不同角度的深刻阐释中，我们可以发现很多不同之处，但是同时我们能够找到其中相似的共同点，这就是共同体的安全与惬意、成员组成的同质性和自愿性、相互关系的和谐性和行动的一致性，以及成员对共同体的依赖性。在现代化的过程中，崇尚竞争与效率，追求物质与利益造成的人与人之间的疏离和冷漠，道德伦理的危机，往往使人们向往一个摆脱烦恼的温馨港湾，一个可以信赖的圈子，一个有共同愿景的组合，一片可以共生与共发展的沃土。而这些正好是共同体理念所具有的。因此，在现代社会中，共同体的理念，尽管是多元的，也还是散发着思想的魅力。只不过这时的共同体建构不是一股乡愁了，而是面向未来发展的精神力量。

当代国际社会政治、经济、社会、文化，包括教育的改革都往往会从共同体的理念中吸取精神助力。20 世纪 80 年代以来的美国中小学教育和教师教育改革，便是从共同体的理念里获取了教师专业发展的一个重要的思想支点。

在现代社会的发展中，面对公共空间的萎缩，"单面人"的出现，西方社会酝酿并发生了一场旷日持久的旨在恢复共同体、使之得以新生的社会活动构想与实践运动。这种思想与实践在教育领域产生了非常广阔的影响力。共同体理论也对教育领域的变革与发展发挥着重要作用。教师教育共同体的产生与发展便是一例。

20 世纪 70 年代石油危机后，新保守主义和新自由主义思潮凸显，在

① ［英］齐格蒙特·鲍曼著，欧阳景根译：《共同体》，南京：江苏人民出版社，2007 年，7—9 页。

② 同上书，12 页。

教育领域里出现了将市场经济的竞争机制引入教育、刺激教育发展的趋势。但是，人们逐渐地发现，在教育领域里更多地还是要注重人、尊重人、倡导不同人的合作，教师和教师的合作就是包括领导与教师的合作、教师和学生的合作、学校与社区、家庭合作的核心。正是在这种条件下，"学习共同体"、"学校共同体"、"实践共同体"等成为西方社会教育领域受到普遍关注与青睐的术语，教师教育共同体的提出与彰显正是在这一形势下发生的。

## 二、U-S 教师教育共同体的发展脉络

教师专业化是当代旨在提高教师专业水平，促进教师教育改革的一种取向。对教师专业发展的普遍关注始于 20 世纪 60 年代中期，当时西方发达国家社会发生急剧变化。由于人口出生率急剧下降、政府大幅度削减公共支出、学校教育质量与公众预期质量的巨大差距等原因，这些国家的教师教育承受了前所未有的压力，改革已是势在必行。在教师教育改革中，职前教师培养质量和在职教师素养与能力被纳入改革视野，教师专业化、教师的专业发展逐渐成为教师教育改革的主导方向。

1963 年，世界教育年鉴的主题是"教育与教师培养（education and training of teachers）"。1966 年，联合国教科文组织和国际劳工组织共同发布《关于教师地位的建议》。该"建议"强调：必须把教师职业作为专业来看待。1980 年，世界教育年鉴的主题是"教师专业发展（professional development of teachers）"。1983 年，美国出台《国家处于危险之中，教育改革势在必行》的调研报告。该报告指出美国中小学教育的弊端在"平庸"，"平庸"的原因在于师资质量不高。在这种背景下，美国开始了旨在提高公共教育质量、推动教学成为真正的专业的教师专业发展运动。美国教师专业发展运动对国际社会特别是西方社会的教育产生了很大的影响。此后，英国等发达国家开始将教师专业化纳入政策视野，并对理论与实践相脱节的传统教师教育模式的弊端进行一系列改革。新的教师教育模式在目标定位、课程设置、教学形式和组织管理等方面，都呈现出与传统教师教育模式迥然不同的特征。就其中教师教育的组织形式而言，新模式实现了一个重要转向，这就是将关注的重心从"个人化的努力（individual effort）"转向"学习者的共同体（communities of learners）"[①]。它更加强调教师的交流与

---

① T. G. ，Wineburgs, et al. In the company of colleagues：aninterimreport of the development of a community teacher learners. *Teaching and Teacher Education*，1998(1)：16—21.

合作，强调将教师养成置于各种专业共同体之中。这样一来，教师能够通过参与合作性的实践来滋养自己的教学知识和实践智慧，更有利于教师提高自身的教学水平和授课质量，更好地促进学生的发展。指向大学与中小学合作的教师教育共同体逐渐建立并成熟起来，如果探寻大学与中小学合作的起源，可以追溯到19世纪末美国著名教育家和哲学家杜威创建的实验学校。就我国来说，开展院校合作的历史也有多重考证标准和方式。本文以1978年改革开放作为起点，对我国聚焦院校合作的教师教育共同体的发展历程做了梳理。① 我们可以以合作的紧密程度以及合作内容作为线索和依据，将这一历程划分为四个发展阶段或时期。

**(一)松散合作时期(1978—1989年)**

这时的合作实际上是解决"文革"后中小学教师数量匮乏与质量堪忧而实行的救急性、补偿性的学历教育。资料显示，1980年，全国有中小学教师845万人，其中，初中教师中达到大专学历的人数约占10%，小学教师中达到高中、中师毕业程度的人数约占47%。同时，中小学教师队伍中新教师多、民办教师多，约占中小学教师总数的53.6%。②

针对这一情况，教育部于1978年10月颁布了《关于加强和发展师范教育的意见》，其中对中小学教师培训的学历达标要求做了明确的规定，即"经过有计划的培训，使现有文化业务水平较低的小学教师大多数达到中师毕业程度，初中教师在所教学科方面大多数达到师专毕业程度，高中教师在所教学科方面达到师范学院毕业程度"；随后在1980年教育部出台的《关于进一步加强中小学在职教师培训工作的意见》中，提出了"教什么，学什么"、"缺什么，补什么"的基本原则，强调"把长远的文化、专业知识的系统学习以及搞好当前教学工作的教材教法学习结合起来"。③ 为了统一教学计划，教育部在1982年6月和8月相继颁发了《关于试行中学教师进修高等师范专科、本科教学计划的通知》以及《关于试行小学教师进修中等师范教学计划的通知》，培训的重点是那些学历未达标以及教学岗位不合

---

① 关于合作发展历程前两个阶段的划分受以下文献的启发：张贵新：《我国中小学教师继续教育的发展阶段与走向》，《东北师大学报(哲学社会科学版)》，2001年第1期；李新宇：《我国中小学教师继续教育的进程和新的使命》，《河南教育学院学报(哲学社会科学版)》，2001年第1期；蒋媛媛：《1978年以来我国中小学教师培训政策研究——价值观念的变迁及其启示》，山东：山东师范大学，2004；钟瑞添，耿娟娟，罗星凯：《大学与中小学教师教育合作伙伴关系建设：理念与行动》，《广西师范大学学报(哲学社会科学版)》，2007年第5期。

② 陈永明：《教师教育研究》，上海：华东师范大学出版社，2003，288页。

③ 蒋媛媛：《1978年以来我国中小学教师培训政策研究——价值观念的变迁及其启示》，山东师范大学2004年硕士学位论文，5—6页。

格的在职教师。1986年，国家教委颁布《中小学教师考核合格证书制度》，包括了《教材教法考试合格证书》和《专业合格证书》两种考核形式。凡不具备国家规定合格学历的在职中小学教师，都可申请参加"教材教法考试合格证书"考试。已取得"教材教法考试合格证书"者都可申请参加"专业合格证书"的文化专业知识考试。

同时，教师培训机构的设置问题，也在相关政策和文件中做了说明。1978年4月，教育部《关于恢复或建立教育学院或教师进修学院报批手续问题的通知》的公布，标志着各地教师培训机构得以恢复或建立，从而在机构建设上为教师培训工作的顺利展开提供了基础性的保障；1980年出台的《关于进一步加强中小学在职教师培训工作的意见》中指出："教育学院、教师进修院校是培训中小学在职教师的重要基地……各级师范院校是培训、提高中小学在职教师的实力较强的另一重要基地"；1986年公布的《关于加强在职中小学教师培训工作的意见》中则进一步明确指出"教师进修学校……是培训在职中小学教师和农职业中学教师的一个基本渠道……普通高等学校、中等专业学校……是培训中小学和农职中学师资的又一个基本渠道"。可见，这期间大学的作用主要体现为辅助教育学院和教师进修学校为中小学教师提供大学本科和专科起点的学历教育，除前面提到的函授教育外，还包括脱产与业余学习培训这样三种主要的合作方式。

经过十余年的学历教育，中小学教师的学历结构得到了很好的提升，截至1989年年底，小学教师达到中师学历的比率上升到71.4%，初中教师达到高师专科学历的比率上升到41.3%，高中教师达到本科学历的比率达到43.5%，还有30万左右的中小学教师取得了《专业合格证书》；这期间，还恢复和建立了大批师资培训机构，到1989年年底，全国共有各级教师进修院校2153所，教育学院265所。[①]

综上所述，在这一阶段，大学作为重要的培训机构为中小学提供大学本专科起点的学历教育，合作围绕着在职教师的学历补偿以及学历达标展开，但大学与中小学之间基于教师培养和发展的合作关系更多地体现出的是一种被动式的、行政指令式的松散合作的特点，大学在学历教育中掌握着合作的绝对主导权，但总体而言，双方均缺乏主动合作的意识和意愿。此外，其他形式和内容的合作尚未开展起来。

**（二）强化合作时期（1990—2000年）**

经过十余年的努力，虽然我国中小学教师学历结构得到了极大的改善

---

① 数据转引自蒋媛媛：《1978年以来我国中小学教师培训政策研究——价值观念的变迁及其启示》，山东师范大学2004年硕士学位论文，5—6页。

和提升，但学历教育，或者说学历达标，依然是教师在职培训的一项重要任务和工作。为此，在1992年，国家教委出台了《关于加快中学教师学历培训步伐的意见》，提出要运用函授教育、卫星电视教育以及高等教育自学考试相结合的"三沟通"培训方式，最大限度地进行学历补偿教育。但毕竟学历只是体现教师素质的一个指标，还远非教师专业发展的全面体现，而这就需要进一步地提高培训的层次、标准和要求。正是基于这样的认识，这一时期产生了一个重要的转向，即从单纯注重学历教育转变为逐渐强调非学历教育以及教师专业素质和能力的提高，即明确了继续教育的主要目标在于提高教师的教育教学能力，促进教师的专业发展。大学开始参与中小学骨干教师队伍建设和国家级及省级骨干教师培训工作。

国家先后出台了一系列推进教师教育专业化的政策法规，1991年12月国家教委颁发的《关于开展小学教师继续教育的意见》中提出："今后十年，在有计划地提高小学教师学历层次的同时，要大力开展小学教师继续教育，有步骤地将中小学教师培训工作重点从学历达标转移到开展继续教育上来。"①1993年颁布的《中华人民共和国教师法》把"教师"界定为"履行教育教学职责的专业人员"，并对教师应具备的基本素质做了两方面的限定，分别是"良好思想品德修养"以及"良好业务素质"。同时也明确了"参加进修或者其他方式的培训"是教师享有的权利。随后，1995年公布的《教师资格条例》中则对教师入职制度做出了具体的规定，为教师职业设置了一定的入职门槛，条例中规定的教师需具备的条件包括：有良好的师德；教书育人，使学生得到全面发展；努力进修，提高教育和学术水平。1999年出台的《中小学教师继续教育规定》中提到，中小学教师继续教育的内容主要包括"思想政治教育和师德修养；专业知识的更新与扩展；现代教育理论与实践；教育科学研究；教育教学技能训练和现代教育技术；现代科技与人文社会科学知识等"。2000年，《〈教师资格条例〉实施办法》颁布，进一步明确了通过资格认定来体现教师专门职业的要求。而这些都在客观上对通过院校合作的方式来促进教师教育以及基础教育发展产生了强烈的需求。

此外，这一阶段的末期，国家开始意识到教师教育的任务，不应仅局限在师范院校。为此，国家开始鼓励综合大学分担师范教育的任务，1999

---

① 其实在1990年10月26日在四川自贡市召开的"全国中小学教师继续教育工作座谈会"以及同年12月下发的《全国中小学教师继续教育工作座谈会会议纪要》中就已指出要将我国中小学教师培训的重点有步骤地转移到开展继续教育上来。（参见蒋媛媛：《1978年以来我国中小学教师培训政策研究——价值观念的变迁及其启示》，山东师范大学2004年硕士学位论文，6页。

年颁布的中共中央国务院《关于深化教育改革全面推进素质教育的决定》中明确提出："调整师范学校的层次和布局，鼓励综合性高等学校和非师范类高等学校参与培养、培训中小学教师的工作，探索在有条件的综合性高等学校中试办师范学院。"2001 年国务院颁布的《关于基础教育改革与发展的决定》更强调要"完善以现有师范院校为主体、其他高等学校共同参与、培养培训相衔接的开放的教师教育体系。加强师范院校的学科建设，鼓励综合性大学和其他非师范类高等学校举办教育院系或开设获得教师资格所需课程"。由此，一些综合性大学纷纷开办了教育学院（教育系）或师范学院，积极地参与到教师教育中来。

可见，这一阶段院校合作的内容仍然集中于在职教师教育范围内，但重心由单纯学历补偿和学历达标为主的学历教育，逐渐地转向以教师专业素质和教学能力提升为目标的非学历教育。我们说，这种合作趋势的转变也使双方被动式的松散合作状态发生了转变，合作因为得到有利的政策保障而得到了强化，这也唤醒了大学与中小学主动合作的意识，从这一阶段开始，真正意义上的大学与中小学合作出现了。

开展大学与中小学合作实践活动最初是以合作教育研究为主要形式，一些对日后产生重大影响的合作研究项目在这一时期内陆续展开。最具代表性的合作实践是华东师范大学叶澜教授主持开展的合作项目"新基础教育"①。"新基础教育"于 1994 年正式启动，大致可以划分为三个阶段，即探索性阶段（1994－1999 年）、发展性阶段（1999－2004 年）和成型性阶段（2004－2009 年）。"新基础教育"不仅形成了专业素养极高的研究团队，建立了校际合作共同体和学科教学研究共同体，相关研究硕果累累。最为重要的是，1999 年成立了非行政性的组织机构——新基础教育研究所②，这

---

① "新基础教育"探索性研究是全国教育科学规划办"九五"教育部重点课题，该研究始于 1994 年，1998 年 10 月底通过结题评审。课题组主要成员在课题结题后，经过半年多的紧张筹备，1999 年 5 月开始了"新基础教育"理论及推广性、发展性研究，2002 年 2 月被批准为全国哲学社会科学"十五"规划国家重点课题。该课题已于 2004 年 5 月结题。至今，"新基础教育"前后两项研究合计进行了 10 年，统称为"新基础教育"研究。（引自叶澜：《21 世纪社会发展与中国基础教育改革》，《中国教育学刊》，2005 年第 1 期，11 页。）其实，"新基础教育"的影响跨越了三个时期，我们这里只是按启动时间将其归在了这一时期。

② 该所主要由华东师大"新基础教育"课题组专家、教育局行政领导和本土教科研人员等三支力量构成。其中，课题组专家负责专业指导，区教育局提供行政支持，日常的区域推进工作由闵行区教育教学研究所新基础教育研究办公室的 5 位研究人员负责。该群体承担的任务主要是对区域整体推进"新基础教育"进行总体和阶段策划，开展理论研究与"实地介入式"指导学校日常研究，组织不同层面的共同体研讨会议、现场研讨活动、专题培训，进行集中调研、中期评估等（http：//mhxjc. mhedu. sh. cn/bencandy. php? fid＝8&id＝70）。

一机构的形成为该项目的运作搭建了一个资源整合的平台，成为保证合作持续有效运作的重要机制。

### （三）紧密合作时期（2001—2006 年）

从这一时期开始，大学与中小学的合作日益密切和频繁起来。大学开始肩负起建立职前与在职教育、本科与研究生教育相互贯通的教师培养培训职能，中小学与区域教育行政部门主动寻求合作的意识也有了极大的提升。

2001 年 5 月颁布的国务院《关于基础教育改革与发展的决定》中首次提出了"教师教育"的概念，以统称长期分离的教师培养（职前教师教育）和教师培训（在职教师教育），《决定》中还提出要建设一批开放式教师教育网络学院，充分利用远程教育的方式进行教师教育。同年，教育部颁布了《基础教育课程改革纲要（试行）》，拉开了大规模基础教育课程改革的帷幕，要求中小学发展校本课程并鼓励教师尝试教学创新，要求中小学教师更新教育观念，改进教学和评估策略，也要求大学教师开展研究和确立课题项目，加强对学校和教师发展的支撑力度。2002 年公布的《关于"十五"期间教师教育改革与发展的意见》中，则首次明确了"教师教育"的含义，即教师教育是在终身教育思想指导下，按照教师专业发展的不同阶段，对教师的职前培养、入职教育和职后培训的统称。由此，对教师教育的理解从专业化扩展为一体化和终身化。由此，大学与中小学合作的内容也由传统的在职教师教育为主扩展为一体化的职前职后教师教育合作。

这一时期的典型特点是"两岸四地"纷纷开展了不同形式的院校合作项目和合作实践，教师教育以及依托教师教育的学校改进成为合作的中心内容和核心诉求。

内地合作实践的典型标志是教师发展学校的出现，2001 年 5 月，首都师范大学教育科学学院与北京市丰台区教委在共同建立的丰台教育发展服务区启动了国内首批教师发展学校的建设，教师发展学校是在原学校建制内的一种功能—结构性建设。合作的区域也并非仅局限于北京地区，石家庄市、唐山市、广西壮族自治区的部分中小学也相继与首都师范大学建立了合作关系。[①] 此后，不同省市的大学或师范院校也纷纷开始效仿这种合作模式，并在实践中对其加以改进和调试，产生了一些有益的探索成果，

---

① 参见：王长纯，宁虹，丁邦平：《建设教育发展服务区，探索教育发展新模式》，《教育研究》，2001 年第 1 期；宁虹：《重新理解教育——建设教师发展学校的思考》，《教师教育研究》，2001 年第 11 期；王长纯：《教师发展学校建设标准参考纲要》，《教师教育研究》，2005 年第 4 期；傅树京：《教师发展学校：理念及特点》，《首都师范大学学报（社会科学版）》，2003 年第 5 期。

如广西师范大学、河北师范大学等。

差不多在相同的时期，香港特别行政区也开始进行大学与中小学间的合作，但不同于大陆，他们主要着眼于学校改进。如香港中文大学对于院校合作的研究始于20世纪末，主要的研究机构是成立于1998年的香港中文大学教育学院"大学与学校伙伴协作中心"，该"中心"下设管理委员会、咨询委员会和执行委员会。① 自成立以来，"中心"与200多所中小学结成了伙伴，相继开展了以"香港跃进学校计划"（1998－2001年）和"优质学校改进计划"（2001－2003年）为代表的分属学校改进、学生领袖培养、环境/可持续发展教育、课程与教学研讨等不同类型的合作项目，旨在支持中小学建立自我完善机制，推行全面的发展计划，迈向优质教育。

澳门特别行政区校际伙伴协作理念与实务的产生始于2001年由教育暨青年局牵头，高等院校与中小学校共同参与的"学校协作计划"，这项为期三年的课程试验计划，旨在通过大学与中小学的合作研究，推动地区课程与教学的革新，协助学校开发校本课程。该计划分别邀请了当地及内地各一所师资培育机构协助学校改善和提升教学实践，即由当地一所高校负责指导三所幼儿园参与的幼儿课程试验计划，由内地的北京师范大学负责指导四所中小学参加的数学课程试验计划。2005年，特区政府施政报告中提出"引入学校优化资助计划，资助学校实施自主制定的学校发展规划"，2006年出台的《非高等教育制度纲要法》中提到："学校优化计划乃澳门特区政府持续支持的项目，通过教育发展基金用于支持和推动在非高等教育领域内展开各类具发展性的教育计划和活动。"其中虽然没有明确规定大学与中小学需要进行合作，但实际上很多中小学在申请时都会邀请大学人员担任课程改革的顾问并协同全程参与学校改进计划，使这种合作成为推进教学变革和发展校本课程的重要途径。②

---

① 其中管理委员会主席（2003－2005年）是香港中文大学教育学院院长兼大学与学校伙伴协作中心主任。委员会成员有中小学校长、商界领袖、教育统筹会领导、中文大学社会科学院院长等。咨询委员会（2003－2005年）成员有美国、澳大利亚大学教授、香港大学教育学院教授、北京大学党委书记、台湾暨南国际大学校长等。执行委员会主席（2003－2005年）亦即管理委员会主席，其委员为香港中文大学等相关的教授。这样，该中心注意聘任本港有影响、懂教育的政府官员和中小学校长以及国内外大学的著名专家，为中心构筑了一个较高水平的工作平台。该中心办事处设主任1名，副主任2名，行政主任1名；中心工作人员分为三个小组：发展组、研究组和执行组，配有主任、副主任、助理若干名。（引自万秀兰：《大学如何促进中小学教师专业化——以香港中文大学"大学与学校伙伴协作中心"的项目活动为例》，《浙江师范大学学报（社会科学版）》，2007年第2期，11页。）

② 黄素君，吴娟：《澳门学校改进历程中校际伙伴协作的发展、类型与困境浅析》，见《第四届两岸四地"学校改进与伙伴协作"学术研讨会论文集》，2010年，60页。

台湾地区为配合推动中小学九年一贯的新课程，于 2003 年制定了"九年一贯课程与教学深耕计划"，内容包括"培育课程与教学深耕种子团队"、"专业伙伴携手合作——大学与中小学携手合作"以及"政府与民间合作"三个子计划。其中，第二个子计划的目的正是通过大学与中小学的合作，促进大学教师专业理论与实践相结合、中小学教师的专业成长以及学生学习成效的提升。[①]

综上所述，两岸四地的合作实践都表明大学与中小学之间的联系真正紧密起来，被动式的合作已经为主动合作所取代，合作双方也逐渐意识到争取来自于政府以及教育主管部门的支持和理解是推进合作纵深发展的不可或缺的重要资源和合作方略。

**（四）全面合作时期（2007 年至今）**

这一时期，合作的全面推进不仅体现为实践层面的全面拓展，也体现为理论研究的日益深化和研究成果的日益丰硕。

首先，在合作实践方面，中央及地方各级政府有意识地在推进合作进程、扩展合作渠道、创新合作方式等方面进行积极的尝试与探索。同时，已经建立合作关系的大学和中小学也在积极寻求合作模式的创新和突破，以提升合作的有效性。

从国家层面来看，2007 年开始，教育部直属六所师范大学实行师范生免费教育，为职前教师教育合作提供了新的合作契机。实行免费师范生教育的这六所师范院校通过建立教师教育创新实验区，积极探索高等学校、地方政府和中小学合作培养师范生的新机制。各校围绕职前教师教育合作采取了如下一些具体举措。

北京师范大学建立了京师教育创新实验区、西部生源地教育创新实验区、华北教育创新实验区、校际合作教育创新实验区，为实践基地中小学开放图书馆数字资源、提供教师进修和培训机会、支持对方开展教学研究等，实践基地中小学接受免费师范生进行教育实习。华东师范大学在上海及周边省份建立了若干"服务基础教育、教师培训和教师培养一体化"的教师教育创新实验区。东北师范大学与东北三省的 23 个县（市）和 105 所中学共同创建了教师教育创新东北实验区，探索集本科实践教学、教育硕士培养、基础教育研究、在职教师培训、教育信息平台建设于一体的多功能综

① 转引自区耀辉：《探视香港高校与学前教育机构的协作模式——以教育局学前教育支援组"大学—学校支援计划"为例》，见《第四届两岸四地"学校改进与伙伴协作"学术研讨会论文集》，2010 年，182 页。

合性实验区。华中师范大学与基层政府共建"教师教育创新与服务综合改革实验区"，目前已签约 30 个实验区。在实验区建设教师教育数字化学习港，实现学习港与华中师大及一附中课堂的实时远程互动。陕西师范大学与西藏、陕西、青海、宁夏、新疆等省区和甘肃天水市共建教师教育创新实验区。西南大学与广西、重庆、四川、贵州、西藏等省（区、市）的 7 个地级市（区）共建教师教育创新西南实验区，与实验区 33 所中学签订了共建示范基地合作协议，探索高校、地方、示范基地学校共建共管的合作模式。此外，为了加强对师范生培养的指导，各校普遍实行双导师制。遴选了一大批优秀中小学骨干教师，担任师范生兼职导师，并选派校内优秀教师承担教师教育课程教学任务。[①]

2007 年 7 月，教育部颁布了《关于大力推进师范生实习支教工作的意见》，该"意见"中指出："师范生教育实习是中小学教师培养不可或缺的重要环节。开展师范生实习支教工作是推动教师教育改革，强化师范生实践教学，提高教师培养质量的有效措施……是密切高师院校与中小学的联系，促进理论与实践紧密结合，更好地服务基础教育的重要纽带。"因此，要求师范院校组织高年级师范生到中小学校进行不少于一学期的教育实习；各地要将师范生实习支教与加强农村教师队伍建设紧密结合，根据实际需要，创造有利条件，积极安排和接收师范生到农村学校进行实习支教。据不完全统计，2008—2009 学年，19 个省（区、市）124 所师范院校共有 8.5 万名师范生到 1.6 万所农村中小学校进行了实习支教，同时有 7.5 万名农村教师接受了师范院校举办的不同形式的集中培训。[②]

2008 年，教育部决定在 2007 年暑期援助西藏、新疆教师培训和西部农村教师国家级远程培训"三项计划"基础上，组织实施中小学教师国家级培训计划，培训计划主要包括教育部支持西部边远地区骨干教师培训专项计划、普通高中课改实验省教师远程培训计划、中西部农村义务教育学校教师远程培训计划、中小学班主任专项培训计划、中小学体育教师培训计划等五项计划。作为其中一项内容的教育部支持西部边远地区骨干教师培训专项计划，将进一步创新培训模式，采取教育部专项支持和"对口支援"相结合的方式，委托上海等东部省市和陕西师范大学等高师院校分别对云

① 《教育部简报》，〔2010〕第 61 期．教育部直属师范大学师范生免费教育推动教师教育创新〔EB/OL〕．http：//www.moe.edu.cn/edoas/website18/level3.jsp？tablename＝1263440017913682 & infoid＝1272445959732747．2010-04-15.

② 教育部：师范生实习支教工作情况介绍〔EB/OL〕．http：//www.edu.cn/fa_bu_hui_xin_xi_906/20091126/t20091126_425201.shtml.2009-11-26.

南等西部省区中小学骨干教师进行有针对性的培训。①2010年，教育部和财政部又联合发布了《关于实施"中小学教师国家级培训计划"的通知》，其中包括了"中小学教师示范性培训项目"和"中西部农村骨干教师培训项目"两项内容，并明确指出2010—2012年中央财政每年投入5.5亿元支持"国培计划"的实施，②这为大学与中小学的合作创造了极为有利的政策环境和物质保障。

从区域范围来看，随着院校合作实践的逐步推进，合作内容的不断扩展，传统的U-S合作模式虽然已被证明是教师教育合作的一个成功范例，但新的发展趋势是如何更好地发挥合作对职前职后教师教育一体化、学校改进以及区域范围内教育均衡发展的促进作用。也就是说，原有的合作模式所承载的功能已不能满足以上这些需求，当务之急是探索和尝试新的合作模式，而大学、区域和学校三方合作模式（U-D-S合作模式，也有学者称之为G-U-S合作）就是对此需求的一种应对。一个典型的事例是北京市政府与北京市教委于2006年正式启动了为期三年的"北京市初中建设工程"，这是一项由北京市政府决策、市教委指挥实施的基础教育改进项目。该项目采取资源整合，经费适当向困难学校倾斜的政策，旨在整体提高北京初中教育质量，实现区域教育的均衡化。除对所有初中教师进行全面培训外，还选择了32所重点支持的学校，由北京师范大学和首都师范大学负责支持。③

可见，这种实践上的全面推进，不仅是横向上的推进，即合作内容和合作组织的不断扩展，一方面体现为合作从教师教育向学校改进，进而向教育均衡发展领域的扩展，另一方面也是合作组织的扩展，即在U-S合作之外，也注重发挥大学与地方院校间合作（U-U合作）以及中小学之间（S-S合作）的合作在地区教育改革中的作用；④而且也是纵向上的推进，即对现有合作模式的创新和完善，体现为由传统U-S模式向U-SG模式（大学与中小学学校群体合作）、U-D-S模式的转变。此外，在合作工具和媒介的运用上，突破了传统面对面的合作方式，更加依赖于现代教育技术手段的应用，"天网"、"地网"以及"人网"诸种合作资源日益得到整合。

---

① 《中小学教师国家级培训计划》，http：//baike.baidu.com/view/1541648.htm.2011-03-12.

② 教育部、财政部：《关于实施"中小学教师国家级培训计划"的通知》，http：//www.gpjh.cn/cms/sfxmbuwen/584.htm.2010-06-22.

③ 张东娇：《三方协作同盟：学校发展新主张》，《中国教育学刊》，2010年第4期，66页。

④ 杨小微：《我国学校变革区域推进中合作的三种类型》，《中国教育学刊》，2009年第7期，5—9页。

此外，这一阶段合作的全面推进也体现在合作的理论研究上。从这一时期开始，很多学者通过申报各级别课题的形式对围绕着院校合作，特别是以教师教育和学校改进为主题的合作实践，进行深入和拓展性的研究。如首都师范大学近年来申请的一系列课题："区域教育发展中教师专业成长的伙伴协作研究"（2007年度教育部人文社科类一般项目）、"推进区域基础教育均衡发展的伙伴协作研究"、"基于合作的学校组织再造研究"（以上两项均为2008年度全国教育科学"十一五"规划国家一般课题）。同时，围绕着院校合作议题召开的学术交流也逐渐频繁起来，不同地区、不同类型的大学或师范院校内的学者也在积极地寻求研究上的合作以及思想上的碰撞，以深化这一领域的理论研究，推进院校合作的高效开展。其中，最有影响的当数两岸四地"学校改进与伙伴协作"学术研讨会，目前该研讨会已经举办了八届，分别在香港中文大学（2006年6月）、华东师范大学（2007年10月）、澳门大学（2009年5月）、首都师范大学（2010年9月）、西北师范大学（2011年9月）、台湾教育研究院（2012年12月）、东北师范大学（2013年10月）以及浙江大学（2014年9月）举行。该研讨会汇聚了院校合作研究领域内的许多顶尖专家学者，进行了研究成果的广泛交流。此外，一些基于院校合作实践的反思性、总结性成果也开始出现，参与合作的不同院校运用学术语言生成和阐发新的理论体系。如叶澜教授带领的华东师范大学团队综合了"新基础教育"的研究成果出版了《世纪初中国基础教育改革研究丛书》；首都师范大学宁虹教授等出版的专著《重新理解教育——来自教师发展学校的报告》；首都师范大学支持北京市初中建设工程项目的研究成果《首都师范大学基础教育研究丛书》；香港中文大学操太圣博士与卢乃桂教授合著的《伙伴协作与教师赋权——教师专业发展新视角》等。

## 三、U-S 教师教育共同体的本质属性

了解了 U-S 教师教育共同体的演进历程，我们将进一步追问 U-S 教师教育共同体的本质属性。

### （一）U-S 教师教育共同体是一个组织

U-S 教师教育共同体能不能算作一个组织？这是目前教师教育理论界颇具争议的一个话题。有的学者认为，组织是"人们为实现特定目标，按照一定的方式结合起来的社会实体"，[①] U-S 教师教育共同体并不是一个社

---

① 于璨，宋凤宁，宋书文：《教育组织行为学》，北京：北京师范大学出版社，2009年，3页。

会实体，因而不能算作一个组织；有的学者认为，组织是"对人和事的一种精心的安排，以实现某些特定的目的"，[①] U-S 教师教育共同体有特定的目的，并对参与共同体的学校和个人有明确的分工，甚至还有具体的流程安排，因此，U-S 教师教育共同体可以算作一个组织。理论的分歧既困扰着研究者，也启发了研究者，指明了研究的方向。为了澄清这一模糊认识，我们不妨重温"组织"的本原定义，去探寻 U-S 教师教育共同体的组织属性。

组织行为学是 19 世纪末至 20 世纪初在管理科学发展的基础上形成的一门独立的应用学科，其经典著作包括泰罗(F. W. Taylor)的《科学管理原理》(The Principles of Scientific Management)、巴纳德(C. I. Barnard)的《组织与管理》(Organization and Management)以及斯科特(W. R. Scott)、戴维斯(G. F. Davis)的《组织理论：理性、自然与开放系统的视角》(Organizations and Organizing：Rational，Natural and Open System Perspectives)等。其中，巴纳德、斯科特等都曾对组织进行界定。

巴纳德独创性地提出了组织的概念，并明确指出，正式组织是有意识地协调两个以上的人的活动的一个协作系统。这个定义适用于各种形式的组织，从公司的各个部门或子系统直到由许多系统组成的整个社会。不管哪一级的系统，全都包含着三种普遍的要素：协作的意愿、共同的目标和信息沟通。[②]

而斯科特和戴维斯则综合前人的研究成果，分别基于理性、自然和开放系统的视角对组织作了不同的界定。基于理性视角，组织是意在寻求特定目标且具有高度正式化的社会结构的集体。[③] 这与巴纳德对组织的界定基本一致。基于自然系统视角，组织是受冲突或共识推进的自寻生存的社会系统。[④] 基于开放系统视角，组织是植根于更大环境下的不同利益参与者之间的结盟活动。[⑤]

韦伯虽以提出官僚制度闻名于世，事实上他也曾试图讨论组织问题。在韦伯的观点中，组织自身有边界，与社会关系有关，自身含有权威等级

---

① ［美］斯蒂芬·P. 罗宾斯等著，孙健敏等译：《组织行为学(第 9 版)》，北京：中国人民大学出版社，2008 年，16 页。

② ［美］切斯特·巴纳德著，曾琳等译：《组织与管理》，北京：中国人民大学出版社，2009 年，23－39 页。

③ ［美］W. 理查德·斯科特等著，高俊山译：《组织理论：理性、自然与开放系统视角》，北京：中国人民大学出版社，2011 年，33 页。

④ 同上书，56 页。

⑤ 同上书，81－99 页。

和秩序，存在专业分工。韦伯为"组织"的古典定义奠定了基础，他关注组织成员在为实现组织目标而从事组织活动时进行合法的人际互动的模式。[①] 巴纳德将组织定义为"两个或两个以上的人有意识地协调其活动和力量的系统"，活动通过有意识、有目的、精心构思的协作来完成。组织需要沟通，要求成员愿意为组织作贡献，要求成员有共同的目标。[②] 斯科特认为组织是在具有一定连贯性的基础上为了实现相对确定的目标而建立起来的集合体。[③] 霍尔认为组织是有相对明确的边界、规范的秩序（规则）、权威等级、沟通系统及成员协调体系的集合体，这一集合体具有一定的连续性，存在于环境之中，从事的活动往往与多个目标相关。[④] 德博拉·安可纳等人认为无论是在新组织里采取行动还是从旧组织转移到新组织，都包含广泛的内涵，具体体现在以下三个方面：个体管理者的知识和技能、组织能力、组织和环境的联系。[⑤]

虽然研究者们对于组织界定的角度不同，但组织有几个特征是共同的。

首先，组织存在于社会环境之中。组织与环境之间存在一种相互关系，当前的主流组织理论强调环境对组织运作的重要作用，组织如何适应环境是组织生活中的重要主题。

其次，组织内部具有相对稳定的集合体。组织如何通过调整结构实现组织目标是每个组织共同关注的问题。

最后，组织从根源上讲是由个人和个人间的人际互动构成的，当然这种个人和人际的互动是以组织发展为前提的。

U-S 教师教育共同体是否具有这些管理学大师界定的组织属性呢？

答案是肯定的。

首先，U-S 教师教育共同体是大学和中小学伙伴协作系统，参与协作的学校少则两所，多则十几所甚至几十所，参与合作的人远远超过两个。参与合作的单位与个人具有共同的目标和协作的意愿，合作过程中信息沟

① Weber Max. The Theory of Social and Economic Organization[M]. New York：Free Press，1947：145－146.

② Barnard Chester. The Function of the Executive[M]. Cambridge：Harvard University Press，1938：73.

③ Scott W. Richard. Theory of Organization[G]//Robert E Farris. Handbook of modern sociology，Chicago：Rand McNally，1964：488.

④ [美]理查德·H. 霍尔著，张友星、刘五一、沈勇译：《组织：结构、过程及结果》，上海：上海财经大学出版社，2003年，35页。

⑤ [美]德博拉·安可纳，托马斯·A. 科奇安著，李梦学、吕军、王萍译：《组织行为与过程：企业永续经营的管理法则》，北京：中信出版社，2003年，14页。

通频繁。从这一点看，U-S 教师教育共同体具备了巴纳德界定的组织的属性，如果说有不足，就是正式化程度不够。

其次，U-S 教师教育共同体是为了充分利用大学和中小学异质性优质资源培养卓越教师的社会协作系统，是大学和中小学自愿结盟，并与教育主管部门、社区及广大家长等外部环境积极互动的复杂系统。大学和中小学合作虽各有自身特定的目的，但共同利益与自身利益相容，培养卓越教师、推动教育发展的共识给共同体的发展注入了源源不断的动力。从这几点看，U-S 教师教育共同体也具有斯科特等人从自然和开放系统视角界定的组织属性。

基于以上分析，我们认为，U-S 教师教育共同体具备了管理学大师界定的组织属性，是一个组织。

随着经济社会的发展，组织行为学的内涵和外延也不断丰富，现在组织的内涵已远远超过了当年大师的界定。

东北师范大学教授孙绵涛在《教育组织行为学》一书中比较全面地总结了组织的内涵。他指出，从传统的组织理论看，组织是为了实现共同目标，在分工与协作的基础上构成的人群集合系统；从现代组织理论看，组织是开放的社会技术系统；从动态的角度看，组织是一种有计划、有分工、有协作、有目的的活动；从静态的角度看，组织是具有一定的目标、承担一定的任务、具有一定职责的社会单位。综合组织的多元定义，他总结了组织的四个共同要素：每个组织都有一个明确的目的；组织是由人员构成的有机整体；组织的基本行为是形成结构并进行管理工作；组织是不断发展变化的动态概念。[①]

结合第一章关于"U-S 教师教育共同体"核心概念的界定，我们可以看出，U-S 教师教育共同体基本符合传统、现代、动态、静态的组织定义，具备组织的四个共同要素：明确的目的——培养卓越教师；由人员构成的有机整体——大学、中小学教师、全日制教育硕士和社会相关人士基于共识形成有机整体；形成结构并进行管理工作——基本形成管理结构并开展管理；不断发展变化的动态概念——扎根于传统并与时俱进。

特别指出的是，U-S 教师教育共同体是大学和中小学为应对教师教育新形势——立足教育专业学位研究生教育、培养卓越教师打造的教师教育新平台，规范管理、提高绩效是当前教育专业学位研究生教育的现实需要。现阶段可以借鉴组织管理学的合理成分，综合运用多学科理论构建一

---

① 孙绵涛：《教育组织行为学》，福州：福建教育出版社，2012 年，7—8 页。

套创制秩序，促进形成运行机制，这既有利于提高 U-S 教师教育共同体运行绩效，也有利于加速形成 U-S 教师教育共同体的共同意志，使 U-S 教师教育共同体不断向高级阶段迈进，成为名副其实的共同体。

### (二)U-S 教师教育共同体是一个复杂系统

复杂性科学主要是以 20 世纪初期和中期西方发达国家的文化为依托而孕育出来的。与孕育经典科学(即后现代主义讲的现代科学)的社会文化环境比较，差别不在于超越了欧洲地域，而在于人类到 19 世纪末已经从非系统的存在整合为一个系统整体，形成以少数发达国家为宗主国、大多数国家沦为殖民地或半殖民地的结构模式。20 世纪是人类历史上极不寻常的时期，充满巨大的差异、矛盾、冲突，极其复杂曲折。资本主义与社会主义、殖民主义与民族解放运动、战争主义与和平主义、生态主义、环境保护、女权运动等等，这种种称谓既代表某种社会实践，也是一定的文化思潮。它们共同营造了孕育复杂性科学的社会文化环境，对这次科学转型起到推动和制约作用。[①]

20 世纪六七十年代以来，伴随着以耗散结构理论的诞生为先导的系统自组织理论的兴起，受后现代世界观的影响，许多科学家越来越不满足于自牛顿以来一直主导科学的线性的、还原的思想束缚。20 世纪 80 年代以来，复杂性科学的研究迅速兴起。复杂性科学研究的热潮和"复杂性思维范式"的提出，使各门科学的研究者受到启发，他们开始关注研究对象的一些复杂特征，开始思考如何按照事物本来的复杂面目来认识和把握研究对象。"复杂性"正成为科学研究的新的方法论，以不同于"简单性"的全新的视角来重新看待宇宙、看待生命、看待一切，而不再单纯地从"1＋1＝2"的确定性视角、决定论思维出发来研究科学对象。

从 20 世纪八九十年代开始，诺贝尔物理学奖获得者盖尔曼(M. Gell-Mann)、安德森(P. Anderson)及诺贝尔经济学奖获得者阿若(K. Arrow)等一大批来自物理、经济、理论生物、计算机科学等不同学科领域的科学家聚集在美国新墨西哥的圣菲研究所(Santa Fe Institute，简称 SFI)，他们通过对不同学科之间联系的深入探讨，试图找出各种不同的系统之间的一些共性，并称之为"complexity"。SFI 的第一任所长考温(George Cowan)认为，复杂性科学作为一门科学，以及对复杂性的现代兴趣的唤醒，肇始于贝塔朗菲(L. V. Bertallanfy)1928 年的工作，也就是说，贝塔朗菲创立的一

---

① 苗东升：《复杂性科学的社会文化背景——兼评形形色色的"后"字牌和"终结论"思潮》，《中国人民大学学报》，2004 年第 2 期，82—88 页。

般系统论标志着复杂性科学的诞生。[①] 作为当今世界科学发展的热点和前沿，复杂性科学的研究与应用正在向各个学科渗透，成为受到众多学科领域科学家关注的交叉科学研究领域。

1993 年成立的以美国社会学教授华勒斯坦为主席的古本根基金会重建社会科学委员会，在他们的研究报告《开放社会科学》的前言中对当今社会发展做出的概括性描述凸显了这一点。报告指出："过去三四十年间所取得的巨大的学术成就上已导致了对生活现代型研究，产生了注重研究复杂性的科学。学者们呼吁把普遍主义'置于具体背景中来加以认识'，这一新兴需要促使不同的文化日益频繁地展开对话。……所有这一切事实上都对社会科学家的实践产生了强大的影响，从而大大地缩小了各类带有结构和组织性质的学科的地盘。"1991 年 1 月中国学者在香山召开复杂性科学讨论会，次年又召开了生命复杂性和复杂性研究的理论进展的研讨会，这些会议在科学界引起"无数浪花"和"层层涟漪"。

复杂性的出现，正在改变着自然科学和人文社会科学的性质。从自然科学领域里的一些新的发展趋向来看，它们强调非直线性更甚于强调直线性，强调复杂性更甚于强调简单化。[②] 复杂性是物质、生命和人类社会进化中的显著特征，甚至我们的大脑也表现为受制于大脑中复杂网络的非线性动力学。试图冲破自牛顿以来的一直统治着科学的、线性的、还原论的思维方式。而复杂性科学的兴起，就提供了这种思考问题的更好的可能方式。21 世纪的科学更加突出学科的相互交叉和融合，以多学科交叉、渗透和融合为重要特点的复杂性科学将发挥重要的作用并将推动整个科学的发展。

复杂性科学主要是研究复杂系统和复杂性的交叉学科，在自然科学领域和社会科学领域正在引起极大的关注。"复杂性科学的兴起，对于教育组织管理研究具有重要意义。"[③]

"经典科学认为，现实世界的复杂性能够也应该从简单的原理和普遍的规律出发加以消解，复杂性是现实的表面现象，而简单性构成它的本质。"[④]而作为新近发展起来的一门自量子力学和相对论以来将在 20 世纪自然科学领域中引发所谓第三次革命的科学，复杂性科学的触角已触及数理

① 黄欣荣：《复杂性科学的方法论研究》，重庆：重庆大学出版社，2006 年，36 页。

② 冯建军：《教育研究范式：从二元对立到多元整合》，《教育理论与实践》，2003 年第 10 期，9—12 页。

③ 范国睿：《复杂性科学与教育组织管理研究》，教育研究，2004 年第 2 期，52—58 页。

④ [法]埃德加·莫兰著，陈一壮译：《复杂思想：自觉的科学》，北京：北京大学出版社，2001 年，268 页。

科学、生命科学、地球科学、环境科学、信息科学、社会科学以及管理科学等领域，成为当代最活跃的前沿学科之一。"当前，我们要接受一个最困难的挑战将是改变我们的思维方式，使之能够面对形成我们世界的特点的日益增长的复杂性、变化的迅速性和不可预见性。"①复杂性科学的出现，不仅重新构建了现代科学的研究体系，而且改变了人们的思维方式，为现代科学技术的发展提供了新思路、新方法，"对各类学科包括教育科学在内具有普遍的方法论意义"②。复杂性事物具有许多不相同的相互关联的部分、样式和元素，从而难以完全理解；以许多部分、方面、细节、概念相互牵连为标志，必须认真研究或考察才能理解与处理。③

复杂性科学的发展是一场基本思维方式的变革运动。④ 它对简单性科学思维方式具有革命性的转换，为研究者们提供了一个观察自然和社会的新角度。（见表 1-1）

表 1-1　复杂性科学方法论对简单性科学方法论的超越

| 简单性科学 | 复杂性科学 |
| --- | --- |
| 理性系统观与自然系统观 | 开放系统观 |
| 还原论 | 复杂整体论 |
| 机械决定论、线性论 | 非线性论 |
| 被动反应论 | 自组织与动态生成论 |

（1）开放系统观

早期的封闭的系统观现在已经被开放的系统观所取代。组织是开放系统已经取得了共识，在理解组织时，人的需求与组织的要求、非正式组织与正式组织都应该得到重视，"开放系统观有一种将理性要素与自然要素整合到同一框架中的潜力，它提供了一种更全面的看法"。⑤ 开放系统模型有可能将理性系统观与自然系统观综合起来。组织是复杂的、动态变化的。霍伊等学者研究指出，组织拥有正式结构，以实现各种具体目标，但

① ［法］埃德加·莫兰著，陈一壮译：《复杂性理论与教育问题》. 北京：北京大学出版社，2004 年，4 页。

② 王强：《教育复杂研究进展》，《开放教育研究》，2003 年第 4 期，16－19 页。

③ 颜泽贤，范冬萍，张华夏：《系统科学导论——复杂性探索》，北京：人民出版社，2006 年，200 页。

④ 黄欣荣：《复杂性科学的方法论研究》，重庆：重庆大学出版社，2006 年，49 页。

⑤ ［美］韦恩·K. 霍伊，塞西尔·G. 米斯克尔著，范国睿译：《教育管理学：理论·研究·实践》，北京：教育科学出版社，2007 年，16 页。

是组织是由人组成的，这些组织中的人有着各自的特殊需求、利益和信念，这些需求、利益和信念往往与组织期望相冲突。因此，组织具有计划性与非计划性的特征、理性与非理性的特征，有正式结构与非正式结构。在某些组织中理性关系支配各种关系，在另外一些组织中，自然关系与社会关系占支配地位。然而，在所有的组织中，理性要素与自然要素共存于一个向环境开放的系统之中。学校是一个受理性因素与自然因素制约的开放系统，这些理性因素与自然因素随环境力量的变化而变化；忽略理性要素或自然要素都是短视的。

（2）复杂整体论

还原论随着牛顿力学统治地位的确立而上升为一种教条，它在面对一些根本性的复杂事物时失去了效用。整体论的进一步发展与还原论的分庭抗礼紧密相连。[①] 人们越来越意识到整体的性质往往难以完全从组成部分中推导出来。还原的每一步，实际上都是对整体、对过程、对复杂性的一种抽象和切割，这个过程丧失了原有的部分关系和属性。美国生物学家迈尔（E. W. Mayr）指出，还原论主张将整体分解为微小的组成部分，直到最低层次，而较高层次的过程往往大多与较低层次的过程无关，因此极端的还原论是失败的，因为它对一个复杂系统组成成分之间的相互作用未予重视。

"就生活世界的世界性和个性而言，生活世界是系统的最一般形式，它包含了构成系统的最一般特征：差异性的事物、相互联系和相互作用、整体性。"[②]

用整体观点去看世界，要求我们建立起相应的整体方法论。对事物的整体的认识，本身就包含着对构成这一事物的部分的认识。然而，那种仅仅强调从整体上把握现象和过程而忽视对部分进行认识的整体主义的方式往往是笼统的、含混的，缺乏分析的整体是片面性的整体。某些整体论观点虽然正确看到了还原论观点的局限性，从整体上把握事物有其合理性，但往往把整体视为一种没有具体内容的整体，让人忽视分析、忽视部分的意义。这反而走到了另一个极端。还原论确信"整体等于部分之和"，而事实上不仅"整体可能大于部分之和"，"整体还可能小于部分之和"。法国哲学家埃德加·莫兰指出，一般系统论强调的"整体大于部分之和"只反映了系统性质的一方面，针对此问题莫兰又提出了"整体小于部分之和"的原

---

① 黄欣荣：《复杂性科学的方法论研究》，重庆：重庆大学出版社，2006年，83页。

② 李恒威：《"生活世界"复杂性及其认知动力模式》，北京：中国社会科学出版社，2007年，17页。

则，补充了对于局部的个体重要性的认识。复杂性思维视角下的整体思维既反对只见部分的还原主义，也反对只见总体的整体主义，而表现为二者的结合。①

（3）非线性论

相互作用是事物之间根本的、双向的存在论关系，世界的世界性是由事物之间相互作用的关系形成和维持的，没有事物之间的相互作用关系，也就没有世界；事物内在于事物及事物的相互作用关系中。这与牛顿的世界观不同，牛顿的世界观中，世界是一个绝对的背景。②随着社会和科学的发展和人类认知水平的提高，我们逐渐意识到，线性思维方式无法解决大部分问题。因为大部分事件和现象都是非线性的，无论在自然科学领域还是在社会科学领域，线性简单的相互作用和秩序只是一种特例，而非定律，世界从本质上讲是复杂的。③ 将复杂性事物"线性化"并非解决问题的根本途径，我们不能满足于那种一因一果的简单解释。与线性思维所强调的控制、单一和简单因果相比，非线性思维一个重要的特征就是尊重多样性，重视协调多因素的共同力量，重视情境性和多样性基础之上的统一性。在复杂系统中，由于各因素相互联系、彼此影响，任何微小的变化都可能对整个系统产生影响。

（4）自组织与动态生成论

自组织是开放系统在大量子系统合作下出现的宏观的新结构。系统随着时间而变化，经过系统内部和系统与环境的相互作用，不断适应、调节，通过自组织作用，经过不同阶段和不同的过程，向更高级的有序化发展，涌现出独特的整体行为与特征。世界是不断发展变化的动态过程，而非静止的稳定态。然而自古希腊以来，西方民族思维的基本特点是将连续的运动轨迹分割为不连续的、静止的质点，牛顿力学所处理的对象，就是一个无数质点的总和，其间缺乏真正的连续性、动态性。现实世界是一个过程，这个过程就是现实实有的生成变化。怀特海过程哲学的基本思想就是，最好不要把世界看成是单个物体的集合，而应看成是复杂的动态过程；世界并不是由物质实体构成的，而是由性质和关系组成的有机体构成的；有机体具有内在的联系和结构，具有生命与活动能力，并处于不断的

---

① 陈一壮：《埃德加·莫兰的"复杂方法"思想及其在教育领域内的体现》，《教育科学》，2004 年第 2 期，1—5 页。

② 李恒威：《"生活世界"复杂性及其认知动力模式》，北京：中国社会科学出版社，2007 年，32 页。

③ 文雪，扈中平：《复杂性视阈里的教育研究》，《教育研究》，2003 年第 11 期，11—15 页。

演化和创造中，这种演化和创造就表现为过程。①

"进化基本上是一种任务艰巨的、多方面的学习过程，它的总结果不是目标既定的启发过程，而是一个开放的学习过程。"②重视事物规律、结构等有序性的过程性，强调事物的生成性，许多自组织的问题是不可避免的。简单性科学的被动反应论排除了自主性、目的和主体等概念。当相同的行动在短期和长期有相当不同的结果，其中必定牵涉了复杂动态性。③复杂性科学认识到生命系统中系统目标的非预设性，关注偶然、无序、噪声等"干扰因素"，从而增进了对生命系统自主性、开放性、自组织机制的理解。系统目标并不是固定的，目标本身也处在过程之中，始终是生成的。这意味着应该容许系统内存在一定程度的无序性以保证组成单元发挥其创造性的自由度。简单性科学过于强调自上而下的、单向的、刚性的组织联系，个体或单元失去了发挥创造性的自由空间。当然，组织与其环境共同演化，表明把握组织与环境间的关系非常重要，"应该对学习、多样性和各种观点的多元化进行鼓励"。④

此外，在复杂性科学的视野下，要关注事件、运用动态循环的对象/背景思维、关注"关系"、正视主体的个体性与主观性、关注教育系统中的无序性和不确定性因素等。当然，在复杂性科学思维视角中，不是要抛弃传统科学的有序、还原和逻辑、实体等方法论原则，而是要把它们整合到一个更加广泛和更加丰富的框架内。这是需要再一次强调的。

系统科学是 20 世纪中叶逐步形成的一门研究一切系统的模式、原理和规律的科学。基于系统科学发展起来的复杂性理论，作为研究自然现象与人文社会现象的一种新的方法论，为人文社会科学研究开辟了一条蹊径，使我们能够以一种全新的、复杂的视角来重新认识我们所熟知、熟悉的人类世界。⑤基于复杂性理论审视 U-S 教师教育共同体，就可以更深刻地把握其本质。

根据系统科学，若干个相互联系、相互作用的要素所构成的具有特定功能的有机整体就是一个系统。U-S 教师教育共同体是大学与中小学为联合培养卓越教师而形成的密切、稳定、志同道合的团体，因而 U-S 教师教

① 刘放桐：《现代西方哲学》，北京：人民出版社，1990 年，352—353 页。

② 彭新武：《复杂性思维与社会发展》，北京：中国人民大学出版社，2003 年，54 页。

③ [美]彼得·圣吉：《第五项修炼——学习型组织的艺术与实务》，上海：上海三联书店，1998 年，79 页。

④ [英]迈克尔·C. 杰克逊著，高飞，李萌译：《系统思考——适于管理者的创造性整体论》，北京：中国人民大学出版社，2005 年，127 页。

⑤ 司晓宏等：《复杂性理论与教育的复杂性研究》，《教育研究》，2007 年，58—62 页。

育共同体本身就是一个系统。对于一个系统而言，如果其行为主体具有自主的判断和行为的能力、与其他主体之间交互（信息和物质）的能力、对环境依赖和适应的能力，并且具有相互依赖性，每个成员还能根据其他成员的行动以及环境变化不断修正自身的行为准则，以便与整个系统和环境相适应，那么根据复杂性理论，就可以认为该系统是一个复杂系统。① 作为一个要素与功能众多、结构与环境复杂的系统，U-S 教师教育共同体的构成单位与成员个体不仅具有自主判断与行事能力，而且在共同体的环境中相互依存、相互影响、相互促进、共同发展。因此，U-S 教师教育共同体是一个复杂系统。

### （三）U-S 教师教育共同体是一个实践共同体

张增田、彭寿清教授曾撰文指出：教师教育共同体具有三重意蕴，即它既是一个精神共同体，又是一个合作共同体，还是一个实践共同体。这是因为教师教育共同体成员具有共同的志趣和价值追求，具有志同道合的同志情谊和团结精神；现实差异是促成他们合作的主要动力，相互尊重、相互协商、平等互利是他们对话、交往的主要方式；他们致力于关注和解决教师教育中的现实问题，并在相互开放的实践中共同成长。② 但鲍曼早就指出，在现代性面前，精神共同体只能是"一个我们热切重归其中的天堂"，而现阶段的教师教育共同体，也还远未达到"相互依存、相互尊重、平等互利、共同发展"的理想境界。在现阶段，教师教育共同体只是一个实践共同体。

"实践共同体"是莱夫（J. Lave）和温格（E. Wenger）在 1991 年首先提出的一个概念。后来温格又在《实践共同体：学习、意义和身份》中对实践共同体进行了系统阐述。温格认为，实践共同体是指通过实践而不是外部的规定聚集而成的共同体，所有成员拥有一个共同的关注点，共同致力解决一组问题，或者为了一个主题共同投入热情，他们在这一共同追求的领域中通过持续不断的相互作用而发展自己的知识和专长。③ 相互的介入、共同的事业和共享的技艺库④，构成了实践共同体的关键特征，也是共同体

---

① 宋学锋等：《复杂性科学研究进展》，北京：科学出版社，2004 年，434—435 页。

② 张增田，彭寿清：《论教师教育共同体的三重意蕴》，《教育研究》，2012 年第 11 期，93—96 页。

③ Etienne & Wenger. (1998). *Communities of Practice: Learning, Meaning and Identity*. London: Cambridge University Press.

④ 共享的技艺库指的是共同体内一整套共享的资源，包括：惯例、用语、工具、做事的方式、故事、手势、符号、样式、行动或者概念，这些资源都是共同体存在的过程中产生或采用，并成为共同体实践的重要部分。

内部一致性的重要来源。①

实践共同体的特征之一是意义协商的过程，是个体成员介入到共同体中参与社会事物并成为彼此的一部分，每一位成员对共同体中的事物都具有责任和义务。特征之二是共同体的学习是动态、多重的过程。实践共同体的研究对教师专业发展的现实价值存在于两个方面：首先，个人的知识建构和身份形成都处于一定的实践共同体中，教师无时无刻不在实践共同体的境脉中，因此，它构成了教师理解知识、理解个人学习的基础；另一方面，实践共同体启示教师，为了追求教师专业知识的发展，应该以学习或者实践为中心培育相互支持性的实践共同体，在参与实践中习得的知识会成为学习者对身份认同的要素，从而是巩固的、知行合一的。U-S 教师教育共同体是大学和中小学在长期培养职前教师的实践中聚集而成的共同体，共同体建立了形式多样的共享技艺库，并致力通过持续不断的相互介入提高卓越教师培养绩效，同时发展自己的知识和专长。由此可见，现阶段的 U-S 教师教育共同体是一个实践共同体。

## 四、U-S 教师教育共同体的主要特征

经过上百年的演进，特别是近三十年的主动构建，U-S 教师教育共同体逐渐形成了自己鲜明的特征。

### （一）目标的明确性

大学与中小学教师教育共同体的总体目标是实现大学与中小学资源的优化配置、促进学校发展、在职教师专业发展和人才培养质量的提高。在总体目标的指引下，各系统要素和子系统的战略安排都服从于总体目标，并在总体目标的指引下形成各自的子目标，通过协同合作，彼此配合实现子目标和总体目标的完成。大学与中小学教师教育共同体明确的目标使其能够制约和引导系统的发展方向，同时产生凝聚作用，使系统成为一个有机的具有整体特定功能的整体。例如，纽约州立大学、布法罗州立大学和其专业发展学校合作所提的目标是：合作指导师范生，为他们提供与真实课堂实践更为密切的联系；促进中小学在职教师和大学教师及行政人员的专业发展；改进中小学学生的实践；为所有合作伙伴的教育提供最佳实践的研究。哥伦比亚大学师范学院提出，建立专业发展学校的主要目的是重

---

① 赵健：《学习共同体：关于学习的社会文化分析》，上海：华东师范大学出版社，2006 年第 10 期，81—84 页。

塑传统的中小学—大学关系，具体为：共同承担培养职前和新任教师的职责；促进在职教师和教育工作者的持续专业发展；创建持续探究的社群；教学专业和学校改革的研究和发展。[①]

## （二）功能的整体性

系统的整体性特征通常表现为静态整体性和动态整体性。静态整体性指系统在某一时间节点上表现出来的系统结构整体性，包括要素之间的联系和作用方式，子系统之间的互动耦合方式。比如，共同体主体对知识信息的使用方式、政府与共同体主体之间的关系、共同体主体在合作过程中的各类流程和制度等，这种静态整体性实质上是系统运行过程中某一时间节点的映射和外在表现形式。动态整体性指无论系统结构多么复杂，都必然作为一个整体进行运行和演化。系统内任何一个要素的变化都必然引起其他要素之间的结构关系的变化，进而带来系统整体结构的调整和变化。以 U-S 教师教育共同体为例，随着全日制专业硕士招生规模的扩大，必然要求合作中小学数量的增加，中小学数量的增加必然导致系统从要素到结构以及环境都做出相应的调整，以不断适应合作主体对共同体功能的要求。从非线性的角度来看，U-S 教师教育共同体作为系统处于复杂的联系之中，单个要素功能的发挥或多或少都可以引起系统整体功能乃至系统的质变。

## （三）要素的开放性

开放性是系统赖以生存和发展的特征，分为对内开放和对外开放两个部分。对内开放是系统内部各子系统之间能量、信息和物质的交换；对外开放是指系统与环境之间的能力、信息和物质的交换。U-S 教师教育合作共同体的开放性首先表现在大学与中小学内部各类要素是相互开放的，大学为中小学提供各种讲座、图书馆资源、教师教育专业发展前沿信息等，中小学为大学学者的研究提供实践场所，为师范生提供实习场所等。其次，从合作主体来看，也是开放的，国内很多师范大学，合作主体主要来自大学的各个学院、中学的各个学校，它们之间可以通过各种形式进行联系沟通，共同探讨存在的问题，共享成功的教师教育经验。再次，合作共同体与教育行政部门之间及其他类似组织之间的关系也是开放的，共同体可以聘请教育行政部门的人员和其他大学的人参与合作共同体，这些人在某种程度上会带来政策、先进的理念和资金的支持，从而保证共同体良好的合作成效。

---

① 许明：《教师教育伙伴合作模式国际比较》，北京：人民教育出版社，2012 年，3 页。

### (四)层次的交互性

任何系统结构都具有层次性，一个要素在作为下一层次子系统的母系统的同时也扮演着上一层次母系统的子系统的角色。系统的功能设计影响并决定了系统的层次结构。但 U-S 教师教育共同体的层次也表现出非线性特征，不同层次之间以及同层的不同要素之间，均会产生相互影响，甚至是我中有你、你中有我。以某师范大学 U-S 教师教育共同体为例（见图 1-1），大学与中小学教师教育共同体系统结构分三层，即决策层、指挥层和

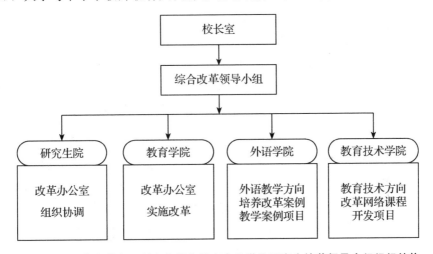

**图 1-1　某师范大学全日制专业学位教育专业学位研究生培养领导小组组织结构**

（资料来源：全国教育专业学位研究生教育指导委员会秘书处：《教育专业学位研究生教育综合改革试点验收工作会议资料汇编》，2013 年第 4 期，6—13 页。）

行动层，决策层领导指挥层，指挥层领导行动层，但这种领导并非是非线性的，行动层在受指挥层领导的同时，也会影响指挥层的指挥甚至是决策层的决策。而处于同一层次的组织和个人，他们相互之间也会有大量的信息和能量的交换，也就是说，U-S 教师教育共同体各子系统之间，以及子系统和母系统之间都会发生物质、能量和信息输入和输出。不同层次系统间的从属关系和相互作用关系构成大学与中小学教师教育共同体层次的交互性。

### (五)运行的非线性

U-S 教师教育共同体这个系统的运行和其他自然系统、机械系统和工程系统相比，最大的不同在于组织和个体要素多，而组织与组织、个人与个人之间的相互作用和联系是一种复杂的非线性的行为，组织以及个人的观念、兴趣、意志等都会对系统运行产生各种各样的影响，使系统运行产

生多变性。具体来看，U-S 教师教育共同体牵涉到大学、中小学和教育行政部门甚至是社会相关机构及其成员，他们分属于不同的社会系统，有不同的价值信念、不同的组织文化、不同的组织目标追求，在合作的过程中对教师教育存在不一致的看法和见解，既是正常的，也是必要的，合作的过程就是不断澄清和修正错误认识及行动的过程。因此，U-S 教师教育共同体运行必然是非线性的。

# 第二章  U-S 教师教育共同体建构

始于 20 世纪 80 年代卡内基和霍尔姆斯小组分别提出的建设大学与中小学合作共同体的建议，终于在 20 世纪 90 年代中期成为一种热潮。[①] 如今大学与中小学合作已经成了最显要的教师专业发展方向。但从总体上看，大学与中小学合作由于在思想、组织机构、制度建设、文化冲突等方面的原因而导致深度合作的缺位，而热衷于形式的大学与中小学合作并没有促成系统的教师教育理论的诞生，也没有给中小学教育实践带来实质性的变革。在意识到 U-S 合作中的诸多问题之后，大学与中小学合作开始走向教师教育共同体建设，希望在真正的共同体中实现教育理论与教育实践的交互创生、大学与中小学的共同发展。[②]

## 一、U-S 教师教育共同体建构动因

### (一)"共同体"及"U-S 教师教育共同体"

随着现代化进程的展开，共同体的性质也发生了相应的变化。滕尼斯认为，共同体是浑然一体的自然社会，它建立在成员本能的众意、习惯制约的适应或者与思想有关的共同记忆之上，它意味着持久、真正的共同生活；而社会则是一种目的联合体，基本上是分离的。[③] 尽管滕尼斯非常欣赏共同体这种社会联结形态，但他已经看到，"在大的文化发展中，两个时代相互对立，一个社会的时代紧随着一个共同体时代而来。"[④]而现代社

---

[①] Nancy Burstein and etc. Redesigning Teacher Education as a Shared Responsibility of Schools and Universities，Journal of Teacher Education，1999，Vol. 50，No. 2，pp. 106—118.

[②] 赵玉丹：《大学与中小学伙伴合作：国外研究的现状及述评》，《内蒙古师范大学学报（教育科学版）》，2007 年第 3 期，31—34；叶澜：《大学专业人员在协作开展学校研究中的作用》，《中国教育学刊》，2009 年第 9 期；吴康宁：《从利益联合到文化融合：走向大学与中小学的深度合作》，《南京师范大学学报（社会科学版）》，2010 年第 3 期，5—11 页.

[③] ［德］滕尼斯著，林荣远译：《共同体与社会》，北京：商务印书馆，1999 年，95 页.

[④] 同上书，339 页.

会的基础正是真正解放了的个体及其思想与意志和个体间的契约关系，其典型表现即为被称之为理性组织结构的科层制组织，它具有"逆共同体倾向"。

鲍曼进一步指出，有两种趋势伴随着现代资本主义与现代化，第一为"用人为设计的、强加的监控规则，来取代共同体过时的'自然而然的理解'，取代由自然来调整的农业节奏和由传统来调整的手工业生活的规则"；第二为"在新的权力结构框架内，恢复或从零开始创造一种'共同体的感觉'"。① 第一种趋势展示着现代社会共同体的特征，而第二种趋势则意味着对共同体精神的回归与重建。

从总体上说，第一，现代共同体的基础已不再是滕尼斯所看重的本体性的，为所有成员所共有的"就在那里"的"共有的理解"②，而转变为经过协商与妥协的"共识"或经过倡导追求甚至斗争而达致的"意义"。现代共同体很难形成那种基于"共有的理解"的"根本性的团结"。第二，现代共同体要素的性质已经不再是同质性、共同性的地缘、血缘或精神等，而是更强调基于结构、功能等互补从而有益于整体功能最大化的异质性与脱域性："共同体成员拥有不同的兴趣，对活动作出不同的贡献，并且持有不同的观点……"③第三，现代共同体的氛围与感觉已不再是基于忠诚、身份认同、责任、义务等规范而产生的温馨、快乐和相互依赖④的共同体伦理，而是基于个人利益和社会契约而促成的对合作剩余的期待、对回报的承诺或者外力的威胁等规则的社会协作。第四，现代共同体不强调共同的生活，而关注公共生活。共同体的生活具有公开性、共享性，凡是在空间中出现的东西都能为共同体成员所了解。第五，现代共同体超越私人性，具有伦理政治学取向。共同体是一种卢梭意义上的"公意"，是对私人性与私人利益（"众意"）的超越。共同体以"至善"⑤、公共善为目标。

因此，本文所认同的共同体即一群拥有共同理想、目标或信念的个体或组织，在专业或行业规范引导下，基于合作而形成的稳定的、团结的、

---

① ［英］齐格蒙特·鲍曼著，欧阳景根译：《共同体》，南京：江苏人民出版社，2003年，39页。

② 同上书，5页。

③ ［美］埃蒂纳·温格，［美］理查德·麦克德马，［美］威廉姆·M.施奈德等著，边婧译：《实践社团：学习型组织知识管理指南》，北京：机械工业出版社，2003年，45页。

④ ［英］齐格蒙特·鲍曼著，欧阳景根译：《共同体》，南京：江苏人民出版社，2003年，3页。

⑤ ［古希腊］亚里士多德著，吴寿彭译：《政治学》，北京：商务印书馆，1965年，7页。

融洽的团体。①

"U-S 教师教育共同体"，简单地说，即将教师教育抛锚于共同体的脉络当中所形成的团体。其中，"U-S"点明了共同体的实体形态主体，即大学与中小学，而"教师教育"则点明了共同体的基本目标与任务，即实施有效的教师教育。此处的教师教育包括职前教师教育与在职教师教育；教师教育的对象既包括职前教师(本科师范生、全日制教育硕士)，也包括在职中小学教师，还包括大学的教师教育者。

### (二)建设 U-S 教师教育共同体的动因

"U-S 教师教育共同体"致力于建构大学与中小学之间的伙伴协作关系，改善学校教育教学实践，提高教师的专业发展水平。大学与中小学伙伴协作的兴起，有着社会变革、教育变革等多方面的动因。

1. 教育研究范式的变革，呼唤大学与中小学展开合作

教育研究范式的变革，教育的实践本质及其复杂性，使人们在教育研究的历史过程中逐渐认识到，长期以来，由于教育研究传统所形成的教育理论与教育实践之间的沟壑，只有教育理论研究者与教育实践工作者携手努力，才能逐渐弥合。于是，教育研究者走入教育现场，与教育实践者一起亲历教育发生的过程，观察教育现象，分析现象产生的原因，思考现象所反映问题的实质，探讨问题解决的方法，解决实践问题。这种直面真实的问题情境、由参与者合作进行并具有反思特点的研究，人们称之为行动研究。行动研究将传统上分离的属于中小学教育实践者的行动和属于大学教育专业人员的研究结合在一起，"在研究的实行者、研究的基本态度和研究的过程等方面都实质地形成了理论与实践、行动与研究的结合。"②

行动研究在本研究所关注的伙伴协作中被广泛运用，同时也促成了大学与中小学协作的实质发生。虽然行动研究对大学专业研究人员和中小学教师的意义不完全相同，对前者来说在于研究方式的变革，使他们走出书斋，走进中小学，走进教育实践；对于后者则更多地意味着教育实践者同时也是研究者。但它同时引起了大学与中小学双方人员专业生活方式的变化，使他们更加体会到自己的责任与价值。正像有学者指出的："新时期

---

① 显然，不存在无合作的共同体，因此，本文所用的"合作共同体"概念有重复之嫌，但由于这一术语已经固定的表达，本文也延用，目的在于强调共同体的合作性质，以突出现代共同体所急迫需要的合作性。同时，本文认为合作涉及的是个体或群体行为的性质，而共同体涉及的是群体或组织的性质。合作共同体的连用目的是更突出共同体行为的合作性。

② 宁虹：《教师成为研究者——国际运动理论路径实践》，北京：首都师范大学出版社，2002年，28页。

的教育研究急切地呼唤一种包括言语文化、书面文化和行动文化在内的、全新的变革性文化。这种文化要求我们对于教育规律性的认识不能止于讲解、描述，也不能写成文章即了事，还应努力地去诉诸于改善的探索；而后，又通过反思上升为新的话语。如此反复，渐渐增强我们自身教育行为的科学化水平。因此，教育科学研究（尤其是针对实际问题开展的课题研究）的过程，就应该是科学认识教育实践、逐步改进教育实践并从中不断丰富自身的渐进过程。"①

由于教育研究范式的变革，导致作为高等教育领域的教育专家非常有必要走入真实的课堂教学实践场域，来观察、调研、行动、研究，高校教育专家只有参与真实的教育，才能获得和把握最前沿的教育研究主题，才能真正掌握参与中小学教育指导意见的话语权，才能在中小学教育实践中给出更有实效的专业策略与意见。同样，作为中小学教师而言，由于行动研究得到学术界的认可，从而使得中小学教师更乐意积极参与这种实践性课题的研究，通过对自己日常教育生活世界的记录、关照、反思与行动，中小学教师的研究能够直接服务于自身的教育教学水平的提高，服务于自身面对的各种教育教学困境的解决。但是，中小学教师在开展自己的行动研究过程中，高等教育领域的教育专家有着重要的引领价值，通过与学术界的教育专家沟通与交流，中小学教师能够更加准确、有效、系统地定位自己的研究主题，规划自己的研究计划，执行自己的研究过程，评价自己的研究成果。这就使得中小学校与大学的合作开展研究成为必要。在大学与中小学人员共同进行的行动研究中，他们是平等的参与者与探究者，在保留各自独立思考的前提下，相互理解与接纳，并以不同的方式记录着研究的过程、呈现着研究的结果，他们最终的目的都是共同改善教育实践。

2. 教师教育的变革，要求大学与中小学展开合作

教师在教育中举足轻重的作用，使得教师的教育与培养成为各个国家都十分重视的问题。历史上曾经将教师培训和教育问题，当作一个单纯的学历教育问题，主要侧重于学科知识的理论学习，但是随着对教师知识构成的研究越发深入，教师实践性知识的重要性愈发为学界所公认。施瓦布提出了"实践性知识"，构建实践性课程成为重要组成部分。同时，波兰尼提出的缄默知识，强调个人知识中看不见的经验和理念发挥着重要作用。这种对于教师知识构成的认知变革，让各个师范院校愈发重视实践性课程的构建，强调学生从实践情景中去学习，来培养教师的实践智慧与实践技

---

① 张铁道：《以教育科研推动学校变革》，《中国教育报》，2001 年第 9 期，24 页。

能。大学自身虚拟的学习环境，让师范生的学习与训练没有一个自然真实的教学教育情景，师范生的学习是基于理论知识学习再实践的逻辑运行，但这种学习由于失去真实教育教学情景的激活，会导致师范生学习效率不佳，教师专业深度掌握有限。随着对实践性课程和实践性情景中学习重要性的认识，师范教育中愈发注重实践性课程的开发与教育。在学校的课程表上，师范生见习和实习类课程渐增，其所占学分比重呈现出逐年上升的趋势，同时在重要性的评判上，考核评价也愈发严格科学，在师范生的见习实习管理上，逐渐从原来的放任型管理，变革为严格管理、规范管理、科学指导管理。师范教育的见习和实习等实践教学环节必须要得到中小学的配合和指导，这就必然需要师范大学与中小学开展更为紧密的协作关系。师范大学的实践性课程体系安排，要延伸到中小学课堂中去。

同时，对于中小学教师而言，由于知识加速发展和社会的变迁，中小学课程变革和考核评价转换的速度也在加快，而家长和社区参与到教育中来的力量也愈发凸显出来，影响中小学办学的社会力量与因素呈现复杂化的趋势，这对教师的素质与要求构成了挑战。中小学教师完成学历教育，就可以终身从事教师职业的时代，已经成为过去时。教师培养体系逐渐从师范教育向教师教育转变，从单纯重视职前教师教育过渡到重视职后教师教育，并进一步提出职前、职后教师教育一体化的发展趋势。为了应对变化加速的世界，中小学教师的继续教育、终生教育体系将被不断提到更重要的日程，在职教师的培养与教育成为中小学校与高等师范学院共同面对的课题。对中小学校而言，要让教师队伍不断参与轮训、符合新的教师任职资格年检、提高教师素质从而提高学校的竞争力，就必须与高等师范学院开展合作，让高等教育领域中的教育专家参与到中小学教师的继续教育中来。

由于有从高等师范院校到中小学共同对教师教育体系的合作需求，将师范大学与中小学结合起来成为时代的发展趋势。1986年，美国的霍尔姆斯小组在其报告《明日之教师》中指出，"自19世纪中叶以来，知识和社会对教师的需求量一直在以惊人的比例持续上升，但教师工作的性质和组织却没有多大的变化。"报告呼吁"把教育学院同中小学结合起来"，"学校不亚于大学，也是教师学习的地方"，并提出了建设"专业发展学校（Professional Development Schools，简称 PDSs）"的设想。① 美国 PDSs 的任务是实现未来教师的专业准备、在职教师的发展、对改进实践的直接的探究、

---

① 霍尔姆斯组织：《明日之教师——美国霍尔姆斯组织的报告》，长春：东北师范大学出版社，1992年，11、83、9、73—75页。

增进学生的学习。① 美国 PDSs 的建设正是在大学与中小学共生伙伴关系的建立过程中实现的。PDSs 为教师提供了实践中学习和合作中学习的机会，将学校和大学、中小学教师和大学教师的工作结合在一起，促进了学校教育与教师教育的发展。同样，英国也实施了校本化的教师培养模式。2001年，我国大学研究者借鉴美国 PDSs 的经验开始与中小学合作建设"教师发展学校"（Teacher Development School，简称 TDS），并提出了建设教师发展学校、促进教师专业发展的一系列主张。②

3. 学校教育的变革，需要高校参与到中小学的学校发展中

学校教育的变革与发展之所以受到人们的普遍关注，是因为课程方案以及国家的教育目标都是通过学校的教育教学实现的。当社会由于其发展对教育抱有更高期望时，一些学校改进内部力量的不足显现出来。近三十年来，随着教育变革的需求，学校改进的研究在世界许多国家和地区兴盛起来。大学研究者的介入使那些内部改进力量不足的学校获得了有效的帮助，大学研究者成为学校改进的外部促进力量。大学与中小学协作进行学校改进的研究，针对学校的具体情况探索学生的有效学习、教师的专业发展、学校的教育科研、校园文化建设等与学校改进息息相关的问题，其主要目的是使学校教育发生变革，学校的教育教学质量得到提升。

伙伴关系的建立有着双方各自的需求，"大学若想接着出更好的教师，就必须将模范中小学作为实践的场所。而学校想变为模范学校，就必须不断地从大学接受新的思想和新的知识，大学要找到通向模范学校的道路，并使这些学校保持高质量，就必须在学校与技术教师培训校之间建立一种共生关系，并结成平等的伙伴。"③大学与中小学的伙伴协作已成为学校改进和教育变革的有效策略。

4. 大学功能的变革，推动高校走向服务中小学发展中去

社会的进步与发展使得各个领域对大学的技术支持与学术引领的需求越来越普遍，越来越强烈，社会服务作为大学与教学、科研相并列的三大功能之一，在大学建设与发展中的作用越来越凸显出来。随着教育在社会发展和国家竞争力中地位认识的提高，面向教育特别是基础教育的服务在大学的社会服务中受到重视。

---

① National Council for Accreditation of Teacher Education：Standards for Professional Development Schools，2001.1.［EB/OL］. http//www. ncate. org/documents/pds standards pdf.

② 王长纯：《教师发展学校建设标准参考纲要》，《教师教育研究》，2005 年第 4 期；宁虹：《实践—意义取向的教师专业发展》，《教育研究》，2005 年第 8 期。

③ 教育部师范司：《教师专业化理论与实践》，北京：人民教育出版社，2001 年，148 页。

大学参与人员在教育服务过程中，一方面，将已有的科学研究成果转化为教育服务的资源，提升服务的质量；同时在服务过程中进一步开发教学和科学研究的资源，拓宽研究领域。另一方面，通过教育服务，更好地建设学校的社会服务功能，进一步体现大学的价值，提高大学自身的社会声誉。大学功能建设的变革，也使得大学与中小学伙伴关系的建立从大学内部获得了有力的支持。

　　上述原因并非独立存在，它们彼此之间在一定意义上是相互关联的。例如，学校教育变革与教师教育变革不可完全分割开来，只是视角不一样，我们做一相对划分罢了。

　　5. 市场竞争的力量，强化高校与中小学展开合作

　　随着高等师范院校与中小学校都参与到一定的市场竞争中来，市场本身的力量推动着双方走近，各取所需、共同合作、整合资源、共同发展，从而提升各自的发展优势，这为双方的合作注入了强劲的动力。就高等学校而言，中国师范教育的发展，在早期实行的是毕业生包分配制度，作为师范院校根本不用考虑学生的毕业就业去向，只要按照既有的教学方案培养即可，当时的师范院校显然是没有改进学生培养质量的市场推动力量，学校办学主要受到教育教学自身规律支配，受到行政政策的支配，而缺少市场力量的推动。随着分配制度的改革和打破，大学生自主择业成为现实选择，这时候市场的力量就开始起作用，其中师范教育体系由三级调整为两级，甚至现在有压缩到一级的趋势。除师范教育自身发展规律和教育政策推动以外，市场选择在其中就有着重要的推动作用。市场竞争的结果，首先推动学校进入学历文凭的竞争，表现为低层次学历如中等师范院校的关停并转，同时，随着竞争的加剧，专科学历的师范教育也在萎缩之中，慢慢走上本科学历的师范教育主导格局。随着时代的推移，这种学历竞争还会向更高层次推进，如教育专业硕士的逐步推广，会使得这种高校之间的学历竞争门槛进一步抬升。从中国人口发展趋势而言，老龄化和少子化格局是大趋势，未来中国年生育人口逐步步入不可逆转的萎缩是一个结构性的趋势，随着适龄入学学生的缩减，师范教育本身必然面临着较为严峻的竞争格局。本科层面的师范院校不断改制为综合性或者应用型的专业院校，这股潮流本身也是来自于师范教育专业竞争加剧下的分流转型。

　　但是，作为坚持师范教育的高等学校，仅仅着力于学历层面的竞争，还是一种粗放型的竞争模式，这种竞争更多的是着力于对国家政策资源的占有。对于师范教育高等学校而言，需要致力于内涵式竞争的道路，培养出更多为中小学所认可接受的优秀师范毕业生。其中，构建大学与中小学

的教师教育共同体就是其中一个重要方向，这种行业联盟是一种资源整合的优选方式，是高等师范院校优选的竞争方式。现行师范生培养中不断加重实践训练环节，不仅仅是理论范式变革的结果，更是市场竞争中不断提高师范生入职标准的结果。市场竞争导致用人单位对毕业生的考核标准自然是逐步提高，中小学校要求师范高校为学校培养出入职后就能讲出优质课程、能够承担教育科研、能够管理辅导学生的合格教师，在师范毕业生供给明显多于中小学校所需求的情况下，仅仅学习了学科知识和基本教育理论的半成品式的毕业生再也无法面对就业市场的残酷竞选。为了保证走上讲台的毕业生都成为合格的教师，师范高校必须在学生毕业之前设置一个让学生充分训练的实践打磨培养环节。为此，师范生需要在实际教育教学情景中，在中小学的课堂教学中充分经历见习实习环节，需要得到中小学成熟教师的现场点评和指导，这种充分的实践化课程环节的设置，使得师范生能够在情景中积累大量的实践性知识，并转化为在具体教育实践情景中得体到位的应对模式。作为中小学，指导师范生的大量见习和实习，虽然是一种道义上的义务和职责，但必然会分散、干扰、削弱部分学校原有的教学秩序和承受一定的教学质量波动，这导致中小学在接受师范生见习和实习上，并非总处于主动自愿状态。这就需要大学与中小学进行利益上的置换，给中小学发展提供一定的智力支持和利益让渡，通过教师教育共同体建构来服务于优秀师范生的培养。

就小学校而言，家长择校选择的自由空间在变大，社会对于优质教育资源的追求意愿和支付能力都在提高。同时，从教育行政部门而言，办出优质教育，呼应社会的呼声，同时还有着政绩推动的考量。社会选择的力量、管理部门的考核，最终推动着中小学校在竞争中脱颖而出的需求。要办出优质教育，就必须有优质教育资源，除了图书馆、实验室等硬件设施以外，最重要的是教师专业素质，以及办学思路、办学模式的选择，而要在这一点上得到提升，与高等学校特别是师范大学展开合作无疑是可行之道。

## 二、U-S教师教育共同体建构中的障碍

在大学与中小学共同体建设过程中，面临的最大问题是有效合作的匮乏。破解合作中的种种障碍，提升双方合作的有效性，才能推动共同体建设的成功。

### （一）对"合作"的理解有待提升

合作是人类社会的基本交往方式与基本特征，"合作是一种互动形式，

即由于有共同的利益或目标对于单独的个人或群体来说很难或不可能达到，于是人们或群体就联合起来一致行动。"①合作的实质在于理性行动者（个人或组织）通过联合行动策略创造并分配"合作剩余"（即"共同做大蛋糕"和"分蛋糕"），实现了自利性与互利性的统一。

如果说"共同体"涉及的是群体的或组织的性质，那么"合作"涉及的则是个体或群体行为的性质。合作行为具有以下一些基本特征：（1）目标共享：目标是明确的，而且参与合作行动的成员对目标都比较了解。目标共享的最佳状态就是通常所说的形成"愿景"。（2）互惠交易：合作的初衷是对各自利益与价值的追逐，而且这种利益只有在联合行动中方可能最大化，因此，互惠交易是合作的基础。当然，交易本身即是合作。（3）分工协作：联合行动的过程即是一种分工协作的过程，协作与分工相对应。协作不一定都是合作，但合作离不开协作。合作性质的协同劳动要求每一参与者必须对自己所承担的任务有明确的把握及对任务在整体目标中的地位与价值有清晰的认识。（4）成果分享：互惠交易与分配合作剩余是成果分享的基本表现，但这种交易性与分配性使得合作行为潜在地内嵌了"囚徒困境"博弈的逻辑结构②。

### （二）合作类型的祛根

在许多人的心目中，合作的典范就是远古时代的狩猎：其中有拿弓箭的、有拿刀棍的、有拉网的、有挖陷阱的、有吆喝的驱赶的、还有一个或多个核心人物……他们一起打死猎物、然后分享。显然，现代社会中的合作保留了狩猎合作的许多特征，但正如现代群体呼唤共同体精神的复归一样，现代合作也需要关注合作的早期形式。

耐斯比特（R. A. Nisbet）曾将合作为分四种类型③：自发型合作，基于人之本性而自然而然发生的合作；传统型合作，自发型合作经代代相传成为社会习俗而被依循的合作；指导型合作，事先设计的，需要权威的第三者来主导或促成的合作；契约型合作，以自愿契约的方式完成目标或任务，其中个人义务与责任被明确标示。

教师教育共同体建设中的合作主要是指导型合作与契约型合作，而罕

---

① ［美］戴维·波普诺著，李强译：《社会学》，北京：中国人民大学出版社，1999年，132页。

② 共同体改变了基于互惠交易的一次性合作博弈，从而使合作诸方发展成了一个稳定的群体。

③ E. Palispis(Ed)：Introduction to Sociology and Anthropolgy，Manila：REX Book Store，2007，P. 117.

见自发型合作与传统型合作。其实，教育本身即是自发型合作的典型，但这种基于人之本性（无论是个体生活与公共生活）的合作也已经被契约化。因此，在教师教育共同体建设过程中，很少见到那种一拍即合，或中小学主动找到大学希望合作的情形。另外，中小学在教师教育中的传统就是接收师范大学的实习生，而且由于高考的压力、教师专业发展中的"经验"压力等，教师教育中的实习已越来越形式化。本来已经偏移错位了的传统，干脆缺位了。

### （三）合作基础的遗失

合作的基础在于共同的利益或目标，而指导型合作与契约型合作的基础也正在于利益交换。在中小学内部，由于绩效考核排名的压力，教师之间竞争激烈，使得教师内部的合作流于形式，相互之间的观摩教学和研讨形成阻隔现象。相对而言，大学与中小学之间，由于不存在利益上的竞争关系，这种类型的合作障碍相抵不容易发生。但综观国内各种形式的大学与中小学合作，似乎二者之间并没有太多的可交换的利益或共同利益：大学为中小学培养合格甚至优秀的教师？其实中小学，尤其是各方面条件较好的中小学更愿意引进比较成熟的教师。大学能够为中小学提供的就是能促进中小学教师的专业发展？出于各种原因，大学却很少愿意与条件比较差或一般的学校合作。大学能够为中小学制订发展规划？在此过程中，中小学是以雇主的身份出现的……

从总体上说，对于具体的学校而言，大学与中小学之间是缺乏合作的基础的：不管是因为大学不能给中小学所需要的，还是中小学尚没有发现大学之于他们的价值。因此，现实生活中二者的关系是主要表现为单向的：大学总是在"麻烦"中小学。于是，广大中小学不太愿意接收大学的实习教师，或者不愿意给实习教师足够的教学课时就是自然而然的事了。

需要指出的是，这里强调的并不是大学与中小学合作基础的缺失，而是遗失。大学与中小学合作最坚实的基地是什么？教育的本真追求与教师的专业地位。实现真正的教育的回归，二者合作的基础自然就凸显出来了。另外，前面提到的成果分享还有非互惠交易性合作的分享，即出于追求或维护共同的信念、理想或任务而展开的合作，尽管此类合作没有分配蛋糕，但在事实上却做大了蛋糕，提高了整体福利：教师职业地位的提升，即教师专业化。教师教育共同体建设似乎更应该关注的合作基础是做大蛋糕的意义与价值。

### （四）合作层次较低

怀特福特（B. L. Whitford）等曾将合作分为三个层次[1]：配合或协助性合作（cooperative collaboration）、互利共栖性合作（symbiotic cooperation）和有机一体性合作（organic collaboration）。在笔者的理解中，协助性合作相当于合伙，成员可以称之为"同伙"，此时合作双方仍然是两个团队（"我们"—"他们"），合作方式为一方要求另一方给予支持与帮助；互利共栖性合作将两个团队组建成一个联队（"我们"—"你们"[2]），成员可以称为"同伴"，这种合作一般都能获得制度或权力支撑，合作方式为通过利益交换而互相给予支持，追求共赢；有机一体性合作则将联队变成了大队（我们始终只是"我们"），成员可以称为"同志"，这种合作不仅强调自我利益，而且更强调公共利益与公共善，以高认同与信任、强整体性为特征，合作方式为在共同愿景的指引下，自觉地为理想或目标而努力工作。

传统的中小学接收大学实习生，即是典型的配合性合作，大学希望得到中小学的协助与配合，以便大学能完成培养合格教师的职责。而目前在大学与中小学合作过程中，最主要的合作属于互利共栖性合作，大学与中小学以各自的利益为重心，而合作方式也以分工协作为主。另外，有一些立意较高的合作方式，如教师教育培养中的"双导师制"却在实际操作过程中因不能很好地融合成有机体而变成了各自为政的分工协作：中小学教师和大学教师商议的结果是"大学教师负责论文，中小学教师负责教学"（"我们"—"你们"）。事实上，合作的深度不够，与前面提到的合作基础的遗失是内在关联的，因此，缺乏深度的合作将不能有效地促进大学与中小学的长足发展，期望通过共同体建设促成教育的回归的宏大抱负也不可能得到落实。

另外，大学与中小学教师之间的合作，更多地体现为大学知识向中小学传授的层次，主要体现为认知层次上的沟通与交流。但只有当大学教师在生活世界的层次上，与中小学教师发生碰撞和沟通交流后，双方才能产生情感性的链接，并且触及实践维度，触及实践知识的挖掘、解读、指导、反思和重新行动的循环，改革才能有效地触及中小学真实教育教学实践。"真正意义上的大学与中小学伙伴协作不仅是认知的过程，还应是情

① Schlechty，P. C.，&Whitford，B. L.（1988）. Shared problems as shared vision：Two views of collaboration. In K. Sirotnik（Ed.），School-universitypartnershipin action：Concepts，cases，and concerns. New York：Teachers College Press，pp. 191—204.

② 吴康宁：《从利益联合到文化融合：走向大学与中小学的深度合作》，《南京师范大学学报（社会科学版）》，2010年第3期，5—11页。

感的过程，更是二者之间有机融合与良性互动的过程"①。可见，关注教师的知识与实践，必须关注教师的真实教育生命层面，才能实现教师的知识、实践与精神的有机统一。

### （五）合作的时间与空间障碍

中小学教师的教学任务重，有很多琐碎的工作需要花费大量的时间，教师在自身专业发展上再抽出大片的时间的学习与进修，本身就很增加教师的负担，处理不当甚至会导致教师的职业倦怠情绪。同时，在中小学校中，教师之间由于阻隔效应，使得新教师学习观摩提升自己的机会并不总是处于开放状态。虽然在物理空间上，一所学校的教师是处于紧密接触状态，但在实际上，由于教学活动环境的隔离属性，熟手专业教师的教学活动并不能无条件为所有教师开放，这样会导致中小学内部的教师专业发展资源无法被挖掘出来。即使学校从组织层面会安排公开课、备课组、传帮带等组织形式来保障校内资源的开放，但在实际操作中，公开课往往变成某种表演课堂，教师往往不是以本真的状态呈现自己的教学，这种戴着面具的交流必然是带着某种形式主义，服从公共话语压力的表达。这种修饰主义的、形式主义的、符合众人预期的知识与经验交流，显然是无法直达内心，甚至引起很多困扰和误解的交流。换句话说，在学校场域之中，存在着看不见的墙，将教师之间隔离开来，使得交流和学习的有效性大打折扣。

一个组织场域内部成员间的交流都会遇到看不见的墙，在大学与中小学教师之间，交流的时间和空间障碍显然会更多。大学与中小学教师之间的时间节奏差异较大，这使得双方的沟通和交流，在时间上往往需要特别协调和安排，才能使得双方在时间上衔接起来。同时，在空间上，由于大学与中小学之间存在着实际的物理距离，面对面沟通必然要增加交通成本，交通的便捷性显然直接影响到双方成员的见面交流。为了解决这种沟通的时间和空间障碍，利用好互联网交互的便捷性，增强双方人员的沟通及时性，显然成为一种低成本的最佳选择。但这种基于电话、微信、QQ等电信手段的沟通，必须有前期的培育，必须有真实的合作互动才能起到实质性作用，电信手段在本质上是一种辅助手段，更核心的是真实有效沟通和交际效果，是双方人员是否真正介入了对方的生活世界之中，而不是简单给予某件事情或事实的观点交流而已。只有当新教师植入了真实教学

---

① 杨文爽、程耀忠：《关于大学—中小学伙伴协作的理性思考》，《东北师大学报（哲学社会科学版）》，2014年第4期。

情景之中，非知识性的、实践性的经验和智慧才能得到激活，教师才有机会不断反思挖掘自身的潜在的智慧，这一过程如果再辅以大学专家教师的点拨与对话，整个学习和进步的速度才能得到跃迁式前进。

显然，要增强大学与中小学教师合作的时间与空间保障，利用激活原有学校的教研室、备课组、科研组等传统组织的活性，让大学教师的介入，激活学校内部组织的活性，打通内部组织的看不见的阻隔之墙，变成一个重要的工作思路。毕竟大学教师相对于众多中小学而言，属于稀奇资源，胡椒面撒广了效果就大打折扣了，因此，核心思路应该还是放到激活中小学校内部、中小学校之间的有效沟通与交流上来。通过专业论坛、案例展示、特色报告等研讨会和经验交流会的定期和不定期召开，让大学教师和中小学教师之间打通沟通的主流渠道，同时，利用互联网电讯等辅助手段的及时沟通性来强化跟踪这种共同体的沟通效果，这种打破沟通壁垒、破解沟通时间和空间的障碍的行为，最终有利于共同体的建设成功。

### （六）合作的摩擦成本

在一个学校内部，其成员间会有各种非正式的人际关系圈子，教师之间并非透明开放的状态，而更多的是呈现封闭细胞的相互隔离状态。在一所学校内部的合作之中，已经存在着合作的摩擦成本。大学参与到中小学的合作中来，由于这两个组织的特性不一，相互之间的文化理念差异较大，产生冲突和排斥现象就更为显见。这种由于文化差异、话语体系差异导致的心理距离与心理隔阂，会增大相互之间合作的摩擦成本。

在传统的大学与中小学教师的沟通中，大学教师往往被刻板化为理论指导者、权威专家的角色，而中小学教师则异化为听从专家意见行动的人。这种不平等的刻板认知，显然会增加双方沟通的壁垒，增加有效沟通的摩擦成本。尊重一线教师的主动性、积极性，通过民主、对话、协商、交往的精神和原则来落实双方的合作，显然有助于减少双方合作的摩擦成本。

同时，在共同体的建设中，切忌强迫教师参与共同体的建设活动。迫于行政介入，以下放任务的形式，教师被迫参与共同体的合作，由于教师并非基于自觉自愿的精神参与到共同体的建设中来，这种非主动性不仅仅影响到个体教师的真实沟通效益，而且会给整个共同体成员的沟通带来一种莫名的心理压力和形式主义幻想，会导致更多成员觉得自己在参与一场无意义的任务而已。迫于行政强力干预的合作，表面上使得双方站到了一起，但其天然的排斥力反弹，会大大增加共同体的摩擦成本，从而为共同体活动失败埋下伏笔，为此，遵循一种来者欢迎、去者不追、自动自愿、共建共享的精神和原则，来运作大学与中小学共同体的建设，是减少共同体建设摩擦成本的关键。

### (七)合作难以得到长久维持

教育共同体的持续发展，必须要有持续的吸引力和凝聚力，要能够持续不断吸纳新成员参与其中，并获得一种共同体的身份认同，在共同体中不断成长，由一名新手教师不断发展成为优秀成熟的教师。只有当一个共同体经历历史的考验，持续交流沟通，形成基础教育中的教育教学共同体，其中共同的目标、共同的实践经历以及蕴含的意义，让个体变成集合体的一个部分，让成员卷入共同体的历史之中，通过不断吸纳新成员，新教师转化为老师的过程，才能使共同体散发着吸引力和凝聚力，从而维持其持续发展。

但现实中的教育共同体建设，开头容易、持续合作困难。作为一种共同体，本身没有行政强制权力驱动，经费物质刺激也缺乏，成员参与活动本身的纪律性要求也是一种软性约束，做到共同体的形散而神不散，是一件困难的事情。作为这样一种松散结构，共同体只能依靠自身的魅力来吸引和凝聚人心，因此，共同体的发起人和核心成员的人格魅力及工作能力就变得极为重要。

同时，要保持共同体的吸引力和凝聚力，必须有工作的抓手。虽然在制定合作规划上可以有一个全盘的考虑，但在具体实施的过程中，又需要以课题合作研究作为纽带，以课题研究带动教学改革，以课题研究带动教师的人才培养，以课题研究来组织研讨论坛。为了保证共同体的可持续发展，课题研究本身还需要不断更新和发展，需要不断吸纳新成员参与其中。在大学与中小学的共同体建设中，容易出现两个组织的少部分人在沟通和合作，大多数人无法参与其中的情况，这就容易导致共同体参与的严重不足。

为了避免共同体中成员的边缘化现象，提升共同体的凝聚力，需要注意一些技术性的问题。一方面，保障共同体的充分沟通和交流，有必要控制共同体和合适规模。规模过大会导致共同体内成员间的交流不充分，无法构成共同体的亲密感，从而削弱合作的成效。同样，规模太小又会导致共同体内部差异性不够，学习资源出现贫乏，互动性同样要受到抑制。当然如果采用网络论坛的合作形式，对于合作规模可以适当扩大一些，因为网络的便捷性可以增加教师间相互互动的频次，从而能够涵盖更大的规模。另一方面，适当把握共同体活动的节奏。共同体活动频次频繁，会导致与正式组织的工作安排的冲突，从而干涉到教师正常工作秩序，增加教师的工作量；同样，共同体活动的频次太稀少，会形成共同体可有可无的状态，影响到成员参与共同体的活力，会导致共同体的分离力量增强。

## 三、建构高效的 U-S 教师教育共同体

### （一）建构有效的合作机制

大部分的大学与中小学的合作，基本上是处于一种浅层次的、点对点的初级合作状态，很多合作还是处于一种摸索之中，或者直接停留在师范大学向中小学派遣见习、实习学生，完成师范大学人才培养的基本实践教学环节即可的状态。作为普通中小学而言，由于排名竞争压力不高，接纳一部分师范大学的实习生来观摩一下课堂，顺便帮忙代理几节课堂教学，完成上级行政部门给予的工作安排即可。或者有少部分大学教育专家出于个人学术研究兴趣，到中小学展开一定的调研，做一定的课题项目研究，但对改善中小学实践教学效果无关或作用有限；即使有个别的教育专家基于个人的教育情怀，以改善中小学教育实践为目标，进行个人努力式的研究，但如果没有团体参与，其力量也有限且可持续性不够。作为中小学教师，虽然偶尔通过国家培训项目或者省级培训项目，到当地高等师范大学进修学习，但局限于听取专家的几场报告，往往缺乏深入的合作和后续的沟通。由于双方缺乏有效的合作育人机制，没有进一步的有效合作项目跟进，双方优势资源都没有得到整合，实际上是浪费了宝贵的合作资源。

建构稳定的、可持续发展的高校和中小学的协作关系，需要双方共同建设合作组织机构或者管理部门，建设双方的互动合作平台，有着固定的交流场所，有着定期的沟通和交流项目。为此，合作双方还必须共商合作的共同愿景、拟定相关合作章程，甚至需要相关资金来支持工作开展。

虽然，在论及教师教育共同体之时，更多地强调共同体的非行政化、非他者管理的特点，强调其自组织、自生长的特性，但这更多的是指成熟后的共同体理想运行状态。在共同体组织的建构初期，双方组织的合力推动，必要的行政支持，共设沟通管理协调机制，是双方合作成功的必要推动力量。

需要注意的是，作为他者管理和行政推动的力量，应该发挥一种引导性和辅助性的作用，绝对不能替代合作组织本身来开展工作，共同体发展的最终目标是要达到一种自循环、自维持、自发展的理想状态，共同体本身的管理机制要符合自组织原则，这个发展推动的过程不一定有着最终极的目标，而是不断处于发展变化之中的，这是一种共同的生活世界。一个

成熟的教师教育共同体需要减少外界的干预，形成自身协商式的共同体规范、自生长出共同体的文化，走向自组织的发展形态。此时，共同体内部的非均衡要素开始流动，发生沟通与冲突、理解与交流，不断自我调适与再平衡，维持着教师共同体组织的持续稳定发展。

### （二）拟定系统的合作规划

作为行政机构搭建完双方的合作沟通平台后，进一步深入的合作，就需要做出系统的规划。与合作平台搭建遵循自上而下原则不同，双方合作的具体规划必须要由双方具体参与人员来协商拟定，但最后又有总体把关，得到双方主管部门的理解和推动，整个规划的过程体现了一种自下而上的原则。作为高等师范院校，在制订人才培养计划的过程中，就可以与合作学校进行沟通和协商，将实践教学环节和相关要求规划进去，大学和中小学合作的深度和广度决定了师范教育实践教学的培养质量。同时，高校在推动自身的人才培养的同时，应该将中小学的教师发展纳入考虑的计划中来，中小学校可以将本校教师发展与培训的计划与高校进行沟通和协调，从而制定出更具优势的校本教师培训和发展规划。

具体而言，规划可以教学、科研、培训三个环节为中心，构建大学与中小学的合作计划，在教学上，大学教师参与到中小学的教学改革工作上来，中小学教师也可以进入大学师范课程中的部分教学环节；在科研上，大学教师可以与中小学教师一起合作，从事改善教育实践的教育科研课题研究；在培训上，师范生进入中小学完成实践教学培养环节，同时中小学教师进入大学进一步得以提升理论素养。这三个板块的合作规划相互关联，可以协调规划，相互借势，相互取益。

当然，在高校与中小学的沟通和合作过程中，缺少不了相关教育主管部门的沟通与协调，这样能够形成大学与片区中小学开展整体合作计划，帮助形成校际合作联盟，从更高层面实现资源的整合与高效利用。要使得校际合作规划落到实处，这种规划制定的参与者必须要联系到执行层面，负责高校师范专业的课程负责人、教学安排管理人员、教育问题研究专家、中小学校的骨干教师、年级和学科负责人等都需要参与到规划制定的协商中来，才能保证合作规划的科学性和可执行性。在制定合作规划中，有必要充分考虑双方的利益诉求，照顾到双方在培养人才、改进教学、推动研究方面的利益需求。

### （三）提供必要的利益保障

大学与中小学共同体的建设，其理想目标是能够超越具体利益交换，达到文化的相互融合和追求教育理想的实现。但在具体实施过程之中，特别是在共同体未完全建构起来之前，明确相关利益保障，是非常有助于共同体建设的推动工作开展的。对于具体的参与人员而言，需要有一定的实际利益的收获才能维持其持续参与共同体活动的动力，这种利益包括但不限于直接的物质奖励，还可以包括教师科研成果的产出、教师教学水平的提高、教师职称评定的便捷、教师自己素质提高的满足感、教师自我效能感的提升等非直接物质奖励。对于参与人员利益的照顾，不仅仅来自于共同体本身的自循环产出效益，而且在初期需要组织给予支架性支撑，为共同体的构建和发展给予一定的利益保障安排，从外部给予共同体发展以利益支撑。除了对于个体利益的考虑，双方组织利益的互补与均衡，也是共同体建设中需要关照的重点，共同的利益会让双方合作的驱动力更为充沛。这就需要双方组织在合作利益的认知上形成共识、明确双方利益的契合点。双方要充分认识到相互合作办学对于提升和优化各自的办学水平有着重要推动作用。在实际合作的情况中，这种双方的认知与期待之间往往存在着较大的差距，对于各自利益的认知落差和期待落差，会造成双方合作的动力消失，阻碍合作的进一步开展。

对于组织间利益互补和契合，教育主管部门是一种重要的参与力量，可以通过给予国家培训、省级培训、地区培训等培训项目，教师专业发展校本培训项目、学校发展规划项目等支持性项目，引导高等师范大学与中小学进行深入合作，这些支持性项目的单独开展往往成效有限，当这些项目与教师教育共同体结合起来时，就是在用有限的资金资源撬动一个教师发展的自循环体系、学校发展的自循环体系，能够事半功倍地提升教育综合效益。同样，作为参与主体，大学和中小学校组织甚至相关专业教师都可以通过自发形式，进行联合申报项目，组织引导资源来发展共同体的项目发展。这个利益补助和平衡的过程，既有自上而下的规划项目来推动，又有自下而上的基于一线教师之间的真实合作的项目生成。通过组织内部的利益让渡安排，再加上组织间的利益让渡安排，以及教师教育共同体建设的利益保障，能够使得共同体的建设发展更为快捷、深入和稳健。

### （四）创造良好的合作环境

虽然在主观上大学与中小学都重视双方的合作，但是往往容易忽略双方合作的环境创设，通常认为只要双方领导点对点沟通一下就能将合作事宜办理妥当。建构大学与中小学共同体，需要在共同体的创设环境上做好充分工作。首先，双方合作需要恰当的心理环境。要解决的就是共同体参与人员的认知问题，参与人员的知识背景和心理认知层次不同，会构建出不同的心理环境，从而对共同体参与者的主体意识产生重要心理影响。由于合作双方组织拥有着不同的组织文化和管理体制，大学教师和中小学教师之间存在文化差异甚至隔阂，各自想象出的对方世界与真实生活世界存在较大偏差。双方认知上如果能够保持沟通、理解、包容的状态，就容易极大拉近双方的心理距离；相反，则容易导致双方无法相互合作。其次，双方合作还需要恰当的时间和空间环境。合作双方都有着自己的特定时间节奏安排，大学和中小学在时间节奏上、在工作总量和自由度上都有着较大的差异，比如中小学教师需要看学生自习、需要给学生批改作业、批阅各种周期的测验，一般中小学教师的时间节奏要更固定；相反高校教师的时间节奏更为灵活自由，除了授课和指导学生研究以外，大学教师更多的时间处于自由研究状态，即使是与学生相处，大学教师的时间自由度也会高于中小学教师。在双方合作的过程中，应调节双方教师的时间节奏，构建更为有利的合作时间环境。在空间上，大学与中小学在图书馆、实验室、教室、实践基础等硬件设施方面有着差异，比如有些中小学校校园容量小，无法一次性接纳人数较多的合作项目，在双方合作中则需要考虑到双方的空间环境。

整体而言，大学与中小学的共同体建设，需要通过双方组织的沟通、协调，来调节双方心理认知、心理预期、时间节奏、空间安排等，以便创造出更佳的合作环境。

### （五）强化 U-S 教师的专业贡献与责任

教师的专业贡献与责任指的是教师除了基本的教育任务之外，对专业建设与学科发展的责任与贡献。这项责任已被越来越多的教师组织或相关机构视为评价教师的重要指标。

中小学教师（尤其是优秀的教师）应该有一种专业责任意识，应该自觉地成为学科领导者，应该致力于提升教研组其他教师（尤其是青年教师）的专业素养，应该努力提升学科组在学区、省市的地位与声望，也应该撰述研究成果，以促进本学科教学领域的发展。一旦树立了这种专业责任意识，能自觉、主动地指导实习教师、青年教师，教师教育共同体的性质将得到更充分地显示。

对于大学教师而言，大学教师教育工作者的困境首先在于对中小学教育教学实践的不了解："我没有在基层工作的经验，对一线教师的情况不了解，在对中小学教师进行培训时，与他们有一定的距离。在课堂上，我只能讲我所学到的理论知识，这些东西与他们经验相脱离，无法给他们的实践提供帮助。"①要改变这一状况还相对比较容易，只要多出入中小学就可以了。

大学教师更大的困境在于学科背景的缺乏。国内的教育理论工作者有相当一部分是"教育学"科班出身，在走进中小学时往往缺乏相应的学科背景，而脱离了具体教学内容的评课往往只能是一些空话、套话，而这又直接导致了中小学教师对大学教师的认同壁垒，在此情况下，教师教育共同体实际上已经不可能实现。为打破这一障碍，教育学学科出身的教育理论工作者应该走进学科，而学科教学论研究者则应该走进教育理论，不论二者谁更容易成功，二者的融合是必须迈出的一步，只有如此方能获得中小学教师的认同与信任，也才有可能成为一名合格的教师教育者。

### （六）发展亲密感

共同体应该是一个温馨、舒适而又安全的场所，它就像是一个家，在其中，成员相互都很了解，可以相互信任、彼此依靠、宽容、帮助，这样的共同体内必然会滋生出一种亲密感，这种亲密感是一种共同体氛围，这是一种令人向往的工作环境。

由于现代共同体成员的脱域性质，这种亲密感不可能基于"一家人"的血缘和长期在一起生活而自然形成，但亲密感的萌发的确需要时间，因此，较长时期的合作是发展亲密感的必要条件。教师教育共同体最好是能制度化某些活动形式，从而确保亲密感的逐渐形成。

共同体中的亲密感不是私己性的，即不是某几个成员间的亲密，而是团体的亲密，但却要建立在成员间的亲密之上。因此，为了建设更充分的亲密关系，共同体中的关系应该是直接而且是多方位的②，这就要求教师教育共同体尽可能地发现共同体中的关系，去承受关系，参与关系并发展关系。

教师教育共同体中的亲密感的重要来源除了个人情感因素之外，更重要的是成员间的彼此支撑、帮助、信赖。另外，教师教育共同体中的关系必须平等，因为不平等的关系中不可能诞生亲密，不平等的关系中也不可能有共同体意义上的合作。

但需要注意的是，在共同体中并不就等于亲密，"当亲密变成基准时，

---

① 宋敏：《大学与中小学合作研究：现状、问题及思考》，北京：首都师范大学出版社，2005年，22页。

② Michael Taylor. Community, Anarchy and Liberty. Cambridge University Press, 1995年，p. 27.

我们开始失去了与日新月异的事物建立关联的能力，而这正是教育的核心。"①因此，对教师教育共同体中的亲密及其边界持有清醒的戒备是使共同体处于理性状态的重要一环。

---

① ［美］帕克·帕尔默著，吴国珍等译：《教学勇气：漫步教育心灵》，上海：华东师范大学出版社，2005 年，92 页。

# 第三章　U-S 教师教育共同体文化建设

要实现大学与中小学的深度合作，教师教育共同体建设必须超越协助性合作与利益共生性合作，而走一条文化融合之路，建设教师教育共同体的独特文化，以形成教师教育共同体的传统，滋养教师教育共同体的成长和发展。

## 一、何为"共同体文化"

共同体的文化是集群内共同认同的活动方式及其产生的物质成果和非物质成果，包括共同体心理和价值观念的总体。大学和中小学教师共同分享理想、目标或信念，在专业或行业规范引导下，基于合作而形成稳定的、团结的和融洽的团体，从而形成"共同体文化"。教师教育共同体即将教师教育定位于共同体的共同目标，开展有效的教师教育、培养优秀的教师。教师教育共同体，将有着共同愿景的大学教师与中小学教师组织起来或形成自发组织形态，以培育教师为根本理想，将个体的努力汇聚成集体的智慧，围绕提升中小学教育教学与大学师范生的实践提升，共同学习、反思、实践，形成一个在文化层面进行理念交流、在实践层面进行参与互动的共同体。

教师教育共同体的形成过程，同时也是教师教育共同体文化的形成过程。这两者间互相推动，构成一个动态的建构过程。离开了教师教育共同体建设过程的努力，共同体文化将没有生长的根基；离开了共同体文化的生长，教师教育共同体也难以真正形成。大学与中小学合作有很多层面，大多数情况只是一种基于利益的联合，还远远谈不到共同体文化的形成。

具体来说，"共同体文化"具有以下几个重要属性：

### （一）共同体需要统一身份的归属——"我们（U-S）"取向

共同体，即一群拥有共同理想、目标或信念的个体或组织，在专业或行业规范的引导下，基于合作而形成稳定的、团结的和融洽的团体。但在现实中，基于利益驱动或行政驱动的大学与中小学的合作，无法形成"我们"这一个身份上的共同认可。

在利益动机的驱使下，"U-S伙伴合作"这一概念中"伙伴"这个词的含义往往只是"同伴"，亦即所谓的"同路人"——这也可以说是合作双方对于对方的一种身份界定。作为同路人的大学与中小学都会明确地把自身与对方区分为"我方"与"你方"。这清楚地表明参与合作的大学人员与中小学人员仍然是两个不同的团队。这两个不同团队的最大不同，在于双方在合作中分别承担着迥然相异、关系不平等的两种角色。大学参与人员充当着指导者的角色，而中小学参与人员则扮演了被指导者的角色。这种分割的意识会让共同体成为"油条型"组织，两根面条互相缠绕但不交融，失去了共同体真正的本意。

大学和中小学教师只有真正成为"U-S——我们"，每一个共同体的成员都是属于共同体的，互相坦诚、荣辱与共直至浑然一体，才算达成共同的身份认同。

### (二)共同体需要共同的价值观

共同体的价值观，是共同体所认同和遵循的一整套价值系统。共同体成员不仅具有"我们(U-S)"的身份认同，而且在对教育的基本问题的看法上，分享和拥有相近的价值观念。由于大学和中小学教师各自具备的知识结构差异较大，其各自的教育理想和信念存在着天然差异性。但是，当他们共同构建一个共同体以后，大学和中小学教师之间就需要不断地沟通他们关于教育、教师、学生、课程等问题的基本看法和判断，在这种对对方价值的不断了解、碰撞和交流中，最后形成一种价值观的交融状态，一种新的价值观生成了。这种共同体的价值观形成的过程是一个动态、反复、迭进的过程，但这种共有的价值观念一旦形成并逐步稳定下来，就具有持久性和稳定性的特征，就成为共同体成员继续合作和发展的共识基础。

当前U-S共同体建设中，由于双方接触有限，浅尝辄止，缺乏共同参与实践的经历，导致分享各自价值观的功夫不够，至于双方价值观的碰撞、反复、辩论、妥协、认同，这一系列过程便无法经历，共同的价值观建构自然也就无法实现。这种共同体价值观不同于书写在文件上的口号，必须是内证于心的信念认同，只有拥有了这种共同内心认同的价值观念后，共同体文化认同才算达成。

### (三)共同体的目标指向共同实践

教师教育是实践的，实践是复杂的、丰富的；中小学教育发展也是实践的，只有当教师共同体展开实践，在实践中发展时，才是共同体形成的可能前提与最终指向。

高校教育工作者看似是从事理论研究的，中小学老师看似是从事日常教育实践工作的，但其实两者并没有本质上的矛盾和冲突，因为从根本上来说教育理论与实践是相通的。教育理论本然地指向教育实践，理论并不是一套概念体系的抽象认知，理论的源头在于实践本身的不断生成与发展，只有当理论与实践对接上，理论才找到自身的生命，才是鲜活的、发展的状态。反过来，中小学教师的日常实践，也离不开理论的指导与滋养，如果缺失了理论的反思，这种实践极容易变成单纯机械的劳作，教师会变成没有灵魂的教学机器。大学和中小学教师从不同的点出发，展示自我的同时，又相互向对方学习，并最终指向共同的实践。

相对于理论而言，实践总是显得混乱、非线性，这些都属于混沌而非精确的特质。在大学教师参与这种共同体的实践中后，在混沌状态中，大学教师的常规、确定、连贯和清晰的理性思考方式会受到挑战，逼迫和刺激大学教师修正反思自身持有的理论观点。同时，这种理性思考又有助于把握混沌实践中的结构与路径，并给出理性的分析与诊断，从而又给予实践以更高层次发展的理性关照。而中小学教师在混沌的实践中是既感到得心应手、游刃有余，同时又处于半自觉的朦胧状态，当大学教师的理性分析与中小学教师的实践发生碰撞，顿悟就会发生，教育智慧之门就得以开启。可以说，大学和中小学教师教育共同体是基于教育实践开始的，并最终又回归到教育实践的提升上。

## 二、大学与中小学教师的环境、制度与文化差异分析

### (一)大学与中小学物质环境的差异

虽然大学和中小学都是进行教育的场所，但是物质设施的配套有很大差异。大学除了常规的教室之外，有比较完备的生活和研究配套设施，健身场馆、餐厅、图书馆、实验室一应俱全，还有各种学术刊物等数字资源。这些物质设施很好地保证了大学里的人员能够长期稳定地生活和从事学术研究活动。图书馆成为大学信息的储存基础，里面存有大量多语言的学术期刊、专著和论文，使学者有充分的学术资源进行更深一步的学术探索，报告厅的设置能够使专家的讲座和各类学术会议在这些场所顺利的进行，满足校际学术文化交流的需要。大学里社团众多，各种会议活动的海报更新频繁，这就使大学里的文化交流充分，充满活力。中小学的物质配套是为了满足师生进行正常的教学工作，除去教室外，相对大学来说，图

书馆的藏书量小得多，而且以供中小学学生课外阅读类书目为主。教师研修类的书目专业性不够，大多数是普及型的书籍，几乎没有论文数据库，教师在学校很少有途径去接触比较深层系统的教育类书籍和系统的专业书籍，中小学里的图书馆变成了让教师偶尔放松阅读的场所而不是进行严格教育研究的场所。中小学的物质设施配套呈现单一化的特点，会议室的设置与大学发挥学术讨论的特点不一样，而是一般供学校行政领导布置日常工作的会议使用。设施配套比较好的学校建有报告厅，但是相比大学报告厅的数量和使用频率，都不够充足。

在大学与中小学教师的经济收入与来源方面，同样存在较大差异，这种差异也是导致大学与中小学教师文化差异的物质基础。大学与中小学在经费的拨发上有所不同，大学的经费来源是多渠道的，大学教师除了工资外，往往还有各种项目的经费和各种会议的补贴，收入来源多样化。充分和多样化的经费，使得大学教师有时间也有财力去深入地做研究。国家通过财政拨款将各类研究立项，保证大学教师的研究能够有充足的资金，这成为一个国家科研能够长期发展的资金保障。一般中小学教师的经济收入主要依靠固定的工资，经费来源单一，缺少从事研究的经费。由于中小学教师的经济收入比较单一，使得他们更多地注重经济利益的获得，大学教师的收入比较多样化，对经济利益因素的考虑和在乎程度相应淡化。这就导致中小学教师的研究活动更追求实利取向，而大学教师的研究活动更追求理想取向。

### (二)大学与中小学教师知识结构与学历的差异

大学研究型学者以高学历为主要特征，中小学教师以师范类院校毕业为主，这两个群体的思维方式由于各自所受到的教育训练存在差异。这种差异导致了在思考问题的深度和方向上有着明显的不同。中小学教师在师范类学校学习的过程，主要以学习学科基础、心理学和教育学相关课程为主，最终的指向是运用这些知识去解决如何教好课、如何使学生理解这些知识的技术实施过程。这使得中小学教师难以站在知识界的最前沿和最尖端的视角，使得他们在看问题的深度和广度上都有所欠缺。高校研究型学者成长经历在普通大学教育的基础上又深入了一个层次，经过硕士、博士研究生等更高阶段的深造，参与研究型问题的探讨与研究，这个过程本身就会塑造他们能够更深刻研究问题的特点。高校教师通过大量搜索相关资料，了解问题的由来和发展趋势，运用比较系统的理论来研究和解释问题。并且经常参加各种学术会议，具备开阔的视野，对更广泛的区域内正在发生的教育最前沿的事件也有着最新的了解和把握。这种条件使得高校教师的思维呈现深刻、全面、系统、逻辑性强的特点，带有对问题的宏观把握。而中小学教师相对缺乏这种训练，缺乏前沿和深刻的思维特点，他们面对具体的知识教学过程，思考和实践的结果指向性强，思维特点比较细致、具体、微观。

由于具有这样不同的知识结构和学历背景，高校研究者作为"理论的加工者"形象出现，而中小学教师作为"理论的实现者"形象参与进来，两者参与时的诉求不一样。理论工作者习惯要去做研究，有研究问题的需求，关注在教育领域中可以看到什么问题，怎么样用理论去解释，进一步改善现有状态。而一线教育者有改进现实的需求，关注能得到什么有用的知识，能够改善教育方式促成良好的结果。

### （三）大学与中小学话语体系的差异

语言在诸多实践活动中，一直扮演着重要的角色，"每当我们思考时，语言在我们那里所寻得的使用，渗透了我们对世界的全部经验"①。语言看似是一种可以用于交流沟通的工具，例如不会用英语的国人仍然可以用中文交流，我们仿佛有选择一种而放弃另一种丝毫不影响生活的权利。其实这种假设的前提是我们至少携有一种语言，语言是人之为人的基本要素，很难想象一个人具有高级严密的思维但无法言语，我们无法将其与我们自身割裂，我们生活在语言之中，在与别人探讨中推动着自身，这是一个客观的过程，在语言中我们因语言所携带而表达出来的东西重塑着我们自身，形成更高的思维水平。而拥有更高的思维水平将使我们有能力使用信息含量更大的语言形式，可见语言与思维相互生成，从而影响人类的实践活动，实践活动又反过来促进语言与思维，交互缠绕，回环往复。

所以在 U-S 教师教育共同体文化建设过程中，双方语言文化上的差异将直接形成高校教师与一线教师双方关于世界的不同经验，这种文化上的冲突来自于各自文化形成的内因。其中，书写文化与口语文化的冲突就是大学与中小学话语体系冲突的典型。以大学为代表的行为文化突出表现为书写文化，教授专家所进行的思索最终以文字的形式被保存下来，形成了各种论文、专著，这种书写文化在人类历史的发展进程中也是逐渐出现的，相比远古时期的口语传承，书写的文字更易超越时间和空间进行传播。这种巨大的优势使人类思想不但能跨越历史得以传承，更重要的是，同一思想随着历史的发展能够不断积累，不同思想的出现可以对比，利于

---

① ［德］伽达默尔著，薛华译：《科学时代的理性》，北京：国际文化出版公司，1988 年，44 页。

各种学术思想长期系统的扩充，最终形成体系完善、内容丰富、见解深刻的理论，这是大学书写文化的突出特点。

而中小学的行为文化以口语文化为主，这和一线教师的职业特性有关，他们长期面对的是课堂，教授知识的过程伴随着大量而丰富的口语信息，这种口语文化相比大学的口语文化所形成的专家论文、报告，内容不会那么深刻系统，富有思辨性和逻辑性，但也具有自身无可取代的特点，"在口语传统的世界里，人们生活在当下，而在书写的传统里，人们才生活在历史里"①。这个"当下"指的是口语发生的对话情境，除了口语自身所携带的信息，还有对话者相互的面部表情、彼此关注的目光、各自的动作以及当时的气氛等等，形成丰富的有质感的"在场"，信息传达过程是情境式的、立体的、丰满的。相比之下，书写文化就缺少了口语文化所谓的语言"表情"，只能靠自身语言体系中详细的描述加以弥补，所以需要使用更多彼此语意相近又有所区别的语词。

### （四）大学与中小学教育组织管理制度的差异

大学课堂组织，相对中小学而言比较松散，课程设置也明显自由民主，大学课程特别是到了研究生阶段，明确需要闭卷考核分数类的科目大大减少，讨论类的、课题研究类的、考查学生读书理解类的课程增多，不同于中小学各科有明确的考查形式，相当大范围的学科需要闭卷考试。大学在课程的管理制度上，通常不会像中小学一样所有课程固定在同一个教室上课，教室的使用流动性比较大，除了常规授课以外，松散的讲座与文化沙龙比较多，不定期地开学术会议，不定期地去外地参加各种学术交流活动。大学教师在这种课程制度下形成比中小学教师更加自由、灵活的工作方式，潜移默化地在思维和行动上表现出民主、自由的姿态。而中小学老师长期在制度管理具有刚性、管理制度例行化程度较高的学校制度中，就会出现思维单一、保守、严谨的特点。

从组织性质上看，大学更类似一种"共同体"，在秩序、纪律上相对松散，制度也多是象征性的，大学教师或研究人员的研究乃至言行，主要按习俗和惯例行事；中小学更像"社会组织"，组织严整、制度严格、纪律严明。②从组织结构上来看，中小学更接近金字塔形状的科层制，带有官僚主义色彩，层级分明，权力分配明显，中小学行政领导层权力非常集中，学校很多决策往往是校长一人说了算，民主评议和协商功能弱化；而大学

---

① 陈嘉映：《价值的理由》，北京：中信出版社，2012年，68页。
② 杨小微：《大学与中小学的文化互动及共生》，《教育发展研究》，2011年第20期。

里组织形式变化多样，有时是根据行政权力的分配设置，有时是因项目的进行而临时改变原有组织结构，组织结构的可塑性大、变化频率高，这也是导致高校教师比较能够适应新的组织环境的因素之一。

另外，对比中小学与大学日常教学的组织形式，中小学遵守严格的班级授课制，班级人员相对稳定，授课教师也是阶段性稳定，一个老师教学时面对的是整个班级，精力和时间上决定了该教师不可能面面俱到，理解每一个学生的具体情况，只能在这种教学组织形式中完成知识传授的效率性，符合机器化大生产时期对大规模人才培养的需要。而进入大学以后特别是旨在从事研究的研究生阶段，师生的教学组织关系发生改变，从大规模的班级授课制转变成了"私塾制"，一个导师只带几个学生，学生也经常参与到导师的各种研究项目中来，这就使得师生关系进一步加深。由中小学阶段的师传生听过渡到师生互动，这种师生关系表明大学教师方方面面的人际组织关系都是接近于共同体，而中小学教师周围的人际则处处体现着等级分明的科层制印记。

### (五)大学与中小学教师目标任务的差异

中小学教师由于课程门类简单，教育教学目标单一，管理评价模式较为一致，表现在教师价值和信念上有更多一致性。而高校教师由于专业发展和学科分类的不断细化，不同专业分支教师间的价值与信念差异相对较大，不同层次和不同岗位教师间持有的价值信念也存在相当大的差异。

在科研与教学间，高校更注重教师的科研成果考核，也形成高校教师相对独特的课题文化、实验文化和论文文化。虽然不同高校间的做法存在差异，但是对各类基金项目研究都是重视的，而且从这个维度赋予教师的评价考核指标占比重，这些都直接塑造了高校教师的文化形态。虽然，教学为本为很多高校重视和提倡，但由于教师的职称评定、专业成长、工资待遇都是受到科研成果主导，这就导致重视教学的主张存在落而不实的现象，也使得高校在基本教学管理方面，需要不断变革和加强。

中小学与大学教师的目标任务差异，导致了中小学教师更注重教学实际技能的养成，实际教学目标的达成，能够直接提高学生的考试成绩。而大学教师在教学方面，较少受到外在考试评价的压力，学生学习要达成的目标也更多由大学教师共同体自行决定，具体考试考核又是由大学教师自行组织安排。在某种意义上说，大学教师的授课目标更多是直接针对提升学生素质，而非提高学生的考试分数。此外，大学教师往往将自己更多的时间和精力，用于研究学科的专业课题与项目，或者是社会实践中存在的现实科研问题。

总之，由于大学和中小学教师的学历知识结构以及工作类型环境的差异，导致他们出现了一种群体性的能力差异。"U-S 合作中大学参与人员的立足高度、审视广度及分析深度总体上往往要优于中小学参与人员，其凝练核心思想、阐述基本概念、搭建总体框架的能力通常要强于中小学参与人员，他们相对而言更多具有的是思想智慧、理论智慧；而中小学参与人员则在感知实际场景、判断现实关系及直觉实践结果等方面总体上往往要优于大学参与人员，其选择具体路径、设计操作方式、处理实际矛盾的能力通常要强于大学参与人员，他们相对而言更多具有的是行动智慧、实践智慧。"①这种差异，既成为双方文化冲突的内在动因，又成为双方共同合作融合，创生出教育理论与实践的新发展的内在动力。

## 三、大学与中小学教师的文化冲突

大学与中小学教师的差异，导致了在两者交往中，普遍存在着行为文化的冲突。大学与中小学制度上的文化差异，会在大学与中小学教师教育共同体文化建设中起到某种阻碍作用。从经济来源上看，大学教师完成该共同体合作项目可能会有项目研究的收入；而中小学教师则没有，在现实利益上不能受到短期强化，积极性不高。从课程设置与管理制度的差异上来看，大学老师可能觉得中小学老师有专业发展的需求，非常乐意参与到共同体文化建设当中来；而中小学老师这边因为工作量非常大、工作时间紧，他们常常抱怨没有多余精力参与到该共同体建设中来，参加项目增加了他们的负担。从组织的形式与结构上来看，中小学老师面对的是作为行政领导的科层制式的上级，一时还不能很好适应共同体这种新型的组织形式，这种环境下是需要大家畅所欲言、良好沟通以期能够共同构建理论与实践，而非他们平时工作生活中的接受学校领导命令继而执行的方式。这种弥散在组织制度层面的差异虽不发出自己的声音，却无言的形塑着彼此的不同，共同体构建的双方需要认识到现实中这些隔阂，以便能够更好地将该共同体文化建设真正落到实处。

具体而言，大学与中小学文化的冲突主要表现在以下几个方面：

### （一）学术文化与工作文化的冲突

大学文化以学术研究为基调，其精神文化的核心价值追求是发现、完

---

① 吴康宁：《从利益联合到文化融合：走向大学与中小学的深度合作》，《南京师大学报（社会科学版）》，2010 年第 3 期。

善和创新。包括知识的发现、思想的创新、学术或学问的创造。[1] 中小学以教学实践为基调，其精神文化的核心价值追求是知识的接受、吸收、传递。通过各个学科内容的接受、吸收和内化，将载有丰富文化内涵的各科知识传递给教育对象，完成基础教育阶段育人的工作。

两者行为文化的差异由以下三个方面的因素构成：

一是双方组织的性质、社会地位和定位不同。大学作为社会三大机构——政治机构、经济机构、文化机构之一的文化机构，本质是一种文化现象，应该发挥其积极的文化职能，促进人类文明和社会发展。大学最根本的任务不是传授知识，更重要的是创造一个新的思维方式和新的价值观。怎么看待原来的知识、怎么对待我们这个人类文化的知识，怎么对待将来知识的发展，使大学生具有创新思维方式和符合时代特征的价值观。大学文化具有先进性、创新性和综合性的特点，大学精神的核心是通过大学师生对传统社会文化的继承和内化，以研究为途径实现对文化的创新。这些是在回答什么是大学、怎么样办大学以及办什么样的大学，这样涉及大学文化核心的问题。可见，大学没有科研和学术研究就不能成其为自身，它的性质本身就要求它要站在社会和文化的最前沿，具有开拓性和前瞻性。研究工作能够在继承文化的基础上推陈出新，促进文化的不断发展。大学传承文化、融合文化、研究文化和创新文化，这是它的文化功能的体现。作为新思想、新知识、新文化的发源地一直是大学存在的最终价值。

大学作为文化机构的层次也有别于中小学，是在人才培养比较成熟的环境下建立的，大学对于人才的要求是比较高的，被培养者已有一定的文化积累，而且大学机构有人力物力从事比较严格的研究工作。而中小学作为完成基础教育阶段工作的机构，人才的培养主要是着眼于将经典的知识传承给教育对象，接受文化、理解文化、内化文化、吸收文化是其主要职责所在。

二是各自成员的职业性质和内容不同。大学老师职业是有明显的研究倾向的，工作的内容除了一部分教学任务外，需要参加各种国家级、区域级、校级的教育研究项目，不定期出差去不同的地区参加各种关于教育理论与实践的学术会议，工作内容比较松散也比较灵活，时间、空间上跨度往往比较大。而中小学老师的职业基本上是长期稳定地跟着具体的班级教学进度安排走，不能随意脱离教学岗位，影响正常教学秩序，岗位对其时

---

[1]　杨小微：《大学与中小学的文化互动及共生》，《教育发展研究》，2011 年第 20 期。

间、空间使用情况有着严格的控制，一线教师本人往往被束缚于安排有序的教学活动，日常教学工作占据了他们大量的时间，很少有时间和精力再从事理论研究，从事灵活的与教育相关的其他活动的机会少之又少。两者不同层次的教育生活工作方式体验影响着两者的眼界、知识量和文化内涵。

三是各自评价体系不同。大学老师的学术生活，对其的最终评价是真正做出多少对丰富发展某一领域理论有益的工作，能够出多少理论研究的新成果，直接的考核标准是发表论文和撰写专著的数量，能够在业界具有一定的影响力。大学老师参加的项目到期后是否能完成该项目阶段性或是最初设定的目标，顺利形成结题报告。这种评价体制并不涉及理论的可应用性和应用程度的测定，故大学理论工作者倾向于从事理论研究，因为刊载理论成果的各类期刊才是他们战斗的阵地，而这确实也是必要的，基础理论的研究是一个学科发展的根本动力。中小学老师的考核指标主要是依据教学成果来看的，以此来作为衡量教师绩效和职称评定的标准，对理论的学习是不会用来评价教师工作情况。目前中小学老师也确实在从事一线研究，但写出来的书面材料还是一种教学实践成果的文字化，有别于真正意义上的理论研究。

由此带来的结果是高校理论文化与中小学工作文化的融合障碍。一旦两方相遇，中小学老师对大学老师的期望是理论能够有助于现实的教学，"一旦他们在教学实践中遇到难题，不能运用手中的理论解决或是身边的专家不能帮助其解决问题时，他们就会对理论和专家表现出失望与抱怨情绪。"①这是一线教师对大学理论者的不理解，觉得理论过于高深脱离了他们实际的教学实践活动。而高校专家觉得中小学教师不懂理论真正的含义，理论并不是用来直接改良实践，而是首先改变教师的意识，然后意识影响具体的行为这样一个过程。所以中小学老师表现出来的工具理性是一种不尊重理论的表现。如此情况，自然在 U-S 教师教育共同体合作中出现行为文化上的冲突，本质原因还是因为理论过于抽象艰深，实践的本然状态又过于复杂，两方对对方的理解不到位，沟通不畅导致出现隔阂。

## （二）批判文化与权威文化的冲突

大学与中小学教师在面对知识与规则的时候，两者的态度并不一致。中小学教师多秉持遵从规则与秩序的精神，按照教育主管部门的相关要

---

① 宋敏：《大学与中小学合作研究现状、问题及思考》，首都师范大学，2005 年硕士学位论文。

求，进行教育教学与管理的工作，可以说，中小学教师遵从权威主义的文化逻辑。而大学教师要求批判文化的立场和精神。从中世纪大学开始，就是社会持异议阶层主导大学，近现代大学特别彰显学术研究的价值，更是在批判和创新上走得更远。中国近现代大学体系，学习西方大学制度与理念，蔡元培在北京大学的改革中，提出的"思想自由，兼容并包"正是现代意义上大学的基本精神面貌。蔡元培在《北京大学月刊》发刊词中说，"所谓大学者，非仅为多数学生按时授课，造成一毕业生之资格而已也；实以是为共同研究学术之机关。"所谓研究学术，一定就离不开思想自由和批判精神，因为学术之所以要研究，就在于学术前沿往往无公论、无定论，属于探究性质的精神行为。如果一定给予学术研究一个固化的框架、特定的规则，则往往意味着学术研究的僵化与衰败。为了打破固化的条条框框，打破学术垄断现象，大学就需要"囊括大典，网罗众家"，百家之学往往立论不同，思想方法不同，研究手段不同，正是这些相互不同的学术观点相互争鸣，最终造就了整个学术研究的繁荣。

从分工的视角来看，中小学的权威文化与大学的批判文化，存在着各自的合理性。大学作为知识的源头，大学教师天然就需要不断研究、发现、建构、完善原有的知识体系，并革新出新的知识体系。这导致对于同一个问题，大学研究者的看法往往都带有其个人的观点与视角，对于别家观点与看法，往往容易从批判的立场去看待与交流。相反，中小学教师并没有承担知识源头创新的责任，他们在整个教育知识世界的分工体系中，被教育界分配的任务就是将组织成的教育知识，传授给学生，完成学生的基本知识与素质结构教育。教育组织化的知识是科学知识经过选择机制筛选，并且心理化与教育化，以教科书、教学大纲、教学提要的形式呈现出来，并辅以一套完整的考试与作业练习库。而这种经过筛选出来的科学知识，往往是经过几十年，得到学术界公论的知识观点，这些知识与观点本身就是经过无数质疑与碰撞之后选择出来的，这就类似于山涧溪流中的山石，经过河水长期洗刷与石头之间的碰撞，变为磨光了棱角的鹅卵石一样，已经变得圆滑周正，无可挑剔。中小学教师常年接受的就是这种本身争议极小甚至是没有争议的知识体系，传达教授给学生的也是这样周正圆润的知识体系。在这种情况下，我们再要求中小学教师要拥有批判精神，这显然是冲突的和艰难的。

从学生的发展阶段而言，中小学生处于打基础的阶段，所学习接受的都是上文提到的教育组织化的科学知识。这些知识体系，按照其学科体系与学生心理接受的能力，重新架构与熔融，学生在学习这些知识的过程中，本身就有强烈的效率要求，而不可能花费太多精力去反复探究这些已成定论的知识。因为随着人类知识世界的不断积累与跃迁，我们的社会复杂程度相对于传统社会是成指数级别的复杂起来，这种人类知识以指数上升的趋势，给人类的教育体系以极大的挑战，这需要我们的教育体系能够对这些科学知识不断压缩、精炼、系统化，以最简略有效的方式，来传授教育给人类的下一代。一方面是人类知识在以指数上涨的形态积累，另一方面是人类新生儿认知发展能力无法同步跟上，在这种现实需求面前，就只能靠教育，特别是基础教育这个阶段来弥补解决这个问题。而解决途径往往是将人类已有的知识进行反复精选、精炼、精化，不断再组织化、公式化、简洁化、系统化。而这种被反复精化的知识，基本要在中小学基础教育的阶段传授给学生，在这种过程中，肯定是权威主义的文化占据主导地位，而批判思维能力的培养只能让步于次要位置。由于人类知识的增长，现在这种情况已经延伸到了大学本科教育阶段。而主要进行知识批判、站在知识探索前沿的学习阶段再不断被推后到研究生阶段。

但是对已有知识的被动接受，无疑是以学生的创新思维、批判思维的弱化为代价的。从教育理论界的视角出发，从大学教师的视角出发，知识的批判、创新价值无疑高于知识的接受。然而，中小学阶段以知识学习接受为主导、并在考试机制下被反复强化和自我加强的权威主义文化逻辑，就必然与大学教师的批判文化逻辑发生碰撞。大学教师倾向将现有的教学单元、教科书甚至是整个课程体系都看作是特定社会价值和教育价值筛选出来的一套知识体系，看作是无数可能方案中的一种折中方案，看作一种方法论而非本体论；而中小学教师则往往会将这些体系视为绝对的真理体系，看作科学与社会领域必须接受的知识体系与素质要求，看作一种真理本体和价值本体。站在大学教师的视角，教师的课堂是可以自我做主、不断重组甚至颠覆的，这与大学教师在大学课堂中的行为非常相似。他们可以自行决定哪些单元作为讲解内容，哪些课程内容让学生自己学习，哪些教材可以作为讲授的蓝本或同时参考几本教材，甚至是直接将学术论文或者学术专著用于教材使用，或者干脆自编教材来教学。至于考试考查的形式，则同样灵活多样，教师往往自行决定期中期末考试成绩占比，给予学生作业的成绩占比，或者给予参与教学更多的成绩"份额"。大学教师的这种教学自主性，教学评价的最终决定权，往往非常有利于批判性和创新性思维的培养。相对于大学教师的这些自主性优势，中小学教师则显得被动，他们的教学行为往往被固化在某一特定的模式中，而缺少改变的自由度。当大学教师与中小学教师合作展开以后，对于这种中小学教师课堂自由度的关注和调整，则必然会成为两者矛盾和冲突的一个焦点。大学教师往往倾向于拓展思路，让中小学教师拥有更多的教学改革的自主权，而中小学教师则在意识深处对这种改变带有质疑甚至恐慌情绪。而在现实管理层面，这些改变的做法也极容易与现有的教学管理制度相违背，如果改变后教学效果不佳甚至退步，做出改变的教师往往要担负起他所承担不起的成本；而改革如果是有收益的话，学生的进步往往是难以被考试制度考核的素质，这种无法标记出来的成绩，与直接呈现出来的成本的收益比只要稍一计算，中小学教师自然是倾向抵制大学教师的批判改革思路的，这样两者在这种批判与权威的文化层面的冲突也就必然发生。

### （三）书写文化与口语文化的冲突

大学教师的书写文化与中小学教师的口语文化，在合作中也常常发生冲突。在我们的文化语境中，书写文化与口语文化存在冲突，在传统观念上，往往认为书写文化要高于口语文化，书写文化是高级的、理性的、抽象的，而口语文化则是低级的、感性的、具体的。整个社会的运作，凡是正规事项都必须要有书写文本来确认，书写与正式形成一种捆绑关系，比如具有法律效力的文本都要以正规标准的文字确立下来。同时，人类精神财富的绝大部分都是以书写的形式保存下来的，书籍等知识的象征正是以书写的形式固化下来的人类精神文化。然而，口语相对于书写而言，则具有"随意性"、"情境性"，口语往往被认为是一种低级的精神文化表达方式，口语没有书写的深思熟虑，没有书写的正式可靠，更重要的是没有书写可以不断地在事后被追溯和确认的检索意义。

但事实上，人类的书写早期是来自于对口语的记载，比如儒家经典《论语》，就是孔子的言行记载文本，里面是大量的孔子与学生、孔子与执政者的口语交流。同样在《论语》、《庄子》这样的经典作品中，都是大量地充斥着对话体。古希腊的苏格拉底也是在不断的对话交流中来表达自己的思想。究其本质而言，口语与书写在表达信息的能力上是无本质差异的，两种表达方式所携带的信息量多少也无本质差异。只是两者携带信息的方式不同，导致了书写文化相对于口语文化而言易保存、易检索、易重复的特性，书写文化的这种特性，被学术界、文学界、法律界等各领域所反复重视，加上书写本身可以超越具体的情景，能够跨越时间情景地表达事实、思想、观念与态度；同时不同于口语的一次性生成，书写是可以反复修改追究的文本，这就赋予了书写深思熟虑的特征。由于书写文本本身可以保存下来，这样就使得后世人们能够反复从已有的文本中筛选、修改、保存、完善最精美、精深、精妙的书写文本，传之于后世。

在学术界，以论文为核心构成了一整套学术评价与批判体系，这套体系本身在经过不断地自我强化，已经通过各种规则将书写文本反复强化，让其占据了整个精神舞台的中心位置。而口语则不断退行到边缘的位置，以至于到可有可无的地步，以至于人类再难有《论语》这样标志人类精神财富高度的语录体，被人类知识界筛选、认同与保存下来。

其实，书写文化占据知识世界中心位置的现象，从历史发展的视角来看，也只能是特定发展阶段的产物。从整个人类历史而言，书写的历史其实并不算长，未来或许书写的中心地位会由于技术进步而变迁。人类已有的精神财富绝大部分是用书写的形式固定下来的，这应该归属于人类技术发展水平的特定阶段特征。当互联网技术、视频、音频的处理与检索技术进一步成熟以后，这种书写文化占据舞台中心的现象或许也会同步发展转移。至少从目前的技术发展趋势上，我们已经能够看到这种迁移的端倪，随着图像、视频、音频都能被轻松保存、检索、重复与确认的时候，口语与肢体行为文化重新占据主导地位，或许就是一种可能的情景。至少目前来看，电话已经取代了过去的信件，视频交流正在取代单纯声音与文字的交流，只是这种取代的现象目前还是发生在一般社会的生活世界之中，学术界、法律界、文学界还未将这种表达方式作为各自领域可以接受的表达手段，但随着时间的推移与技术的进步，这是一种完全可能发生的未来情景。

当然，未来的情景还未到来，我们还只能就当前的情形进行分析。大学教师的信息主要来源依然是阅读大量的文本，特别是学术论文与著作，当然这些论文与著作的形成本身离不开相关统计数据、实验数据、历史文献、社会调查的支撑；所有这些信息来源几乎都会转化为论文与著作的形式呈现出来，并为大学教师所了解和吸纳。同时，大学教师表达自己思想与研究的主要形式，也是以论文和著作这样的书写文本来表达。然而，中小学教师的情形确实不同，中小学教师当然需要阅读各种书籍文本，但不同于大学教师以阅读一手文献资源为主，他们主要阅读经过转化处理的二手文本，带有科普性质的二手文本往往距离口语的距离较近，甚至本身就是一种口语体的文本。在思想与观点的表达方面，中小学教师主要是依靠口语表达为主，辅以黑板板书和电子PPT的形式，以教学语言的形式与学生进行沟通和交流。

在U-S的合作中，大学教师常由于习惯使然，发言讨论问题容易使用书写体的形式表达。这是由于长时期的专业训练和职业特性积累的结果，有相当部分大学教师在表达自己的观点的时候，口语呈现出一种书写文化的特性。这种书写体的口语，导致的结果是发生交流障碍与冲突。虽然表达的形式是口语，但本质是书写文体，是跨越具体情境的话语，这种书写体的口语缺乏具体的情境性，缺乏指向性，往往容易从抽象的、普遍的、应然的角度进行学理式发言。中小学教师面对这样的发言，往往处于一种茫然的状态，困惑于专家理论的高深莫测，难以理解，由于脱离了具体的课堂教学语境，他们面对专家时往往感到无话可说。中小学教师适应的往往是针对具体情境的交流方式，是一种真正的口语交流方式。同理，站在大学教师的视角，中小学教师的发言往往缺乏对问题本质的穿透，缺乏对具体情境的超越，语言包含的信息量少，纠结于现状描述，细节冗余，结构含混而不明晰，缺乏理论性、逻辑性与系统性。

　　解决这个冲突最好的办法就是回到事实本身，关注这种文化特质是如何形成的，与一线教师对话，就回到课堂、回到实际教学情境中，谈具体的教学设计，走进他们的世界，与真正的教育教学对话。但一线教师向理论工作者学习的过程不应该只是对话而已，而是要了解更多的背景知识，从易到难，逐步深入。将不同文化情境中的两方强行拉到一张会议桌上进行表面的交流，本身就是一种改变各自原有生存状态的行为，很难达到真正对话的领悟与理解。其实，我们不只是在教师教育共同体建设中强调这两者文化的融合，在现实生活中，这两者的冲突和融合也原本就从未停止过。随着网络媒介的兴起，现代社会书写和口语行为已经在不断糅合。微博、帖子等新的信息传播形式结合了书写的形式和口语的即时性内容实质，形成了一种新的人类信息继承、传载方式，这样一种方式完全可以为我们在该共同体文化建设过程中使用。

### (四)合作型文化与独立型文化的冲突

　　上面对大学擅于做研究的行为文化和对中小学擅于做具体教育工作的行为文化的分析，表明大学做研究是其行为文化的一个突出特点，而在做研究的过程中，往往是围绕一个项目进行，不是一个两个大学老师所能完成的，往往牵涉到不同单位、不同部门的老师，大家一齐通力合作，完成某个研究课题里的各个子课题，这些子课题的内容包括从理论基础到运行机制以及文化创建等一系列要素，每一部分的研究侧重点又各有不同，所以整个研究项目是一个庞大的过程，只有合作、协调才能完成任务。"大学教师在科研过程中必须通力合作，他们之间的合作有利于大学的发展，他们的合作行为会带来更大的学术成果和学术创新。可以这么说，合作行为已经成为高等教育的创新办学理念，也是大学教师顺利完成科研项目的文化软实力。"①中小学相对于大学的合作型行为文化，更多地表现出来的是以教师个人行为为主、以处理具体班级事务为主的行为形态，形成一种互不干涉的行事风格的隐形文化。这种大学合作主义教师文化与中小学个人主义教师文化的冲突根本原因还是在于对双方工作考核目标的方式上不一样。对大学教师的考核建立在研究合作的整个项目上，大学教师协同工作的结果是资源共创成果共享，很难细化到考核每一位教师明确完成了哪一个部分的工作，因而大学老师对待工作成果是集体负责制；而中小学教师的考核可量化性大大提高，可明确独立地考核每一位教师所教的具体班级具体学科的成绩，因而中小学老师对待自己的工作是个人负责制，必然导致他们关注于自己的那一片小天地，自己全权负责所带学科的教学情况，在价值观念、思维方式、行为习惯上呈现个人主义文化特征。隐含在这种集体协同性质的工作和个人负责性质的工作之间的一个深层差异因素就是竞争的程度。需要通力合作的工作，成员之间往往容易资源共享、沟通交流，呈现一种开放性、民主性和凝聚性；而个人负责制的工作，成员间比较容易形成保守、孤立和隔离，以此来保证竞争的优势。所以当大学老师抱着一种学术创新上的乌托邦理念想融进中小学老师群体之中时，发现他们难以融入，和这种一线各自为政、缺乏团队精神的教师行为文化有关。

## 四、大学与中小学教师的共同体文化融合

大学与中小学文化的差异，一方面会带来双方交流的冲突与障碍，另一方面也会带来双方真正沟通后的获益。差异并非只有消极面，同时有着更大的积极面，"和实生物，同则不继"，讲的就是这个道理。正因为大学与中小学教师在价值理念、实践能力、知识结构上存在各种各样的差异，才产生大学与中小学教师之间沟通交流的势能，为多元文化与观念间的创造性碰撞提供了可能。同时，大学与中小学教师之间虽然有差异，但依然具备两种文化融合的理论可能。这就是说，两种文化的融合既是必要的，也是可能的。

### （一）大学与中小学教师共同体文化融合的理论可能

1. 理论文化与实践文化的本然统一

"理论"一词源于希腊文"theoria"，理论并非人为可以构造，也非我们

---

① 肖正德：《冲突与共融：大学与中小学伙伴合作的文化理路》，《教育学研究》，2011 年第7 期。

今天自然科学观下的所谓的突显理论自身结构优势、保持与存在物之间的距离、以统摄的方式囊括琐碎的实践活动这样一种自我意识，这样的认识实际上割裂了理论与实践的关系。"理论"一词的原意是古希腊人带着一种庄严而神圣的态度亲身参与崇拜神明的祭祀活动，是"真正的参与一个事件，真正的出席在场"①。这种原初意义上的理论并不是与人类的实践相分离，而是本身就内在于实践，与实践是一体的。

我们对实践的理解也应该扩大范围，而不要只局限在狭义上的实践层面。"实践与其说是生活的动力，不如说是与生活相联系的一切活着的东西，它是一种生活方式。"②这种泛化的实践就是一种普遍存在的形态。

"任何理论的研究毕竟是远离现实的，而一旦参与到实践活动之中，现实就要求理论的解释，而能否履行这种义务，能否对现实做出合理的解释，这便是衡量一种理论合法性的最根本的依据所在。"③即将对理论的审判权交予实践领域，用事实说话。真正的理论能够在较高层面对实践有覆盖并能够指导其进一步发展，现实中很多理论与实践脱节，原因在于理论在一定程度上是超前和稳定的，在某种程度上也是受到实践的形塑的，两者是相互包含相互作用的，对已形成理论的实践检验不到位，不能够使理论随着实践不断更新，就会失去了理论自身的活力。

"教育本身是实践的，教育理论只是有了理论的形态，而不应当失去它本身的实践性质。"④教育是实践的要求教育理论不能仅停留在认识论传统下的知识形态，而应该指向活生生的教育本身，教育理论对实践的参与是衡量其自身有无价值的根本标准。我们并不是追求认识论意义上的教育领域相关概念的把握，更应注重实践层次上的意义建构，实现教育真正意义上的开放、多元、生动、充盈和丰富。

我们需要打开理论语言与实践语言的鸿沟，理论语言是丰富的实践语言在信息量上"打包压缩"后的形态，具有高概括、高浓缩的特点，是现象学意义上所指称的括号内的语言。打开括号，使其具有的丰富内涵的原形态展现在基层教师面前，就解决了"理论何以可能"的问题。

2. 两种文化在教育目标根本追求上的一致性

"中小学要考虑的是如何为人的终身学习与发展奠定最一般最起始性的基础，而大学要特别关注的是如何在每一个学生已有基础上为其打下坚

---

① ［德］伽达默尔著，薛华译：《科学时代的理性》，北京：国际文化出版公司，1988年，34页。
② 同上书，79页。
③ 张能为：《理解的实践》，北京：人民教育出版社，2002年，18页。
④ 宁虹：《教育理论与实践的本然统一》，《教育研究》，2006年第5期。

实的职业或专业的素质基础。"①可以说，这两个阶段的教育目标虽有差异但并不矛盾，反映在现实中就是中小学学习-接受文化与高校探讨、思考、研究、创新文化的比照，可以说中小学学习-接受文化的字面意思给人一种假象就是单调死板的单向信息的流通过程，不需要创新的过程，其实这是一种误解。人类素质的形成自始至终都是连贯一致的，不会出现阶段性断档的现象，国家要想在大学阶段能够有更多富于创造力的人才进行创新从而能够在各个行业做成有突破性的工作，就必须从小培养这种能力，无法想象一个学生自小在死板的接受学习中成长，到了大学以至更高的高等教育阶段时突然就能够具有创新能力。我们应对的办法应该是使中小学学生有意义地接受学习，在这个过程中之所以采取接受的方式进行学习是一个手段而不是最终的目的，接受方式的最终是要使中小学学生在接受的基础上学会举一反三进行创新，用新的文化推动人类文明的进步。接受学习使人在知识储存上形成一些基础的积累是必要的，但不可忽视的是这个过程中应该注意中小学学生接受学习的方式应该是尊重认识何以可能的科学性，符合教育规律，保存中小学生心中关于人类探索未知世界的原始兴趣，按照科学的认知规律，在将经典知识传递给学生的媒介流通过程中避免生搬硬套的死板讲授。这样，就实现了中小学阶段的学习同高等教育的衔接，它同高等教育阶段的学习在根本上也是没有差异的，也是要经历一个保持兴趣、发现问题、观察问题、解决问题的过程，从而获得知识上的一个横向积累。在经历了每一个和高等教育阶段认知方式如出一辙的横向积累后，再完成时间上的纵向积累，才有培养创新人才进行素质教育的实现的可能。总之，在知识积累的基础上培养人的创新能力是最终所指，中小学阶段也不例外。

3. 两种文化本质都是融合文化

高校本身就是一个大熔炉，其中的成员也是来自于不同的环境，拥有不同的身份，自身携带不同的价值观、认知方式和行为偏向。"高校融合文化的形成就是高校校园文化对其内部成员的潜移默化的教化和熏陶作用。"②不同的主体一旦接触，双方的文化融合是不可避免。大学用什么样的文化去融合和影响进入其中的成员，一般与高校的成长历史、学科设置、办学特色、该校发展历史上关键人物所提出并为全体所认同的办学理念有关。这种文化是双向建构的，主导的校园文化融合其中的成员，在文化上做出创新行为的成员又会反过来影响校园文化，促进其进一步发展。

---

① 杨小微：《大学与中小学的文化互动及共生》，《教育发展研究》，2011年第20期。

② 魏海苓：《合并后多校区大学的文化融合与重构》，《现代教育科学》，2003年第2期。

很多中小学也有着自身鲜明的特色，这些文化上的自显性无疑将会使其中的师生强烈地感受到自身的不同，融合文化并没有去掉每一个成员身上的印记，而是赋予成员整体上一个大的氛围，以区别于其他团体。

从事师范专业的大学教师，由于长期培养师范生，在自己特定的研究领域以外，往往还会接触其他多领域的研究项目。在学生指导方面，也往往要求教师多方面的指导，以应对学生综合素质的发展。可以说，师范专业本身就强调综合素质和综合能力的培养，师范专业的大学教师自然受到这种融合文化的浸润。而中小学教师多是从师范专业毕业，然后从事具体的中小学教师教学岗位，师范生学习不同于其他专业训练，往往要求比较全面，需要掌握本学科专业知识，还必须具备多方面的文化素养，天然具备融合文化的基因。此外，在教师教育领域的大学与中小学合作，教师之间本来就存着交集，存在着双方文化上的可理解性与可交融性，这为共同体文化建设的融合提供了重要基础。

### (二)大学与中小学教师共同体文化融合的理论基础

1. 获致"共有的理解"，夯实合作基础

合作所形成的传统并没有在大学与中小学之间建立起那种可供共享的意义溪流。因而，教师教育共同体建设仍必须通过协商达成共识，而且共识越根本、越深刻，合作的基础也就越牢固。因此，共识不应只是技术层面的，而应是前提性的、本质层面的。

教师教育共同体建设其实有着坚实的基础，这个基础就是对教育自身的理解与认识，就在于对教育是什么、知识与教育、教育与思维、教育与能力等教育基本理论问题的把握与理解。这一协商过程的实质是使教育工作者回归教育本身，并直接面对教育理想。如此，共同体中所形成的认同，就不仅仅是对合作成员的认同，也是对"教育"、"教学"的认同，是对帕尔默所说的"伟大事物"[①]这一共同体的真正主体的认同与尊重。

在教师教育共同体建设的过程中，可以发现，一部分中小学教师已经远离教育理想（或本真的教育），但这并不意味着他们没有教育理想与信念，而是在教育现实面前被迫放弃了自己的教育信念。正如西瑟所指出的："更多中学教师的悲剧在于，他们面前的鸿沟是一个深渊，仅靠理智和有见识的自我调整仍无法跨越过去。"[②]因此，教师教育共同体在建设过

---

① ［美］帕克·帕尔默著，吴国珍等译：《教学勇气：漫步教育心灵》，上海：华东师范大学出版社，2005年，107页。

② ［美］T. Y. 玛茜，P. J. 麦奎兰著，白芸等译：《学校和课堂中的改革与抗拒》，上海：华东师范大学出版社，2005年，4—6页。

程中必须走向真正的素质教育，着眼于学生意志品质的养成，做到既教得好，又考得好，方能帮助教师跨越鸿沟，去实现自己的教育理想。

2. 文化融合与建设：工作文化与学术文化的融通

吴康宁教授认为，要想使大学与中小学得到可持续的深度合作，必须走文化融合之路。那么，大学文化与中小学文化究竟是什么样的文化？这两种文化如何才能实现融通？如前所述，在教师发展学校的建设过程中，我们将中小学文化概括为工作文化，将大学文化概括为学术文化。这与怀特福特将中小学文化描述为"准备—射击—瞄准（或射击—瞄准—准备）"，将大学研究者文化描述为"准备—准备—准备"[①]有共通之处。

在中小学工作文化中，教师关注的是"做什么"以及"如何做"。因此，在面对已经给定的具体教学内容时，教师所需要关心的就是在各种可能的完成途径中，选择、确认或创造某种相对更有效的方法、案例或技术，以完成知识的教学。中小学的工作文化形成与科学主义、技术主义大背景下的方法、经验取向的教师专业发展方式相一致。而大学教师却始终在研究、追问"是什么"、"为什么"和"意义和价值何在"等问题。如，通过对"教什么的追问"，将教学不仅落脚于具体的知识模块与知识网络，而且关注学科的性质、学科的思维方式、学科的世界观与方法论以及学科观察世界的视角等。

怎样才能促进两种文化的融合呢？上面提到的获致"共有的理解"的过程实乃是一个建设"教育"文化的过程，这种文化的形成奠定于共同体的教育理论意识与理论自觉。除此之外，以下几方面也应该加以关注：

一是在共同体内养成研究的态度，建设"研究"文化。研究并不为"学术"所独享，研究是一种态度，是对任何事情都要问一个为什么的"求根务本"的态度，一种追求"自觉地深刻"的态度；同时，研究也是一种行动，是一种总是在寻找怎样才能做得更好的行动，一种走向理论智慧的行动。当共同体成员都以这样一种研究的态度去行动时，学术与工作已经融为一体了。

二是理论与实践互相接近。建设理论与实践本然统一的理论与实践文化。中小学教师更关注"做了什么"，但中小学教师应听听贺拉斯曼的忠告：凡是事物在生长的地方，一个塑造者胜过一千个再造者；或者再听听帕尔默的忠告：将教学降低到了技术层面，也许我们就会多出理论所拥有的庄严与神圣。而对于大学教师来说，也应该完善自己的教育理论，因为

---

① Whitford, B. L. et al. Sustaining Action Research through Collaboration: Inquiries for In-vetion[J]. *Peabody Journal of Education*, 1987, 64(3).

一个完整的教育理论应该包括四种成分：本质成分、价值成分、原则成分和方法成分。这即是说，大学教师在面对问题时一定要有自己解决问题的方法或技术，而且这技术应该内属于你所持有的理论，否则，无法让人信服。

三是进行真诚的质疑与讨论，建设争鸣与齐放文化。大学教师由于思考了更多的可能性，因此有一项特权，即评价的权利——可以从不同的角度对别人的尝试与努力做出评价。但共同体似乎更重视把自己建设成为一个信息场，更强调每个人的"意见"。在此过程中，中小学教师应该树立辩护意识，提升辩护能力以及质疑能力；而大学教师则应该更谦逊——不是那种收敛后的谦逊，而是在面对实践理性和智慧时的谦逊。

## 五、大学与中小学教师共同体文化建设的实践探讨

### (一)从人为合作走向自然合作

现有的 U-S 合作机制，多数都是利益驱动为主。从大学的视角出发，需要有实践教学的见习实习基地，相关课题研究需要中小学的参与和配合，教学质量评估也需要师范大学与中小学达成实践教学的合作协议。从中小学校来看，与师范大学的合作可以更好地提升本校的知名度，通过课题研究可以让教师的科研能力得到提升，科研论文得以发表，职称评定可以通过，希望通过与大学合作部分提高教学质量，特别是考试能力水平的提高。就教育主管部门而言，与大学展开素质教育合作、提升教师水平的合作，在政绩层面上是需要的，如果合作成功还能成为素质教育的典范。在这种基于各自组织利益驱动的合作中，起到主导和推动作用的力量往往是行政推动。教师之间的合作由外在行政控制，这是一种由正规而特定的科层程序强制的、可以预测的、局限于特定时空条件的合作，这是典型的人为合作。这种合作类型的主要目的，在于满足科层制度的要求，而不是学校实践的要求和教师个人的真实发展愿望。

人为合作的典型状态，是由大学和中小学相关负责领导达成合作意向，签订相关合作意向协议。然后，根据协议内容，双方领导指派相关分管领导来负责推动双方的合作，双方的教师也是基于领导的行政指令，展开相关合作。这种类型的合作优势在于效率高，只要双方领导达成合作意愿，愿意推动双方的合作，就能够有经费、有人员参与进来，甚至有相关的考核来推动这种合作。这种类型的合作缺点在于深度不够，在这种合作中，双方教师由于出于领导工作安排，而非自己内心真实合作意愿，极容

易导致这种合作流于表面，止步于形式主义的开几次见面会，策划几个合作活动，完成合作协议规定内容，便告合作完成。在整个过程中，最大的问题在于参与合作人员的被动式参与，因此解决这个问题的核心要素在于激发参与教师的真正合作意愿和主动性。

要激发合作的活力，就必须要有效激发起参与教师的自觉自愿行为，这就需要引入自然合作的理念。在日常教育教学中，教师间会自发形成一种自然的合作关系，他们相互观摩学习，互相帮助，共同讨论教学疑难问题。这种自然的合作形态，虽然在效率上缺少保障，但是往往能更灵活、更深入和更有效地促使教师进入合作状态。教师间自然合作的动力并非来自于行政推动，而是基于真实生活下的人际互动，合作中的教师都是基于最自然、纯真的想法和行为在交往。他们碰撞彼此的价值观念，交流自己对教育教学问题的看法，分享自己的心得体会，这种交往往往并不是划定在某一个特定话题下的，这种交往话题可能是全方位的，甚至涉及教师自己的生活世界。这种自然合作状态下的教师交往，是基于交往情景之中的互动，同时又没有设定任何交往的固定话题，从而使得这种合作交往呈现出一种全景式特质。在这种自然交往的过程中，中小学教师会谈及自己的受教育经历、对教材知识的内心看法、对学生的真实理解，甚至包括自己不想暴露在前台的很多教育教学想法与做法。这完全区别于在形式主义合作下大学教师听取中小学教师的公开课，那是一种经过包装甚至伪装的教育情景，在大学教师和中小学教师之间隔着层层装饰挡物，他们之间就是在这种情景下做相互恭维和无关痛痒的建议与对话。

在自然合作的状态下，大学教师去除了自己专家学者的面具，同样，中小学教师也放弃了自己的层层防范的谨慎小心。两者实现真正的平等与对话，前提是两者基于真实教学活动教研活动，共同去设计、修订教学方案，共同去完成一项教学质量的改进提升计划。在真实的自然合作情景下，大学教师与中小学教师之间的交往，规避了行政推动力下合作的常规弊端，如形式主义、官僚主义等。这种基于自然合作理念的交往，介于私人交往与公共交往之间，既能使得双方深入对方的内心世界，又能实现共同的教育理想追求。

当然，单纯的自然合作是一种理想主义的状态。真正要使得 U-S 合作有效实施，关键要能够实现一种行政推动的人为合作搭台、教师之间自然合作唱戏的状态。只有实现人为合作和自然合作的有机结合，才能既保障双方合作的效率推进，同时又能够实现平等、主动、深入的教育合作。这就意味着单纯的人为合作和自然合作都有着内在的缺陷，而人为合作和自然合作两者结合式的合作，既能兼顾效率，又能实现深度合作。就具体操作层面来说，行政层面的推动，最重要的是工作、是搭建大学与中小学的合作平台，具体安排执行合作任务并不应该完全由行政资源来推动，而应该是激发组织成员自身的合作潜能，让自然合作能够在人为合作平台上生长出来。在具体的操作上，打通校际合作的壁垒就变成了重要任务，因为作为两个组织体，大学和中小学各有其体系，通过人为合作的推动，在共同体的建设中，双方人员要按照共同体的方向来参与合作，跨越校际合作的"两张皮"现象，成为共同体建设的攻克目标。作为人为推动合作的行政资源，应该优先用于共同体的合作平台建设，而不应该单单致力于单一项目的实现。因为一旦 U-S 共同体平台搭建成功，具体合作项目是可以不断展开的，这里存在一种长期投入与短期投入的权衡得失问题。在行政推动的校际合作中，行政目标往往直接奔着具体的合作项目实现而去，这种短期目标的过重考虑，会削弱对长期合作具有重要价值的共同体平台建设的投入。

人为合作的有效性需要自然合作文化的活力得以释放，同时自然合作的相互介入，需要借助于组织机构、活动平台和制度机制的有效保障，而这些保障机制形成，就需要行政推动来构建。在这里制度与文化缺一不可，相互激荡，相互推动，共同实现教师教育共同体的创造性发展。只有自然合作的文化得以真正激活，共同体的合作才有了真正的灵魂，而这种合作的灵魂又需要组织、制度和平台的土壤给予支持与推动，这两者在现实中是一种实践，而非一种固化的结构，这种实践必须依靠实践本身来实现，两者相互交织，以至于无法分清到底哪一方才是第一推动要素，这就需要彻底变革传统行政自上而下式的命令执行模式，而变换为行政资源与教师合作实践的融合模式。

### （二）构建大学与中小学平等对话的共同体

大学教师和中小学教师在现实合作中，往往处于不平等的地位，大学教师往往以专家学者的面貌出现，而中小学教师则以操作执行人员的面貌出现，当两者展开合作的时候，几乎必然构成一种"指导者与被指导者"、"专家与普通工作人员"的关系。这种不平等的关系立足于复杂的历史文化背景，而并非是简单基于大学教师个人的倨傲个性或者谦虚谨慎的人格，或者是中小学教师的无知傲慢或者尊重专家的心态。如果将此问题简单归类到大学教师或中小学教师调整各自个性或预期就能够完整解决这种不平等关系的本质，那将是一种误解。

U-S 共同体双方这种不平等的关系，背后起到主导作用的理念是"理论指导实践"、"理论高于实践"。这种实践观将理论与实践的关系变成一种主从依赖关系，一种指导关系，让理论对实践处于了一种支配和宰制的地位。但事实上，这种理论占据主导地位的实践观，其实是一种始于培根、受到牛顿力学机械主义科学观影响的机械主义实践观，真实状态下的理论与实践关系其实更加复杂。应该说，理论与实践分别具有着不同的特点。其中，理论往往具备清晰、逻辑、自洽等特点，而实践总是带有模糊、现实、矛盾等诸多特点。从物理学的机械论观点看来，科学与技术的关系，是一种一一对应的关系，从理论到实践的过程，也是从理论到技术实现的过程，这是一个单向度的落实过程而已。但真实的实践状态，特别是非自然科学技术的情景中，处理与人相关，与社会相关的复杂事件时，人类的实践往往是表现出一种特定情景相关性，带有强烈的具体性和个性化特点。在这里，理论往往只是人们从事实践活动中所具备的一种前见，起着组织人们思想观念的作用，帮助人来规划和预测实际行动的过程与效果，但在具体的实践过程之中，则并非是完全按照理论前见来完整无误地复制执行。这种关系，往往是一种启发式关系，而非简单理论指导实践的关系。反过来说，作为理论工作者要总结归纳理论，就必须忽略现实情景中的各种多样性和具体性，必须从繁复的具体事务事件和现象中抽绎出一条人类理性赋予的逻各斯。这个过程本质属于人类剪辑自然和社会现象、简化研究对象、减少作用影响变量的过程。通过这种简化和简练过程得到的理论知识，被公式或者简练语言描述表达出来，其中必然存在一个信息衰减过程，但这个简化的过程又是理论产生的必然过程。越简洁的、解释力越强、解释范围越广的理论，就是最好的理论。反过来，这种最好的理论必须是忽略了非常多世界维度的理论。

就这种理论与实践之间的划界清晰与模糊而言，不同学科之间显然具有不同的特点，各种专业知识的特点也是各不相同的。舍恩（D. A. Schon）的一种划分方法很恰当地表达了这种区别，他将专业知识分类为：一是"高硬之地"的层次，目标情景非常清晰，实践者能够有效利用科学理论和技术去解决完成，越是靠近物理学的学科，越具有这样的特点；二是"低湿之地"的层次，目标情景不清晰，充满着"复杂性、模糊性、不稳定性、独特性和价值冲突"，是实践的"不确定地带"。[①] 教育学科不同于物理学，主要并不是以硬知识的理论形态存在，而更多地是以一种软知识理论形态为主导。

在教育实践中，理论与实践的关系并不能简单定义为"理论指导实

---

① D. A. Schon. The reflective practitioner: How professionals think in action[M]. New York: Basic Books, Inc., 1983, p.43.

践"，这是与教育实践本身充满复杂性、模糊性、不稳定性和价值冲突性相关联的。"摆脱'指导者、被指导者'的关系，构建'大学理论专家'与'中小学实践领域专家'的平等对话关系，中小学教师才能逐渐确立自己的主体地位，才会拥有更大的学习动力，才会更愿意在合作中承担责任，主动参与，积极反思，更好地实现自己的专业成长，使合作达到预期的目标。"①为此，大学教师应当将中小学的教育教学实践当作一种充满生命活力的实践形态来看待，并真实认识到自己所研究掌握的理论很多时候也只是一种理论视角，在与教育实践形态相碰撞中应当担负引领的作用，而非决定性的作用。中小学教师虽然在教育理论上研究学习有限，但他们作为中小学实践领域的专家，本身充满着各种智慧。双方只有虚心相处，互相学习，取长补短，构建平等互惠的合作关系，才能有助于 U-S 共同体的成功建构。

### （三）让自组织机制主导共同体文化的演进

教师教育共同体作为一种社会组织，不同于传统单位意义上的组织，这个组织并非是一个按照科层制度运行的组织。科层组织遵循自上而下的命令执行逻辑，整个组织有命令－控制性特征，组织成员之间的组织架构自上而下进行建构。U-S 共同体成员之间的关系，更类似于一种社交网络的关系，组织成员并非完全遵循命令－控制的反应模式，而是作为整个立体网络的一个节点，每个成员都具有影响这个组织中相关节点的能力，这种影响通过沟通与分享来实现，而非通过命令与执行来实现。作为社交网络节点的中小学教师，可以直接受到大学专家的影响，改变自己的行为与观念，同时，大学专家也会从中小学教师处获得反馈，并进一步调整自己的观念与交往行为；而中小学教师与大学专家之间又存在横向的交互影响，整个影响运作模式是一种网络交互的作用过程。对于这种非科层单位的社交网络型共同体，传统的行政命令与执行模式是不适用的，消耗大量行政资源的结果，确实犹如拳头打在了棉花上，耗费多而收效少。

这种社交网络型共同体组织，是一种自组织类型的组织。从他组织的视角看组织管理，认为社会组织是静态的结构，可以精确预测，其核心操控模式是"控制"。从自组织的视角看组织管理，认为社会组织往往是一种高度复杂的、难以精确预测的和非线性的系统，这个系统是动态的、不断生成的、过程性的存在，这种系统同样拥有结构，但这种结构本身也是生成性的结果。对于这种自组织类型组织，最有效的运行方式是"协调"，而非"控制"。

---

① 杨小薇：《大学与中小学的文化互动及共生》，《教育发展研究》，2011 年第 20 期。

自组织要生成，必须是建构开放性系统，整个系统能够与外界发生信息、情感、能量、物质的交换，组织形态的开放性是保证交换充分的关键，也是自组织系统形成的关键。在交换的过程中，由于外部新要素的引入，内外要素间发生势能差，这种势能差产生蝴蝶效应，让系统远离平衡态，进而导致整个系统的重构与重组。在这种演化的过程中，存在大量的不确定性，这会导致整个体系发展的非可控性，但好处是新生事物、新生思想、新生组织形态会得以产生，并涌现出来。大学与中小学校的合作共建共同体，也是在各自固有组织中，引入了一个非常重要的外部要素，通过内外部要素间的交换，利用大学与中小学组织之间的势能差，远离原有组织中的平衡态，进而导致创新得以涌现，并由这个新的共同体反作用于原有学校组织的变革。

通过自组织的视角，重新回顾大学和中小学间的差异与文化冲突非常重要，如果大学和中小学之间完全是一致的，不存在文化差异与冲突，那么大学和中小学之间就失去了合作的势能差，大学的介入就无法引起中小学组织内部的化学反应。只有当大学教师和中小学教师的文化与行为的平均值之间存在着系统性偏差的时候，这两者的相遇才能激起震荡，这种震荡会带来随机的偶然事件，但这种偶然最终可能是通往新秩序的桥梁。这种大学与中小学交往中的冲突与融合，产生的震荡效应，随机偶然性，从传统的控制管理视角而言，都是需要删减和控制的范畴，都是属于管理中的不确定性现象，这种不确定会冲击学校组织原有的平衡，作为传统的学校管理者对此会心生畏惧，竭力控制。然而，对不确定性的控制，结果是遏制了自组织的出现。这种现象非常普遍，官僚组织几乎必然要遏制社会组织的活力发展，这既是历史现象，也在当下和未来中不断重演，作为追求创新发展的组织而言，这值得我们警惕与反思。

当然，作为自组织现象，存在成功的同时，也必然存在失败。原有的组织平衡，通过新要素的引入，造成新的震荡，脱离原有的平衡态，并产生新的结构形态，这就是成功的路径。失败的可能在于新要素的引入不恰当，经过自组织后形成的新生态不理想，甚至不如原有文化生态；或者新要素引起的震荡太小不足以冲击原有秩序；或者组织内部控制过度，抑制震荡效应的发生，无法形成脱离原有平衡态的效应；或者旧有文化生态势力过大，新生文化生态无法立足；或者新要素引起的震荡太大，旧的组织平衡被破坏，但新的组织平衡无法有效生成。

因此，从教育变革的角度出发，是否引入自组织管理的新思路，价值判断就变得非常重要。假如学校组织不追求新价值的目标，而是按照考试制度的安排目标运行，只是需要提升效率，提高教师的教学规范，最终目标指向提高学生考试分数，以求得在教育管理场域中的优胜，那么，应该选择控制性强的合作类型，注重他组织的管理模式，追求可控性与效率。假如学校组织追求新价值的目标，要求创新教育，突破考试制度的目标框架，提升教师的素质水平，旨在提升学生的整体素质水平，不追求短期教育管理场域中的评价指标，而是追求更基础更理想的教育素质实现，那么，应该选择可控性弱、侧重于协调的合作类型，注重发挥自组织的运行机制，容纳合作的偶然性现象，接纳合作中的新生事物，一定程度容忍对原有教学秩序与平衡的偏离与挑战，追求创新的涌现。选择第二种模式，意味着管理者需要将合作共同体看作是一个复杂系统，有其自组织的演化运行逻辑，管理者必须从整体着眼，顺着共同体发展的脉络，在必要的时候以必要的方式给予协调式的管理。在第一种模式下，共同体的文化很难真正形成，或者是将原有组织文化转移给共同体来遵照执行，不存在真正意义上的 U-S 共同体的文化。在第二种模式下，共同体的文化在双方管理者的呵护下，以一种田野生长的方式，得以真正生长出来，虽然大家事先都无法完全确定这个文化的最终形态，但由于大学和中小学教师间的系统性偏差，导致其必然产生出一套不同于原有学校组织的文化形态，这种共同体文化形态会反哺原有组织文化的发展。

　　总之，从实践层面而言，要构建教师教育共同体的文化，需要从根本上改变管理理念，这一点对于参与共同体建构的中小学与大学管理者都需要注意。首先，我们应该将"共同体"视为一种社会网络组织，带有显著的自组织特性，这一点完全不同于传统科层组织的垂直分层管理组织。传统科层组织管理的核心逻辑是命令与执行，讲究绝对可控制性，组织目标、组织流程与组织运行都是在特定控制程序之下运行，这种组织运行的最大特点是过程与结果都是可以精确预测和可控制的。科层组织中的大多数人都是被动执行控制程序的人，而共同体这一社会网络中的参与者，则大多数都处于主动决策、主动参与的状态，整个共同体的生态是一个动态过程，其过程不可能完全预测和完全控制，共同体在运行过程中，会出现涌现的现象发生，一个管理者无法提前预见的组织文化生态会出现。其次，作为参与人员，大学专家和中小学教师都要有平等的心态来参与互动，因为在这个共同体组织中，运行的逻辑是互动，而非指导与反应、命令与控制模式。每一个教师都是共同体这个社会组织网络上的节点，每一个节点的信号发出，都会对整个组织网络起到某种程度的影响和作用。最后，作为管理者而言，对于 U-S 共同体的文化建设，管理者的人为作用在于搭建交互平台，为共同体成员的交互互动提供启动与保障运行的作用，让教师间的自然合作处于主导地位。人为合作搭台，自然合作唱戏，才是共同体建设的健康运行机制。

# 第四章 U-S 教师教育共同体运行机制研究

## 一、U-S 教师教育共同体系统结构

### (一)U-S 教师教育共同体构成要素

要素是对实现系统功能起主要作用的元素,是组成系统最主要的元素,也是系统存在的基础和实际载体。要素影响着系统的结构、功能、性质、属性、特点等,同时也就决定着系统的本质。

对于如何划分系统要素,常盛指出,并非"包含在"事物中的所有东西都是它的要素。要研究系统的构成要素,必须着眼于系统的本质特性,从系统的根本特性来划分系统的要素。对于复杂系统来说,其必然由以下三个因子组成:系统内相互作用的诸部件、系统目的及系统环境。[①] 鉴于此,结合上文有关 U-S 教师教育共同体特征分析以及文献研究和现实调研结果,我们将 U-S 教师教育共同体的核心要素概括为:合作主体、合作资源、合作环境。合作主体是共同体中实施合作的人或组织(大学与中小学)。合作主体掌握着共同体的计划、组织、控制、领导、激励、协调等工作,以期实现共同体目标;合作资源是合作主体在合作过程中所能预测、协调和控制的共同体内部对象,包括配置性资源和权威性资源;合作环境是影响共同体运行的系统内、外部能够推动共同体运行演化的一切因素(如教育行政部门和社会的大力支持等)。

1. 合作主体

(1)组织要素

U-S 教师教育共同体通常是由 1 所高师院校、多所中小学以及其他相

---

[①] 常盛:《基于要素分析的公司治理结构系统理论与实证研究》,浙江大学,2007 年硕士学位论文。

关教育机构等法人单位构成，合理的组织架构是开展持续深入合作的首要条件。合理的组织架构，可以有效整合、调动系统内各单位的人力、物力和信息等要素，实现系统整体功能最优化和最大化。这种合理的组织架构就构成了系统的组织要素。

以美国的 U-S 伙伴合作（School and University Partnership）为例，根据其规模的大小，其管理组织通常有 3—4 级，即工作小组、联络小组、学校指导委员会和多方协调委员会（合作共同体规模较大时根据需要设立）等。工作小组主要由参与合作项目的中小学教师和实习生组成，负责合作项目的具体实施；联络小组通常由 1 名大学教师和 1 名中小学教师组成，主要负责合作项目的规划、联络和日常管理工作；学校指导委员会通常由联络员、大学教师、中小学领导和教师以及相关教育机构和部分家长共同组成，主要负责研究制定合作方案、协调合作活动、评估合作成效等。多方协调委员会通常由大学教育学院院长、专业发展学校网络主任、教育学院所属各系的代表、大学和中小学联络员、专业发展学校其他兼任教师等组成，它是一所大学与多所中小学交流、沟通、协调的中心。

英国于 1992 年启动教师教育改革计划后，英国政府就先后成立了"教育标准局"（Office for Standards in Edcuation，简称 Ofsted）、"师资培训署"（Teacher Training Agency，简称 TTA）和"教学总会"（General Teaching Council，简称 GTC）等半官方机构，共同负责教师教育工作。其中，教育标准局负责培训工作的常规性督导和培训课程的质量检查，确保大学和中小学的合作符合国家标准。师资培训署负责认证教师培训机构的资格和对教师培训的质量作出最终的评价，并负责分配教师教育经费。教学总会成立于 1998 年，主要负责教师认证、规范教学，并向政府教育部门建言献策。新工党政府更是希望通过"教学总会"和"师资培训署"的合作来建立教师的专业架构。而 U-S 合作的具体工作，一般是由大学、基地学校和地方教育行政部门共同组建的"伙伴关系指导小组"组织实施。作为领导小组，它有权制定伙伴合作计划的相关制度、原则等，在资金的使用与管理、人员安排、时间规划、评价与反馈等方面发挥协调、监督的作用。

在国内，部分大学、师范大学（学院）为了推进 U-S 教师教育合作，也组建了层级不同的管理组织，主要包括：① U-S 教师教育合作共同体指导委员会（领导小组）；② 教师专业发展学校；③ 教育硕士专业学位教育指导（评定）委员会；④ 教育硕士培养与管理中心；⑤ 教育硕士研究生院；⑥ 教育硕士专业教学部（导师组）。它们共同组成了我国的 U-S 教师教育合作共同体管理网络，保证了共同体整体功能的有效实现。

（2）个体要素

组织要素主要从架构系统的各种或大或小的组织角度来解析 U-S 教师教育共同体的系统构成。组织必须要依靠组织成员才能发挥其功能。组织成员受组织的领导、指派，行动体现组织的要求或意志，但是每一个组织成员都是一个有思想的个体，他们的主观能动性将直接影响组织功能的发挥，进而影响系统功能的实现。因此，在考察 U-S 教师教育合作共同体组织要素的同时，也很有必要考察一下各级组织中的个体要素。

纵观国内外各种 U-S 教师教育合作共同体，其各级组织中不外乎有以下几种个体要素：

①决策者参与者。决策者参与者是 U-S 教师教育合作共同体最高层管理人员，他们通常在共同体协调委员会或指导委员会中担任要职，主要由政府教育行政部门主官、大学教育学院院长、中小学校长以及社会相关机构负责人担任，他们既是相关政策、规划的制定者，又是实施合作的调控者，还是合作成效的评定者，他们主要从理念的高度影响共同体的功能。

②联络员。联络员是 U-S 教师教育合作共同体中，大学方面负责与中小学进行联系和沟通的关键人物。他要协调、安排职前教师到中小学见习、实习，参与中小学的改革事务，引导中小学教师专业发展，搜集、整理相关数据，评价职前教师见习、实习成效。因此，该职位人选通常由大学和中小学协商后确定，他是大学在中小学的常驻代表，一般还兼任协调委员会相关职务。国内已有不少大学联络员兼任中小学副校长，从更深的层面介入了中小学管理。

③协调员。与联络员相对应的中小学方面的人员通常叫作协调员。其核心职责是与大学进行联系和沟通，一方面强化职前教师的见习、实习指导，一方面寻求大学对中小学的支持，促进学校及教师的发展。他们是 U-S 教师教育合作共同体顺利运作和成功的重要保证。

④大学学科导师。在 U-S 教师教育共同体运行过程中，部分大学教师扮演着一个新的角色——学科导师。在中小学，大学学科导师一般是作为教师课堂教学的观察和评价者、合作学习者参与合作的，为学校改革、教师教学提供专业引领和支持。在共同体运行过程中，大学学科导师为中小学教师带去了新思想、新技能，自己也能从实践的情境中丰富自身的教育阅历，发现新的理论生长点，为自己深入开展教育理论研究引入源头活水。

⑤中小学特聘导师。中小学特聘导师是在 U-S 教师教育共同体运行过程中，大学为加强职前教师的入职指导，在中小学聘请的具有丰富实践经

验并取得高级职称的中小学一线教师或学校管理人员。他们不仅要扮演课堂教师的角色，还要担当研究者、合作者、临床诊断者和教师教育者等角色。他们通过指导实习生，与大学教师开展双向交流，自身也可以汲取最新的教育理论，从理论的高度改进自己的日常教学，促进自身的专业发展。现在，部分大学还特聘了部分优秀中小学教师担任客座讲师或教授，进一步优化了教师培养专业课程结构，促进职前教师培养质量的提高。

⑥职前教师。U-S 教师教育合作共同体中人数最多的个体要素——职前教师，一般为本科师范生和全日制教育硕士。他们通常要在教师教育共同体中小学学校进行一定时间的教育教学见习和实习。在实（见）习中，他们不仅要在中学导师的指导下授课，而且还要像正式的教师一样参加学校的一切活动，承担教师要承担的各种角色，如参加各种教学教研会议等。职前教师走进中小学，不仅可以学习教育实践知识，而且可以实践课堂教学，把学到的教育理论知识融入教学实践中，提高自身的教学技术和能力，通过亲身实践、反思，总结、积累了一定的实践经验，为成功入职奠定了实践基础。

2. 合作资源

U-S 教师教育共同体资源是共同体场域内外的物质、能量和信息的总称。建立 U-S 教师教育共同体的根本目的就在于通过共享优质资源促进大学和中小学共同发展。因此，厘清共同体的资源要素，就可以帮助我们更好地认识共同体，进而建构良性的共同体运行机制。按照吉登斯的结构化理论的主要观点，资源主要分为两类，一类是配置性资源，一类是权威性资源。配置性资源是系统运行过程中的物质资源，主要指环境的物质特性、物质生产/再生产的手段（生产工具、技术）、物质产品（前两者结合所产生的人工制品）；[①] 而权威性资源通常也被称为非物质性资源，包括实践在社会中的场所化、人类沿时空在社会中的分布、行动者在特定类型社会中取得特定生活方式或者自我实现方式的能力。[②] 参照吉登斯资源划分的观点，本研究将 U-S 教师教育共同体资源划分为配置性资源和权威性资源两类。

（1）配置性资源

就 U-S 教师教育共同体合作培养职前教师这一社会行动而言，其配置性资源包括合作双方的基本教育设施、教育手段、教育材料以及其他社会

---

① ［英］安东尼·吉登斯著，郭忠华译：《历史唯物主义的当代批判：权力、财产与国家》，上海：上海译文出版社，2010 年，51 页。

② 同上。

各方面的物质支持等。张永军将美国 U-S 伙伴合作配置性资源分为资金、教育手段和课程资源。[①] 由于研究内容的相似性，本研究借鉴其分类方法，将影响 U-S 教师教育共同体运行的配置型资源也分为课程资源、教育手段和合作资金。

①课程资源。课程是教师教育的核心要素。本科师范生的课程体系虽然较为完善，但随着基础教育改革与教育技术的发展，其课程设置、教学内容与方式都需要进行变革。作为新生事物的全日制教育专业学位研究生教育，其初期的课程是在原教育学硕士研究生教育基础上发展起来的，但教育学硕士与全日制教育硕士培养目标（就业方向）不同——全日制教育硕士主要为中小学培养卓越教师，教育学硕士主要培养具有独立研究能力和创新精神的课程与教学研究领域的高层次专门人才；培养模式发生了较大的改变——教育学硕士由大学培养，全日制教育硕士由大学和中小学联合培养。因此，全日制教育硕士的课程设置必须正视并积极应对培养目标、对象和模式的改变，构建模块化、数字化和实践取向的课程体系，提高课程的针对性，促进 U-S 教师教育共同体运行机制的形成。

②教育手段。主要指进行合作所需要的物质条件，包括合作所需要的教育场所、教育设施、教育媒体等。

图书资料。建立专门的教师教育图书馆是保障职前教师获得基本教师教育理论和实践知识的基本物质保障。为了提高教师教育质量，目前国内部分师范大学设立专项经费，建立了专门的教师教育图书馆。以首都师范大学为例，2014 年，首都师范大学专门建立了面向基础教育的图书馆，为学生提供了大量基础教育的理论书籍、小学至高中的各科的教材教案、基础教育的各类国内外期刊，方便学生查阅、学习。

实践基地。实践性是教师专业性的本质特征，实践基地则是教师教育的实践舞台。因此，基地建设一直是 U-S 教师教育合作共同体建设的重点之一。现在，部分大学专门建立了教师教育共同体实验中心、教师能力拓展中心，以拓展教师教育的实践平台；不少大学遴选了一批当地最好的或具有发展潜力的中小学，与之开展共建，作为导师培养、学生见习、实习的基地学校；还有的大学与地方政府共建了教师教育创新实验区（服务区），将基地拓展到区域层面。这些基地，办学条件好，师资队伍强，科研氛围浓，学校管理优，教学质量高，已成为共同体一笔重要的优质资源。

---

① 张永军：《美国大学－中小学伙伴协作的行动逻辑——结构化理论的视角》，北京师范大学，2012 年硕士学位论文。

网络平台。国内一些 U-S 教师教育共同体已通过建设一系列平台，促进知识资源共享。如绝大多数大学向参与合作的中小学校开放图书馆、学术讲座，有的大学建立了集成大量大学优质学术讲座、专题报告、教师教育精品课程和中小学观摩课视频等优质资源的网络平台，供职前教师、大学教师和中小学教师学习、观摩、研究。

③合作资金。资金是保障 U-S 教师教育共同体建设和运行的经费。U-S 教师教育共同体作为一个系统，其课程建设、基地（平台）建设、师资建设、日常运行等都需要大量的资金，有效的资金投入将直接影响共同体系统功能的实现。现阶段 U-S 教师教育合作共同体资金来自教育行政部门专项拨款、大学科研（项目）经费、中小学公用经费以及社会赞助等。但从总体上来说，现有经费还远远满足不了共同体建设和运转的需要。

（2）权威性资源

在 U-S 教师教育共同体中，权威性资源主要包括各种相关的"教育关系资源"和"教育信息资源"。教育关系资源牵涉到 U-S 教师教育共同体外部环境，将放在"合作环境"这一部分进行分析，这里仅分析权威性资源中的"教育信息资源"。U-S 教师教育共同体教育信息资源主要指在 U-S 教师教育共同体合作过程中所运用的有关教育信息或知识。

①学生信息。学生信息主要包括学生的学习成绩信息、学习状况信息、种族身份信息。这些信息由于现代信息技术的媒介作用得到了有效的存储与时空延伸。以全日制教育专业学位研究生为例，了解他们的信息，例如本科是否来自师范类，可为 U-S 教师教育共同体协作行动方案的选择提供依据。

②师资信息。文献研究和调查发现，在 U-S 教师教育共同体合作培养职前教师合作模式中，教师教育者扮演着重要的角色。因此，为了保障合作的顺利进行，有关师资队伍建设的相关信息及其所拥有的知识就成为重要的资源之一。

③学校信息。对于 U-S 教师教育共同体来说，有关合作学校的信息存储也是一个重要的条件。因为合作是一种互动行动，这要求协作双方对对方的信息有足够的了解，协作本身不是目的，而是为了提高职前教师的培养质量。因此，充分了解并存储双方信息是必要的前提。

事实上，合作组织和合作个体本身也是一种资源，但他们是支配、运用物质、能量和信息等资源的主体存在，并且前文已详述，这里不再赘述。

总之，大学与中小学拥有各自的异质性资源，通过共享这些异质性资源，可以实现两者的共生和共赢，提高教师教育的成效。

3. 合作环境

系统是由若干个相互联系、相互作用的要素按一定的结构所构成的具有特定功能的有机整体。系统作为一种存在，总是处于一定的环境之中。所谓环境，是指与该系统发生一定物质、能量、信息流通的外部客观存在的情况，也就是使系统的功能得以发挥的条件。[①] 它是系统内外对该系统有影响、有作用的诸因素的集合。在一个大系统中，对于某一特定的子系统来说，其他的子系统可以看成是它的环境，因此，环境也可以说是同某一特定的系统相关的其他系统（或事物）的统称。系统与环境的关系，实际上是系统与其他系统或系统与它所从属的更大系统的关系。

U-S 教师教育共同体联结了大学与中小学，甚至还包括教育主管部门和相关社会机构，所处的环境复杂而多变。它从无到有并蓬勃发展，充分说明系统环境适合并不断推动了共同体的发展。主要包括外部环境和内部环境：

（1）外部环境

①社会环境。首先，从美国来看，第二次世界大战后，美国中小学教育的质量低下引起了社会的普遍关注，美国教育优异委员会、卡内基教育和经济论坛及霍姆斯小组先后发表了系列报告进行总结反思。这些报告明确指出，教师是中小学教育取得成功的核心和关键，但当前的职前教师教育已不能满足经济社会和教育科技发展的需要，必须改革教师的培养方式，培养"技能娴熟的教师"、"专业教师"。这些报告还进一步指出：必须改革教师培训课程，加强大学（教育学院）、教师培训机构与中小学合作，以中小学为基地建立"专业发展学校"，共同培养教师。这些报告发表后，引起了美国各界对教育的广泛关注，霍姆斯小组的计划直接得到了卡内基公司、福特基金会、约翰逊基金会、纽约时报基金会等社会组织的支持，自此，美国教师教育伙伴合作改革的大幕正式拉开。其次，从英国来看，早在1928年，就有人主张应该让有经验的中小学教师参与新教师培养。随着英国皇家督学团（HMI）1981年关于新任教师调查报告的公布，以及中小学教师队伍质量问题的不断暴露，职前教师教育的模式引起社会各界的广泛关注。英国社会逐步形成了这样一种认识：教师培养需要更多的教学实践能力。为此，需要改革以理论为取向、大学为本位的教师教育模式，在职前教师培训的各个层次和各个方面加强职前训练机构与中小学的合作关

---

① 李金松：《系统论、信息论、控制论与教育改革》，武汉：湖北教育出版社，1989年。

系。有了这样的社会共识，再加上后来英国工党政府的大力推动，英国的职前教师教育迅速成为全世界的一个典范，引起其他各国的关注和效仿。最后，从国内来看，一段时间内，"择校风"在全国大行其道，"择校"在很大程度上其实就是"择师"。由"择校"风行足见社会各界特别是家长对先前的师范教育的不满。而随着素质教育的深入实施和新课程改革的全面启动，教师对这两大改革的制约作用愈发明显，全社会对我国改革教师教育呼声日益强烈。所以，当香港中文大学、北京师范大学、华东师范大学、首都师范大学等大学启动教师教育伙伴合作改革后，立刻就受到了全社会的广泛关注和欢迎。

②政策环境。在全社会普遍关注教师教育，呼吁推进教师教育改革的形势下，各国政府都出台了相关政策，营造良好的政策环境，推动教师教育改革。1983年，霍姆斯小组还未正式成立之前，由他们提出的要在美国50个州的主要研究型大学建立和实施新的教师教育的标准就得到了美国教育部的支持。1998年，美国国会修订了《1965年高等教育法》，制定了"提升教师质量基金计划"，设立了州基金、伙伴合作基金和教师录用基金，其中伙伴合作基金主要用于改进教师教育。与此同时，许多州也制定具体政策，通过政策和经费手段推进教师教育伙伴合作计划。全美相继有31个州拨款对教师教育伙伴合作进行资助，马里兰州、路易斯安那州和西弗吉尼亚州还专门立法支持教师教育伙伴合作计划。由于有了良好的政策环境，美国的专业发展学校很快全面覆盖了美国的教师教育，分布于全美国几乎所有州的城市、市郊或乡村等地区，并且涵盖了小学、初级中学和高级中学。

与美国相比，英国政府对教师教育伙伴合作计划的政策推动更是全面而彻底。他们先后出台了《中小学教学：职前训练的内容》《教学素质》《职前教师培训：课程的认证》等文件，积极推动大学和中小学合作培养职前教师。在随后的1989年和1991年，英国政府还先后实施了为期五年的"特许教师计划（Licensed Teacher Scheme）"、"约聘教师计划（Articled Teacher Scheme）"和为期两年的"教师教育模式计划（Model of Teacher Education）"，开始了"以学校为基地"的教师教育尝试。1992年以后，英国政府又先后发布第九号通告（Circular 9/92）和第十四号通告（Circular 14/93），对中小学教师的培养模式提出了新要求：其一，中小学应该在教师教育中发挥更大的作用，师范生在学期间要将更多的时间花在中小学；其二，高校和中小学应建立伙伴合作关系，以确保有效的学校本位的训练；其三，教师教育的课程重点应放在培养师范生的专业能力上。1993年9月，英国政府还实施了一项"以学校为中心的师资职前训练"，招收了 150 名有志于到中等学校任职的大学毕业生到 6 所"签约学校联盟"进行培训，结业即可担任教师。为确保教师教育伙伴合作计划的落实，1994 年，英国政府还成立了师资培训署，统筹负责教师教育工作。1998 年，英国政府颁布《教学和高等教育法》，该法中直接授予了师资培训署、教学总会、教育标准局介入、控制教师教育的权力，强力推动教师教育伙伴合作计划。2002 年，英国政府教育和科学部颁布了关于合格教师标准和教师教育机构要求的文件，文件明确规定所有教师教育机构都必须与中小学积极开展伙伴合作，必须就伙伴合作进行具体明确的安排，并确保伙伴合作有效实施。2006 年 4 月，英国学校训练与发展署（原师资培训署）启动了"伙伴合作发展学校"（Partnership Development Schools，简称 PDS 计划）。该伙伴合作发展学校以联合体的方式运作，每个联合体可以获得 25000 英镑的项目资助经费。这些伙伴合作计划为中小学和高校教师的专业发展提供了重要的机会，提高了为师范生进行教学辅导和校本培训的质量，完善了学校的一致性辅导实践以及对师范生在学校学习的支持。

同样，在澳大利亚和我国，为了推动教师教育伙伴合作计划的实施，中央和地方政府（或教育主管部门）都借鉴了美、英等国的成功经验，出台政策，营造氛围，鼓励、支持大学和中小学开展合作，共同培养师范生，以求提高职前教师教育的质量和效益。如我国 2001 年颁布的《国务院关于基础教育改革与发展的决定》，首次提出了"教师教育"的概念，以统称长期分离的教师培养和教师培训。大学开始肩负起建立职前与在职教育、本科和研究生教育相互贯通的教师培养培训职能。同年，教育部颁布《基础教育课程改革纲要（试行）》，拉开了大规模基础教育课程改革的帷幕，要求中小学发展校本课程并鼓励教师尝试教学创新，要求中小学教师更新教育观念，改进教学和评估策略，也要求大学开展研究和确定课题项目，加强对学校和教师发展的支撑力度。[①] 2009 年以来，又先后出台了《国家中长期教育改革和发展规划纲要（2010－2020 年）》《国务院关于加强教师队伍建设的意见》《全日制教育硕士专业学位研究生指导性培养方案》《关于实施卓越教师培养计划的意见》等文件，为教师教育改革提供政策支持。

（2）内部环境

① 校本环境。社会的呼求，政府的推动，只是为推进教师教育伙伴合作计划提供了一种可能。教师教育伙伴合作计划的成功实施还离不开良好

---

① 钟瑞添等：《大学与中小学教师教育合作伙伴关系建设：理念与行动》，《广西师范大学学报》，2007 年第 5 期，64－68 页。

的校本环境。大学作为学术先锋，凭借自身的学术敏感，首先捕捉了教师教育伙伴合作的动向，并身体力行加以推动。从美国大学来看，19世纪末期，为了改革美国公立学校的教育，哈佛大学首次提出了大学和中小学建立直接联系，参与改进中小学教育、支持中小学教育改革的构想。然后，哥伦比亚大学、芝加哥大学率先建立了贺拉斯·曼学校和芝加哥大学实验学校。这两所实验学校的办学重点，就在于为即将进入教育专业领域者提供学习经验和革新教学的研究活动。特别是芝加哥大学实验学校，建校后长时期内，学校行政上都属芝加哥大学直接管辖。后来学校虽然成为独立学校，但仍可使用芝加哥大学设施，芝加哥大学顾问委员会仍负责监管实验学校教育教学工作。他们是早期大学主动建构大学和中小学伙伴合作的典型。再后来，佛罗里达州立大学、佐治亚大学、犹他州立大学、纽约市立大学等大学都先后建立了"入门学校""专业发展中心""整体性学校—大学伙伴合作""专业学校联盟"等伙伴合作组织，积极参与、推动教师教育改革。霍姆斯小组成立之后，共有96所具有专业教育计划的研究型大学参与了这个小组。2010年，美国全国教师教育联合会还强烈呼吁所有的联邦政府对教师教育的资助都应对临床实践提出要求，以满足社会对高质量教师的需要。

在英国，牛津大学率先主动联合牛津郡地方教育当局和周边的中学开展合作，实施了"牛津实习教师计划"，拉开了英国"以学校为基地"的教师教育改革的序幕。

国内在实施教师教育伙伴合作计划时，大学在充分运用国家政策支持的同时，更加注重从制度上引领、规范伙伴合作计划（国内多称为教师教育合作共同体）的顺利实施。以国内全日制教育硕士专业学位研究生的培养为例，目前专业学位研究生的培养主要采取大学与中小学联合培养的方式，为了推动联合培养的深入实施，大学不但整合校内外资源，而且出台了很多制度，努力优化合作校本环境。如某师范大学就出台了以下一系列制度：

《××师范大学关于推进研究生教育教学改革的意见》；

《××师范大学全日制专业学位研究生管理暂行办法》；

《××师范大学教育硕士专业学位研究生指导教师遴选办法（修订）》；

《××师范大学关于聘任教育硕士合作导师工作的指导意见》；

《××师范大学专业学位教育硕士教育实习实施办法》；

《××师范大学全日制专业学位研究生实习经费管理办法》；

《××师范大学全日制专业学位实践基地建设管理办法》；

《××师范大学全日制专业学位硕士研究生在学期间产出科研成果暂行规定》；

《××师范大学全日制专业学位研究生奖学金管理办法》；

……

这些制度从各个层面对联合培养教育专业学位研究生提出了明确的要求，有力地推动 U-S 合作的良性互动。

相对于大学，中小学由于思想观念、工作重心、学术自卑等原因，对教师教育伙伴合作计划的主动建构并不多见，但他们大多都在寻求各种机会，积极地参与教师教育伙伴合作计划，用大学文化改造中小学教育；一旦参与计划，都能按计划组织开展各项活动，履行自己的职责，推动合作计划的深入开展。

正是有了大学的主动探索和中小学的积极策应，才有了教师教育伙伴合作计划的全面展开。

② 个体环境。按照人际关系学说，组织的内聚力是组织实现其目标的一种能量。强大的组织内聚力来自组织的每一个个体对组织目标的高度认同和自觉实践。教师教育伙伴合作从萌芽到蓬勃发展，还凝聚了参与合作的每一个个体的心血和智慧。

早在教师教育伙伴合作萌芽初期，一批大学教授就先人一步，开始了教师教育伙伴合作的拓荒之旅。这其中尤以美国教育家杜威最有代表性。杜威 1896 年在他工作的芝加哥大学创立了芝加哥大学实验学校，并任该校校长，作为他教育理论的实验基地，并为即将进入教育专业领域者提供学习经验和革新教学的研究活动。他的努力使实验学校在当时受大学的普遍重视，绝大多数承担教师教育的大学都建立起了实验学校，作为师范生培养的实践基地。

在专业发展学校衰落以后，又是一批中小学教师和大学教授因校制宜，建立了融教师教育和研究于一体的入门学校，继续探索教师教育伙伴合作之路。1985 年 11 月，正是在一大批研究型大学教育学院院长和研究机构的领导人的推动下，霍姆斯小组宣告成立，并先后发表了三个报告，进而重新开启了美国教师教育伙伴合作的新局面。到 20 世纪 90 年代，古德莱德等人又成立专门组织，倡导建立伙伴学校，通过对美国学校进行重组、革新和改革，优化教师教育。

在英国，牛津大学教育系主任贾奇、教育国务大臣卡拉克和米利班德等都是教师教育伙伴合作的有力推动者。

在我国国内，华东师范大学的叶澜教授、首都师范大学的孟繁华教授、王长纯教授、宁虹教授、张景斌教授等都积极借鉴国内外教师伙伴合作的成功经验，通过开展具体的合作项目，推动了教师教育伙伴合作的本土化实施。

另外，在每一个具体的合作组织中，伙伴合作决策者、政府协调员、大学及中小学联络员、大学及中小学学科导师、职前教师等个体都瞄准共同的合作愿景，充分发挥个人的学术专长，成为推动教师教育伙伴合作的积极力量。当然，在这些个体中，中小学教师无论是合作意愿、还是合作能力，都还有待进一步发挥提高。

### （二）U-S教师教育共同体系统结构

系统结构是指系统内部各个组成要素之间相对稳定的联系方式、组织秩序及其时空关系的内在表现形式。[①] 这就是说，系统不是要素的简单相加，而是按科学的相互联系和作用的方式或顺序，把各类要素在时间和空间方面组织起来，使各类要素之间既相互激发又相互制约。这种科学的相互联系和作用的方式、顺序或者规则、组织形式，就是系统的结构。简言之，系统的性质不单由要素决定，还要由结构决定，要素是基础，结构是主导。相同的要素，结构不同，整体功能可能迥异；不同的要素，合理结构，整体功能亦可相仿。

我们已经讲过，U-S教师教育共同体是一个复杂系统，它是大学（包括高师院校、附属研究机构等）与中小学经充分协商后组建的一个契约式非实体型组织。它要素众多，包括合作主体（组织要素和个体要素）、合作资源（物质资源、信息资源、文化资源等）和合作环境（外部环境和内部环境）等。这些要素分属不同的行政主体，分布在不同的空间，在一定的时间内延续，结成U-S教师教育共同体后，这些要素在共同体范围内进行了重新配置，形成了新的结构（如图4-1所示）。

合作主体（大学与中小学及其合作成员）在环境的支持和制约下通过和合作资源之间的互动耦合，达成合作目标。

首先，合作主体中的大学（主要指师范大学，也包括部分综合性大学、师范学院等）与中小学是整个系统的两个重要的主体，它们虽然拥有各自的异质性资源，但大学处于国民教育的高等教育序列，中小学处于国民教育的基础教育序列，两者并无行政隶属关系，双方的合作是一种基于优化教师培训、培养卓越教师、促进学校发展、提升教育质量的共同愿景的自觉探索。这种远离行政推动的自觉探索，更需要通过合理的组织结构将各

---

① 威宏森，曾国屏：《系统论》，北京：清华大学出版社，1995年，228页。

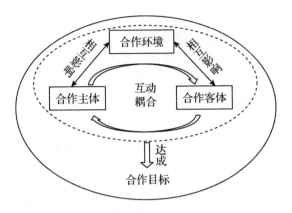

**图 4-1  U-S 教师教育共同体结构**

个要素组织成一个有机的系统，以实现系统功能的最优化和最大化（见图4-2）。

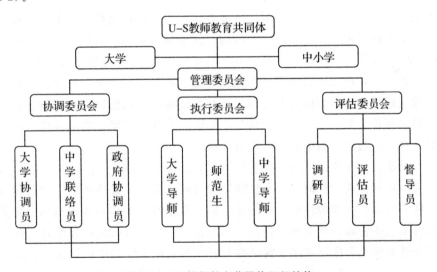

**图 4-2  U-S 教师教育共同体组织结构**

　　管理委员会是 U-S 教师教育共同体这个契约式非实体型组织的半常设机构，是 U-S 教师教育共同体的决策机构。U-S 教师教育合作共同体管理委员会委员通常由大学（教育学院）、中小学的主要负责人以及教育主管部门分管领导、相关专家出任，他们是整个系统的决策者，通过召开联席会议进行决策，并通过其下辖的指挥机构组织实施各项决策，开展教师教育合作。管理委员会下设协调委员会、执行委员会和评估委员会等三个功能不同的指导委员会，具体负责共同体的运行和管理。协调委员会主要包含大学联系人、中学联络员和政府统筹员三个个体要素，主要负责协调共同体各组织要素、个体要素之间错综复杂的矛盾和关系，促进共同体良性运转。执行委员会是共同体实施合作的主体要素，大学导师、师范生和中学导师这三个个体要素是直接的合作实施人，其中，大学导师、中学导师共同负责培养、指导师范生，他们合作的态度、方式将直接影响共同体合作的成效。评估委员会是实施合作的监督者，主要负责评估合作实施的成效，根据各委员承担的主要工作任务，其个体要素常分为调研员、评估员和督导员。评估委员会对于指引合作方向、评估合作成效、改进合作方式起建设性作用。这三个委员会看似相对独立，直接接受管理委员会的领导，但相互之间不可避免相互影响，相互制约。三者总会未雨绸缪，介入各自的工作，以求在时间、空间上不断相互适应，提高合作效率。

在一个复杂系统中，要素众多，活动多变，但组织结构往往相对稳定。U-S 教师教育共同体在各国或国内有不同的存在形式，其要素也不尽相同，但组织结构却大体相似，这种相似首先表现在结构层次上，一般都是三层架构，形成一个"垂直式"结构，便于加强领导；其次表现在同层的"扁平化"设置上，除最高层外，其他的管理层都通过"扁平化"的理念，组织各种要素，形成平行结构，以促进各要素的沟通与交流。再次，在各层的相互作用上，最高层次的管理委员会总是通过中层的协调、执行、监督委员会等各个要素发生作用；同时，低层次的各个要素也总是保持自己的独立性，并通过影响中层来影响整个系统。

其次，合作资源作为一种有形或无形的物质存在，只有被合理运用，才会凸显其存在的价值。U-S 教师教育共同体聚合了大学和中小学的异质性优质资源，合作的过程实际上就是参与合作的组织和个体合理地、充分地运用这些资源自我发展、自我完善的过程。U-S 教师教育合作共同体管理委员会的主要作用实际上就是最大限度地聚合大学和中小学的异质性优质资源，并确立资源的时间、空间分布，制定资源的运用规则和方式。协调委员会、执行委员会、评估委员会实际上就是组织各个体要素合理并充分运用这些资源，以充分发挥资源的价值。组织要素和个体要素既是资源要素的受益者，同时也是资源要素的建设者，他们在不断运用各类资源的同时，也在不断丰富各类资源。从这个意义上说，资源本身不仅在被运用的过程中实现了价值，而且获得了发展。这种发展，反过来也会影响共同体管理委员会更加重视资源的建设和时空的合理分布，吸引更多的组织和个体丰富资源，运用资源，最大化发挥资源的效益。

需要特别强调的是，由于 U-S 教师教育共同体大多是由大学主导，加之大学掌握了更多的资源，因而大学就拥有了更多的话语权。因此，大学更应主动放下身段，落实中小学平等的合作地位，照顾到中小学的关切，以维护系统结构平衡，促进系统更好地运行、发展。

再次，现代组织理论认为，环境是组织的不可或缺的要素。任何组织都处于一定的环境中，与环境发生着物质、能量或信息交换。U-S 教师教育共同体也不例外。U-S 教师教育共同体是一个复杂的开放系统，外在的社会认同度、政策环境，内在的校本和个体环境，对于 U-S 教师教育共同体的自组织发展演化也起着举足轻重的作用，它和合作主体及合作资源之间通过相互影响，相互作用，最终达成卓越教师培养目标。

作为一个广义组织和复杂系统，U-S 教师教育共同体合作主体、合作资源、合作环境之间存在相互作用关系，这些要素良性互动可使 U-S 教师教育共同体达到某种稳定状态，而这种稳定状态就体现为一种机制。

综上所述，U-S 教师教育共同体的合作主体、合作客体和合作环境这三个核心要素的有机结合才形成完整的 U-S 教师教育共同体。

## 二、U-S 教师教育共同体运行机理

在分析了 U-S 教师教育共同体的要素和结构以后，我们就可以探讨一下 U-S 教师教育共同体运行机制的形成机理。教育现象是由教育活动、教育体制、教育机制和教育观念这四个范畴所组成的一个完整的统一体。运用马克思主义感性的物质实践活动为第一性的观点对教育现象进行考察，我们就会发现，在教育现象中，人们首先从事的是教育活动，在教育活动中各个活动要素，如教育活动的主体、教育活动的内容、教育活动的过程、教育活动的方法等要素之间会形成一定的联系并产生一定的运行方式，这种运行方式经过一定时间的磨合、调试，就会逐渐形成教育活动的运作机制。[①] 基于此，我们可以洞悉 U-S 教师教育共同体的运行机制的形成机理。

### (一)要素的重组

要素的重组有两层含义：一是要素的聚合。大学和中小学承担着不同的教育使命，在教师教育范式的转变之前，大学与中小学的教师教育合作是一种单一的线性关系，即"大学学习——中小学见习实习——中小学就

---

① 孙绵涛、康翠萍：《教育体制改革与教育机制创新关系探析》，《教育研究》，2010 年第 7期，69－72 页。

业——大学继续教育"，大学与中小学的优质教师教育资源（即要素）基本是分离的、割裂的，日常运行交叉很少，一纸公文、一份情感、一种习惯就能支持其运行。但 20 世纪 80 年代以来，国际教师教育范式发生了重大转变，我国的教师教育改革也迈出了实质性步伐，培养职前教师成了大学和中小学的共同责任。大学和中小学合作逐渐成为常态，但由于体制壁垒还未破除，大学和中小学还不能完全融合，于是 U-S 教师教育共同体就应运而生。U-S 教师教育共同体的诞生，实现了大学和中小学教师教育要素的聚合，使这些要素在更大的时空范围内共享成为一种可能。二是要素的结构化。要素简单的堆砌还不能充分实现系统的功能，建立 U-S 教师教育共同体的初衷就是为了提高教师教育绩效。这就要求 U-S 教师教育共同体必须建立相应的协同领导机构，形成一个纵向层次简约、协调有力，横向职能明确、相互配合的组织体系，重新整合、配置系统等要素，汇聚、融合和放大共同体内各大学和中小学的人力、物力及智力等要素的能量，实现系统功能的最优化、最大化。

### （二）制度的规制

在集体行动中，行动者不能恣意妄为，而必须遵守"游戏"的规则，遵守他们之间彼此的约定，遵从经他们相互间协商、谈判而达成的契约或是不明言的规则。虽然作为行动成员的"游戏者"是自由的，但他们又都受游戏规则的制约，他们可以做出合乎自己意愿的选择，甚至可以逾越组织规定，全然不按游戏规则行事，从组织中退出，可只要他们想把"游戏"进行下去，想从游戏中获益，他们就不得不在某种程度上服从"游戏规则"，不得不接受组织环境对其的限制和约束，并根据其他组织成员能够接受，抑或能够容忍的方式进行决策、选择和行动。[①] 这里的"游戏规则"就是指制度。制度是与机制密切相关的一个概念。每一种制度的功效都要靠机制实现，反过来，每一种机制的形成都需要一系列制度的规制。目前，U-S 教师教育共同体的制度体系已经比较成熟，如果每一个合作成员在制度的规制下，开展合乎规则的行动，既寻求自身的利益，又照顾对方的关切，制度的功效就会逐步显现，各主体就会自动使自己的行为趋向共同目标，这时，运行机制就会渐渐形成。

### （三）共同的行动

运行机制是机制的动态体现，是在运行过程中才能形成的机制。因

---

① ［法］埃哈尔·费埃德伯格著，张月等译：《权利与规则——组织行动的动力》，上海：上海人民出版社，2004 年，16 页。。

此，U-S 教师教育共同体运行机制只有在大学和中小学共同培养卓越教师的实践中才能形成。共同行动首先是共同领导，形成一种平等协商、民主决策、求同存异的治理理念和领导方式；其次是共同确定目标，关切各方利益，用共同目标激发共同行动的动力；再次是共同制定行动计划，用共同计划导引共同行动；又次是共同实施，在相互介入的行动中密切联系，增加了解，增进情感，形成默契；最后是共同评估，通过共同评估，共享成果，分享经验，反思不足，规划未来。共同行动是一种有规律的长期行动，因而运行机制的形成也是长期的、艰巨的。

## 三、U-S 教师教育共同体运行机制模型

社会事物或系统的运行机制，恰如有机体身上处于工作状态的神经系统，有启动激活装置，有"输入—输出"信息的传导路线，有起维持、调节作用的组织或节点（如器官、腺体、神经节），还有做出行为反应的终端。[①]

根据上文对 U-S 教师教育共同体系统结构和运行机理的分析，按照 U-S 教师教育共同体运行机制构建的应然逻辑，本研究认为，应从以下四个维度构建 U-S 教师教育共同体运行机制，推动 U-S 教师教育共同体自组织运行。

一是动力激发机制。动力激发机制是启动激活 U-S 教师教育共同体运行的装置，是为了激发合作主体的主观能动性而制定的一系列方针政策、规章制度、道德规范、文化理念以及相应的组织机构的总和。它能够使合作主体萌发实现组织目标的强烈动机，产生实现目标的动力，引起并维持实现组织目标的行为。

二是协同治理机制。协同治理机制是起维持、调节作用的组织或节点，以建立科学合理的 U-S 教师教育共同体管理组织体系为前提，以优化协作系统内部环境为基本内容，以实现参与合作的组织和个人的关系协同、资源协同和利益协同为基本任务，最终达到增强目标认同，强化协作意愿，提高协作自觉的目的。

三是协作执行机制。协作执行机制主导行为反应的终端。全日制教育硕士的专业素养是在实践中养成的。要提高全日制教育硕士培养质量，大学与中小学必须相互介入，协作修正目标，协作开发课程，协作优化流程，协作实施教学，在协同行动中，提高全日制教育硕士的培养质量。

---

① 杨小微：《当代变革中运行机制的探寻》，《教育研究与实验》，2008 年第 2 期，31－34 页。

四是评估反馈机制。评估机制是共同体对运行成效的自我监控，即通过制定一定的共同体合作成效评估指标，通过共同体组织机构中的评估委员会，在合作前、合作中和合作后对共同体的合作成效进行评估，并根据评估结果提出改进意见，对合作做出贡献的成员进行一定的奖励，而对合作中的"机会主义者"进行惩罚的一系列手段和方法的总和。反馈机制是指利用系统正反馈和负反馈的原理，对系统运行的每一个环节进行检查，以便发现偏差，使系统始终保持在有序演化状态的一系列方式和方法的总和。激励机制，评估机制和反馈机制的相互作用使得系统产生正向合力。

需要特别指出的是，在系统运行过程中，这些机制既各有侧重又互相耦合：动力激发机制为 U-S 教师教育合作提供动力源，协同治理机制为 U-S 教师教育合作奠定组织基础，协作执行机制为 U-S 教师教育合作指明路径，评估反馈机制保障 U-S 教师教育合作始终指向既定的目标。只有四维机制共同发挥作用才能产生推动系统运行的关键变量——教师教育利益和教师教育文化，从而促使共同体系统不断从无序走向有序，从低级有序走向高级有序。U-S 教师教育共同体四维运行机制耦合互动关系如图 4-3 所示：

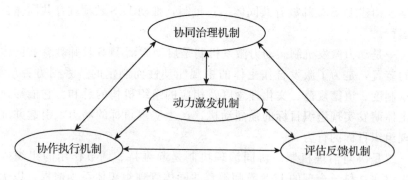

图 4-3 　U-S 教师教育共同体四维运行机制耦合关系

动力激发机制是 U-S 教师教育共同体自组织运行机制的核心，协同治理机制、协作执行机制和评估反馈机制不仅依靠动力激发机制获得协作动力，而且不断向动力激发机制提供反馈，动力激发机制根据反馈不断自我完善，为共同体自组织演化注入源源不断的推动力。

协同治理机制、协作执行机制和评估反馈机制之间也并不是简单的指挥、执行、监督的线性关系，而是形成一个错综复杂的网状结构。在共同体运行过程中，每一项决策之前，往往都需要进行大量的调研，充分听取执行者和评估者的意见和建议，而且决策者在做出决定以后，还会定期或不定期深入到实施现场开展调研，评估决策的科学性和执行的有效性。在执行层面，高效的执行者不是机械地执行决策者的命令，被动地接受评估者的反馈，而是积极适度介入决策过程和评估过程，以帮助决策层科学分析形势，提高决策水平。更重要的是，作为执行者，更容易在第一时间发现已有机制存在的问题，此时如能及时向决策层、评估层做出反馈，就可以及时止损，大大降低错误决策成本，提高执行质量和效益。评估反馈理论发展到现在，已不再是单纯的事后评估与反馈，而是更加强调事前和事中和决策者、执行者的交流、沟通，使评估与反馈贯穿项目实施的全过程，这不仅是充分发挥自身职能的需要，更是提高项目治理水平的需要。

动力激发机制、协同治理机制、协作执行机制和评估反馈机制就是这样相互耦合，交互创生，从而催生共同体运行的关键变量，促使 U-S 教师教育共同体产生整体突变及自组织运行。

四维子机制的相互作用可以衍生出多种结果，影响共同体的演化。本研究将围绕 U-S 教师教育共同体关键变量(序参量)的形成与发挥效用来设计、构建有利于 U-S 教师教育共同体要素自发合作的运行机制。

## 四、U-S 教师教育共同体运行机制解析

### (一)U-S 教师教育共同体动力激发机制

U-S 教师教育共同体动力激发机制是指 U-S 教师教育共同体为充分调动参与 U-S 教师教育共同体的各学校和师生的主观能动性，使其创造性地开展卓越教师培养工作，提高职前教师专业素养而采取的各种授权、赋责和惠利的方式和过程。这些授权、赋责和惠利的方式和过程主要包括以下四种：

1. 利益共享

"教师教育利益"是 U-S 教师教育共同体运行的主动力，是教师教育共同体合作的"增益"，只有让所有参与者共享这种"增益"，满足其合作诉求，才能很好维持并强化参与者的合作意愿并付诸行动。利益共享主要实现路径为：

(1)共建教育实践基地。实践基地是职前教师教育教学的实践平台，也是在职教师的工作平台。大学与中小学不存在行政隶属关系，双方的合作建立在平等自愿、友好协商、互利互惠、优势互补的基础之上。因此要保持大学和中小学之间稳定的合作关系，让实习基地最大限度地发挥作

用，双方应不断丰富合作的内容，扩大合作的领域，实现双方共建共赢。①共建实践基地，需要得到大学、中小学和各级教育行政部门的大力支持。首先，分类建设实践基地。适当整合、拓展教育实习基地的功能，按照各学校的优势，分学科建设实践基地，合理分布大学教师教育专用实训教室，如和中小学共建微格教室、专用实验室，这不仅可以供职前教师在教育实习时使用，也可以用于中小学校本培训，既节省投资，又有利于密切大学和中小学的联系。部分大学和中小学还互设教师教育工作室，为大学专家学者和中小学骨干教师常态交流提供了平台。其次，共建教师队伍。大学可以选派有经验的教师通过多种形式去教育实习基地进行交流和合作，在中小学教育现场汲取行动智慧和实践智慧，提高自身的教师教育素养；中小学可以选派特聘导师或骨干教师到大学进修各种课程或提升学历层次，丰富中小学教师的思想智慧和理论智慧，提高其专业素养和指导职前教师的能力。

（2）共同开展教育研究。大学擅于科研，中小学长于实践，两者结合，就可以实现理论与实践的双向激活。按照《教育部关于做好全日制硕士专业学位研究生培养工作的若干意见（教研〔2009〕1号）》，全日制教育专业学位研究生的学位论文选题"应来源于应用课题或现实问题，必须要有明确的职业背景和应用价值……"而新课改也极力倡导中小学一线教师成为一名"研究者"。这为两者共同开展教育研究提供了契机。U-S教师教育共同体可以组织导师以指导全日制教育硕士的论文为契机，选取日常教育教学实践中的微问题，组织全日制教育硕士和中小学特聘导师开展联合研究，既可以提高全日制教育硕士学位论文质量，又可以带动中小学教师开展教育科研，提高中小学教师科研意识和能力，使中小学特聘导师在指导全日制教育硕士的同时实现教学相长。

（3）共享各类学术资源。为了提高职前教师的培养质量，各师范大学（大学）建设了教师教育精品课程库、教育硕士案例教材库、中小学精品课程库等资源库。这些资源既可以用于职前教师培养，也可以用于在职教师继续教育。在教育部科技司支持下，各大学还搭建了各类教育硕士远程学习平台，并将各类资源上传到平台供学生学习。U-S教师教育共同体建立以后，不少大学将此类资源向U-S教师教育共同体的合作学校开放，极大地增强了参与合作的中小学身份认同，激发他们的团体归属感和自豪感，从而进一步激发他们参与合作的热情。以北京师范大学与教育部科技司所

---

① 李斌：《对高校师范专业教育实习基地建设的认识》，《江苏社会科学》，2010年S1期，113-116页。

搭建的教师教育创新平台——下一代互联网络 IPV6 项目建设工作为例，该平台集成了 41 门教育硕士优质课程全程视频，还有优质的学术讲座、专题报告以及 240 多节次的中小学观摩课程，已成为教师教育宝贵的共享资源。

（4）民主决策。政治人的行为假设指出，人之行为除谋求货币收入、物质享受之外，还谋求包括权力、尊严、名誉、社会地位等难以用纯粹经济尺度衡量的"利益"。[①] 有研究显示，教师参与教师教育共同体民主决策可以产生以下积极的效果：第一，通过民主决策，教师的专业性将得到提升。这是因为教师们通过共同决策活动，获得了一种主人翁的意识，该意识的获得反过来又促使教师投入于有关决策活动。在这种良性循环中，教师能够掌控自己的工作实践，充分体现专业人士的风范。第二，民主决策与教师的工作满意度存在正相关，使得参与教师对于共同体的热情可以保持在一个更高的水平。第三，共同体因为实施民主决策的方式，让大学和中小学教师们的声音在决策的过程中得到呈现，可以获得合作成员的高度认同。因此，在职前教师的培养过程中，让全体成员特别是普通教师参与职前教师的招生、录取、课程开发、教学实践、论文写作全过程的相关决策，有利于调动合作参与主体的积极性。

以沈阳师范大学全日制教育硕士培养为例，为了在合作主体（大学教师和中小学教师）之间统一认识，该大学从最初制定专业学位研究生教育综合改革方案，到改革试点工作的各个阶段，再到自评和总结，共召开不同规模的工作、调研会议 30 余次，重点工作或研讨会议都聘请全体合作成员（全国教育专业学位指导委员会委员、专家及中小学一线教师）做专题报告，并组织合作教师进行集体研讨，通过全程参与决策，相互学习，相互促进，实现共同进步。[②]

2. 持续激励

激励是为了实现组织目标而去影响人们的内在需要或动机，从而强化、引导或改变人的行为的反复过程。对于 U-S 教师教育共同体这样一个跨组织合作的复杂系统，持续的激励尤为重要。只有持续的激励，才能不断强化合作参与者协作意愿，促使他们把外在要求升华为内在需要，把压

---

① Wan, E. Teacher Empowerment: Concepts, Strategies and Implications for Schools in Hong Kong. *Teacher College Record*，2005，107(4)：842—861.

② 全国教育专业学位研究生教育指导委员会秘书处：《沈阳师范大学教育硕士研究生教育综合改革试点工作总结报告》，北京：教育专业学位研究生教育综合改革试点验收工作会议资料汇编，2013 年，47—62 页。

力转化为动力。持续激励的主要内容包括物质激励和精神激励，具体方式包括：

（1）绩效评价激励。当前的 U-S 教师教育合作中，一些大学教师对指导职前教师专业成长、开展实践研究不够热心，部分中小学特聘导师不愿尽心尽力地指导实习（见习）教师。其原因主要在于无论大学还是中小学，都未将相关工作纳入教师的绩效考评体系，教师做与不做、多做与少做、做好与做坏对教师的绩效评价几乎不产生影响。因此，大学和中小学应修订绩效评价制度，将指导、培养职前教师绩效纳入教师绩效考评体系，使指导、培养职前教师成为大学和中小学教师的责任和义务。

（2）晋升晋级激励。修订大学和中小学教师职称评聘制度，将指导职前教师工作纳入专业技术资格评聘条件体系。同时，大学和中小学应联合教育行政部门，将指导、培养职前教师工作业绩纳入大学和中小学名师、骨干教师评选的条件体系，以激发教师指导、培养职前教师的积极性。

（3）培训进修激励。对于教师，特别是中小学教师来说，增加高层次的培训和学习是激励他们工作的动力之一。U-S 教师教育共同体应定期面向参与合作的中小学教师举办一些高端培训，并定期选派优秀的骨干教师去国内外知名院校进行访学。

（4）职前教师激励。教师教育主管部门和大学教育学院（教师教育学院）需要搭建一定的平台，采取多种形式，激发职前教师学习专业知识，练习专业技能，养成专业意识品质的能动性。如华东师范大学以每年举行全日制教育硕士微型课教学比赛为抓手，通过建立各学科教学行为训练工作坊，训练学生备课、说课和课堂教学能力，帮助他们体验具体的教学过程，提高课堂教学策略运用技巧。

另外，大学还要联合教育主管部门，对参与教师教育合作、取得显著成绩的中小学进行激励以激发学校这一群体动力。

3. 环境优化

系统总处于一定的环境之中。U-S 教师教育共同体是一个跨组织合作的复杂系统，因此，其不仅要优化内部环境，还要注重协调外部环境。优化内部环境，重点在 U-S 合作的过程中，通过思想的碰撞与交流，行动的交互与创生，增强责任意识，强化"我们"意识，最终衍生一种互依、互尊、互动、共生、共创、共荣的教师教育文化。① 在这种教师教育文化的影响下，大学和中小学、大学和中小学教师都形成一种身份认同，从而形

① 吴康宁：《从利益联合到文化融合：走向大学与中小学的深度合作》，《南京师范大学学报（社会科学版）》，2010 年第 5 期，5—11 页。

成一种"依伴"关系，结成一个教师教育团队，履行教师教育职责。

社会支持是 U-S 教师教育共同体运行的助动力。因此，U-S 教师教育共同体还需要积极地影响和改造环境，与所处的外部环境进行良性的互动，从外界引入足够舆论支持、资金投入、政策保障及同侪经验，使 U-S 教师教育共同体远离平衡态，无限接近临界状态并最终发生涨落，形成合作"增益"——教师教育利益和教师教育文化，从而促进系统的有序运行和演化。其主要内容包括：

(1)舆论支持。U-S 教师教育共同体的主要功能是培养高质量的教师，而高质量的教师能够更好地促进学生的成长，推动学校的变革，最终推动社会的发展。共同体只有主动适应社会与教育发展的需要培养教师，才能获得社会的支持与帮助。因此，共同体建设自身需要开发渠道，加强与社会的沟通，使社会了解 U-S 教师教育共同体的意义与目标，并将其纳入共同体的制度化建设中。美国专业发展学校 PDS 的建立，就是卡内基经济与教育论坛、霍姆斯小组等非官方组织大力倡导的结果。PDS 通过提高职前教师的培养质量、提升学校办学质量、改进学生学业成绩等具体行动，为自己赢得了更广泛的社会舆论支持和资金投入，从而获得了迅速的发展。

(2)行政推动。当前，我国大学和中小学的体制壁垒还客观存在，教育行政部门参与 U-S 教师教育共同体协同管理能够帮助共同体解决运行过程中出现的资金不足、时间不足和有针对性的评价激励不足等方面的问题。大学应积极推动国家(地方)政府或教育行政部门立法或出台政策，确立大学与中小学共同培养职前教师的合法性，以便在实践层面推进 U-S 教师教育共同体建设。

(3)同侪互助。U-S 教师教育共同体的演化发展还要积极开展与同侪之间的交流与协作，以便在合作的过程中少走弯路，实现双赢。同侪互助主要有三种途径：第一，实地考察与交流。通过实地考察与交流，获得丰富的现场经验，掌握第一手资料。第二，学术研讨。积极参与国内外相关学术研讨，开拓视野，汲取智慧。第三，搭建共享平台。建立 U-S 教师教育伙伴合作交流平台，加强基于网络平台的 U-S 伙伴合作互动交流，包括贡献自己的研究成果，推荐他人的研究成果，提高同侪互助的针对性、时效性和专业性。

**(二)U-S 教师教育共同体协同治理机制**

1. 协同构建治理组织

文献研究发现，U-S 教师教育共同体要达成其组织目标，首先需要架构一定的组织。良好的组织结构不仅有利于组织与外部环境互动，从外界输入系统生存和发展所需要的人才、资金、知识、信息，从而引进负熵流，使系统远离平衡态，而且能通过组织所特有的职能，通过制定一定的激励和约束政策，使得各个部门（子系统）之间进行良性的竞争与合作，逐渐形成推动系统演化发展的序参量，在序参量的引导下，通过一系列的涨落，推动系统自组织演化。

（1）组织构建原则

① 组织结构要完备。U-S 教师教育共同体的有效运行不仅涉及大学和中小学，还涉及其内部的各种要素。从大学来看，不仅涉及各大学的教育学院，还涉及各个学院的学科课程与教学论的导师（由于中学职前教师包括教育硕士和本科生都是分专业培养）；从大学与中小学的合作范围来看，合作已经不是大学和单个中小学的合作，而是大学和多所中小学合作；从外部环境来看，为了确保共同体的正常运行，还需要教育行政部门的介入。因此，共同体的合作已在事实上形成了一种不同组织、不同层面的个体之间的非线性交互关系，不同的组织具有不同的制度、文化、资源、人才背景，不同层面的个体也有不同的需求，所以急需建立完备的组织推动合作顺利进行。这些组织除了要有决策层，还要有管理层。在管理层，不仅要有实施组织，还要有协调组织和评估组织，方能有效开展合作，及时化解合作过程中碰到的阻力，及时发现合作的偏差并予以纠正。在实施层面，必须以学科为单位建立各种各样的实施小组，各小组之间还要适当互动，以便有针对性地开展培养工作。以美国的专业发展学校的组织治理结构为例，泰特尔就明确指出，专业发展学校的治理包括四个主要任务，分别是：在大学和中小学这两个不同机构之间搭建起沟通的桥梁；支持两类机构的共同更新和同步改革；支持使伙伴合作顺利进行的日常工作，以及对作为改革进程的长期目标进行规划并提出伙伴合作的长期需求和兴趣。他在分析美国各地的专业发展学校管理模式的基础上，指出典型的治理结构包括三种：联络员、单一学校为主的指导委员会和校级协调委员会。① 完备的组织结构保证了组织能够与外在环境进行良好互动，同时也有利于组织内部人、财、物的合理配置，使组织能够顺畅运行。

② 组织分工要明确。职责明确是组织确保其成功运作的另外一个条件。组织的运转主要涉及组织计划的制定、任务的分配、资源的配置、人员的管理、文化的建设及成效的评价等，对应不同任务，需在共同体设置不同层级的组织，各个组织各司其职，协同运作，才能保障组织的合作顺畅。

---

① Renee W. Campoy. A professional development school partnership: Conflict and collaboration, Bergin & Garvey, 2000, p. 123.

从上例可以看出，为了保障合作的顺利进行，该共同体不仅分别设立了基于中学和基于大学的组织机构，而且设立了管理这两个组织的机构，各个组织机构职责明确，有利于各司其职，推动合作顺利进行。

③组织职权要制约。根据管理学理论，各级组织都是一个职权统一体，职权的合理分配能使管理更有成效。组织部门之间如果缺少相互制约，则很容易导致各层级之间的冲突过多，各个部门缺乏有效的协同，从而导致合作不畅。因此，国内外的U-S合作，通常都在实施组织之外建立协调和评估组织，加强对实施过程的监督，以确保合作沿着正确的方向前行。现在，国内U-S合作培养职前教师过程中出现的一些问题，如大学开设的部分课程满足不了社会对职前教师的需求，学生学习的积极性较低，学生在中学的见习、实习过程中不能按要求获得规定的上课机会，达不到实习的效果等，这一方面是因为组织机构部门设置不完备，另一方面是因为部门之间职权缺乏制约，无法实施问责导致的结果。

总而言之，U-S教师教育共同体组织构建的原则，一是组织结构要完备，因为完备的机构设置是保证组织工作顺利开展的基础；二是组织职责要明确，这是保证组织运行的关键；三是组织职权要制约，它可确保组织运行过程中的冲突和障碍得到及时解决。

(2)组织结构模型

根据上述组织构建的原则，本研究构建了U-S教师教育共同体协同治理组织结构模型，具体如图4-4所示。

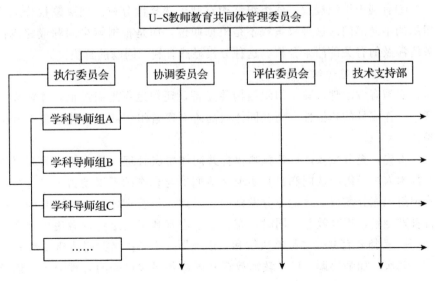

图4-4 U-S教师教育共同体组织结构图

首先，该组织结构体系完备。该组织体系主要由管理委员会、执行委员会、协调委员会、评估委员会以及各个导师组组成。决策机构、管理机构、实施机构层级分明，形成自上而下的三级管理网络，有利于高层决策的顺利贯彻落实，进而将合作推向预订的目标。

其次，该组织结构分工明确。管理委员会负责决策，执行委员会、协调委员会、评估委员会负责运行管理，各导师组负责具体实施合作。决策层主要任务是制定共同体发展规划，并对各部门之间的任务进行分配和协调；执行委员会主要负责指导各个导师组开展职前教师培养的具体合作事项；协调委员会主要负责协调合作过程中所出现的问题和冲突，并提出解决方案；评估委员会负责对共同体运行的成效进行督导和检查。各级组织分工明确，有利于各司其职，各尽所能。

再次，该组织结构职权相互制约。从结构图可以看出，这些职能部门，纵向上实行垂直领导，近似于科层结构，有利于执行决策；横向上扁平化，近似于矩阵结构，有利于相互制约。横向的协调委员会、评估委员会、技术支持部既共同支持委员会培养全日制教育硕士，又相互制约，确保各部门工作都围绕既定的目标开展工作。这种组织结构具有如下优点：

①有利于信息沟通。在此组织结构中，信息交流以横向为主，纵向为辅。横向是处于合作第一线的大学老师、中小学教师和师范生组成的一线合作导师组，以问题或任务信息作为组织结构的中心和起点，各个职能部门各个组织的有关工作能服从第一线。

②有利于组织授权。该组织结构有利于选择性分权。把决策权分配给组织的不同部门。这种决策权不是根据职位，而是根据解决问题或完成任务所涉及的有关部门来分权。这种分权显然有利于问题的解决。

2. 协同规范组织运行

实施有效治理，除了组织结构要完备，还须运行组织规范，才能充分调动合作成员的积极性，为共同体向高阶有序自组织状态演化创造有利的条件。

首先，充分赋权。U-S 教师教育共同体中层管理人员一般都为高级专业技术人员，组织认同和自我实现是他们参与合作的不竭动力，只有高层管理组织充分赋权，才能充分发掘中层管理人员管理才能，推进共同体运行管理创新，提高效益。同时，充分赋权也有利于高层管理者集中精力做好 U-S 教师教育共同体战略决策和长远规划，不断提高共同体建设水平。

其次，加强协调。U-S 教师教育共同体各层次机构的合理分工，以及不同层次机构和各层次机构之间的有效协调合作，才能保障各子系统各司其职、各尽所能。如是，不仅能使高层决策顺利贯彻落实，又能及时发现并解决合作中出现的问题，共同完成组织任务，实现组织目标。

再次，严格问责。问责主要关心的是权力被行使的方式。协同治理结构中，每个参与方似乎都承担一定的责任，但似乎没有一个组织担负着一种全责，在这种情况下，谁承担责任、该承担多少责任便难以确定，这就给问责带来了困难。但如果不严格问责，就容易助长合作中的机会主义行为，降低合作效率甚至使合作解体。

3. **协同制定治理制度**

无论是赋权还是协调，都应该体现于制度层面。因此，必须注重 U-S 教师教育共同体的制度建设，使共同体组织依规进行管理，提高管理的科学化、规范化水平，促进 U-S 教师教育共同体自组织运行。U-S 教师教育共同体治理制度主要包括：

(1)国家宏观政策。为推进 U-S 教师教育合作，各国政府都出台了一系列法律法规或政策文件，明确大学与中小学教师教育的责任和义务、职前教师指导性培养方案、专业标准以及 U-S 联合培养考评方案等等。如英国政府《9/92 通告：职前教师培养(中等教育阶段)》明确规定：中学教师培养应以学校为主，一年的 PCGE 课程需要在中小学 24 周，两年或三年的本科课程也是 24 周，如果是四年制中学教师培养课程，三分之二的时间应该用来交互式的培养，其他形式全职性四年制课程则需要 32 周，兼职的 18 周。① 美国 2001 年发布了正式的《专业发展学校标准》，为美国 PDS 组织建构提供了蓝图。英国 2002 年颁布了《英国合格教师专业标准与教师职前培训要求》，2012 年又出台了《教师标准》，作为教师资格的获取的依据。我国政府 2009 年出台了《全日制教育硕士专业学位研究生指导性培养方案》，对全日制教育硕士的培养目标、招生对象、学习方式及年限、课程设置、教学方式、学位论文及学位授予做出明确规定；2011 年又出台了《关于教育硕士专业学位研究生培养工作的指导意见》，对全日制教育硕士培养的教师队伍、课程设置、教学过程、教学管理、学位论文、学位授予、条件保障等方面提出指导性意见。通过一系列政策的驱动，大学与中小学共同承担教师职前教师教育责任的理念，逐步在制度和实践层面得到推行。

(2)共同体具体制度。为推行协同治理，各教师教育共同体都制定了一系列协同治理制度，概括起来可分为以下几类：一是招生和学籍管理制

---

① Department for Education(DfE)(1992)Initial Teacher Training (secondary phase)(Circular 9/92). London：DES.

度；二是课程开发和实施制度；三是教学管理制度；四是导师聘任和管理制度；五是见习实习制度；六是论文答辩制度；七是经费使用制度；八是考核评估奖惩制度等等。由于这些制度需要不同的合作主体执行，因此，只有经过充分的协商，才能使制定的各项制度获得大多数合作主体的认同，制度才能内化于心，外化于行。以美国丹佛市科罗拉多大学23所专业发展学校领导小组峰会为例[①]，峰会每年一次，出席峰会的人员包括每一所 PDS 的学校校长、科罗拉多大学教师教育系主任、基地教授、基地联系人和地方教育行政部门的管理人员，峰会的主要任务是讨论专业发展学校行动计划，即分享、协商如何充分利用合作资源实现专业发展学校的目标（职前培养、教师专业发展、学生学业成绩）。峰会主要步骤如下：首先，各专业发展学校列出学校的主要目标；其次，讨论如何充分利用合作资源帮助实现目标；再次，协商具体的行动步骤、实践安排等；最后，综合各方的意见，达成一致意见，形成专业发展学校领导小组行动计划文本，各合作主体参照执行。

### （三）U-S 教师教育共同体协作执行机制

#### 1. 协作修正目标

我国教育专业学位研究生教育大致可分为两个阶段：第一阶段为1997—2009 年，招生对象为具有大学本科学历、三年以上第一线教学经验的在职教师或管理人员，采取脱产、半脱产和在职兼读等方式培养；第二阶段从 2009 年到现在，招生对象主要为应届本科毕业生和具有大学本科学历、三年以上第一线教学经验的在职教师，培养方式也在原有基础上增加全日制培养方式，并呈现出以全日制培养方式为主的趋势。由于我国教育专业学位研究生教育脱胎于教育学硕士研究生教育，全日制教育专业学位研究生教育既脱胎于教育学硕士研究生教育又脱胎于在职教育专业学位研究生教育，因而培养的教育专业学位研究生也或深或浅地烙上了教育学学术型研究生印迹，导致教育专业学位研究生教育"专业学位"的特色不太明显。究其原因，除了学术惯性使然，更重要的是对专业学位教育的培养目标把握不准。与学术型硕士研究生教育以提出或创造新的教育理论、培养教学和科研人才为办学目标相比，专业学位研究生教育以培养具有扎实的理论基础、能适应特定行业或职业实际工作需要的应用型高层次专门人才为办学旨归。具体到全日制教育专业学位研究生教育，就是要坚持硕士学

---

① Carole Basile. *Intellectual Capital*：*The Intangible Assets of Professional Development Schools*. NY：State University of New Work Press，2009. Albany.

位教育的质量，坚持教师教育理论与教师教育实践的有效结合，对教育硕士研究生进行专门的、高水平的教师职业专门训练，使其树立科学的现代教育观，具有较高的教育学科的理论素养及从事基础教育教学的能力，并掌握现代教育教学技术与方法，成为面向基础教育教学和管理工作需要的高层次人才。[①]

但在问卷调查和访谈中发现，虽然目前参与全日制教育专业学位研究生教育综合改革试点的高师校院对全日制教育专业学位研究生教育的目的、性质、地位的认识较为明确，但部分任课教师、导师、学员对此认识还不到位，特别是一部分大学学科导师对基础教育不熟悉，中小学特聘教师对教育硕士专业学位教育不熟悉，全日制教育硕士对中小学教育教学实践场域不熟悉，导致不少人包括教师教育的主体和客体没有从当代教师专业要求的高度看待教师教育，没有从学校教师培养培训工作角度来看待教育硕士专业学位教育。因此，U-S 教师教育共同体顶层设计者要高度重视全日制教育硕士专业学位研究生教育的目标阐释、修正工作，组织大学教师教育专家学者、中小学校校长和骨干教师以及各级教师培训机构和教科研机构相关人员广泛深入地开展全日制教育硕士专业学位教育观念的宣传、学习与研讨，特别是要组织理论工作者走进中小学教育现场，用理论烛照实践，用实践丰富理论，帮助广大师生员工树立正确的教育硕士教育观，厘清教育硕士专业学位的教育内涵，准确定位全日制教育硕士的培养目标，以便各培养单位瞄准目标整合资源，有的放矢，提高效率。

2. 协作开发课程

目标解决的是为什么而教的问题，课程则需解决教什么的问题。杨启亮教授曾指出：当我们再深入地来审视我们为教育硕士设置的课程、制定的课程标准、主张的教材规范的时候，却不得不遗憾地认为，尽管它们无一例外地体现着"教育"，却没能充分地关注"才能"。在它们的价值与功能的判断与选择上，有意无意地，我们没有超越有关课程问题的经验思维范式。[②]

从本质上来讲，教师教育课程思想应体现"学术性"和"师范性"的统一。[③] 杨启亮教授所言"无一例外地体现着'教育'"，是说当前教师教育课

① 全国教育硕士专业学位教育指导委员会秘书处：《教育硕士专业学位概况》，http//www.edm.edu.cn/news/listys.jsp.2007。

② 杨启亮：《问题与对策：关注教师素质的教育硕士课程建设》，《江苏教育学院学报（社会科学版）》，2001 年第 5 期，19—21 页。

③ 戴伟芬：《学术性与师范性的抉择与融合—美国教师教育课程思想流变》，《教师教育研究》，2012 年第 24 期，93—96 页。

程"学术性"意味浓，强调专业理论课程，即通识教育课程和学科专业课程；"没能充分地关注'才能'"则是说当前教师教育课程"师范性"不足，未能重视教育专业课程。

当前，全日制教育硕士的课程设置的主要依据是教育部颁布的《全日制教育硕士专业学位研究生指导性培养方案》。该方案将全日制教育硕士课程分为四个模块，即学位基础课程（12学分）、专业必修课程（10学分）、专业选修课程（6学分）和实践教学（8学分）四个模块，并要求采用课堂参与、小组研讨、合作学习、模拟教学等方式开展教学。[①] 应该说，课程设置较好地体现了理论与实践相结合的原则。问题是，当前的教师教育课程，专业性突出不够，尤其是案例型课程资源短缺的问题相当突出，实践指导类课程的开发利用工作远远不能适应高质量培养工作的需要。[②] 因此，教育硕士的课程开发要结合当地基础教育的实际，鼓励师范院校与教师进修学校或重点中小学联合开发，进一步加强教材建设。[③] 大学从事教育硕士学位课程教学的教师更应摒弃以理论的逻辑来裁剪教育实践内容的学术习惯，主动深入实践现场，对教育理论联系实际或指导实践有一个新的理解，并以此为依据重新设计、组织教学内容。[④] 总之，教师教育课程开发应该践行实践取向的课程建设理念。

解决了教师教育课程开发的实践取向问题，还需考虑大学与中小学指导教师共建教师教育课程的路径。综合文献分析和调查访谈的结果，可以采取如下路径进行职前教师教育课程设计：

首先，深入中小学开展调查研究，通过发放问卷、召开座谈会等多种方式，了解中小学学校对卓越教师的素养要求；

其次，参照调查结果，根据"学术性"和"师范性"的要求，借鉴国内外教师教育课程开发的经验，组织课程专家、中小学骨干教师共同开发课程，特别是专业必修课程、实习实践指导课程和经验反思课程。

再次，构建模块化课程体系，根据不同的培养对象，确定每门课程的必修、选修或限选的性质，在整合的基础上提高针对性，突出培养重点和特色。

最后，根据课程实施情况，修订相关课程，不断提高课程的适用性。

---

① 《全日制教育硕士专业学位研究生指导性培养方案》，http://yz.chsi.com.cn/kyzx/zyss/200905/20090520/94572569.html

② 傅维利：《教育硕士质量保证与培养资源供给》，《学位与研究生教育》，2005年第5期，13—16页。

③ 朱新根：《论教育硕士课程设置及其建设》，《清华大学教育研究》，2006年第4期，113—116页。

④ 朱晓宏：《实践取向的教育硕士课程建设》，《中国教育学刊》，2009年第12期，62—65页。

3. 协作优化流程

课程解决了教什么的问题，而流程则是解决按什么顺序教的问题。流程是一个动态的概念，它使事物演进的关键步骤按照一定的时序关系徐徐展开。事物演进的关键步骤可以有串联、并联、反馈等多种结构方式，不同的结构方式就会形成不同的流程并产生不同的效果。

上文已梳理出全日制教育硕士培养的十个关键步骤，目前这十个关键步骤基本都以时间为序串联成一个线性流程。亟待优化的就是实践教学（包括见习、实习、教育调查等）。现在，不少试点院校将实践教学的教育见习和教育实习进行集中安排，一般都在第二学期安排两周的教育见习，在第三学期安排三个月的教育实习。这样的培养流程利于学位课程的修习，也便于加强学生管理，但其弊端也是显而易见的。因为根据国外的经验，教育实（见）习应让学生充分感知教育现场，而且最好能感知不同的教育现场，才能使学生获得真实而丰富的教育体验，从而认识教育的本质。这种分段分块式的流程设计，不仅限制了学生的实（见）习范围和经验，而且实习的时间安排和学生就业双向选择的时间冲突，导致学生在实习的最后阶段并不能全身心的投入教育实习活动而影响实习效果。更重要的是，它割裂了理论学习和实践探索的联系，难以实现教育理论与教育实践的双向激活，交互创生。解决此类问题，可以借鉴英国教育专业学位研究生（PGCE）培养流程的安排，通过与实践基地、特聘导师充分协商，将见习、实习时间适当分散。

首先，分散教育见习时间。在第一学期，明确要求全日制教育硕士每周有1－2天时间带着问题在中小学观摩课堂、开展调查，就教学流程和教学策略和特聘教师交流讨论，并将其带回大学课堂与大学老师、学习小组共同讨论。

其次，分散教育实习时间。将3个月的实习时间适度分开，在第一学年的下学期安排1个月时间进行第一次实习，第二学年的上学期再安排2个月时间开展第二次实习，两次实习要求逐渐提高。这样安排，既体现教育实践的连续性又体现阶段性，还可以有效化解学习和求职的时间矛盾。

另外，专业必修课的学习方式方法也可以进一步优化，可以将部分专业必修课如学科课程与教材分析、学科教学设计与案例分析等下放到中小学，在特聘导师指导下修习，大学只负责监督与考核即可。

可喜的是，不少试点院校已经迈出了流程优化的步伐，如天津师范大学建立"本科—教育硕士"连读机制，并为此制订了"3111"培养模式，具体见表4-5。

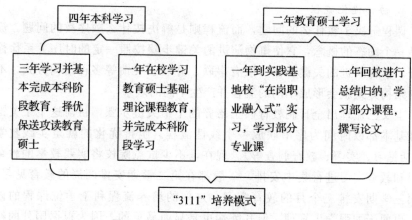

图 4-5　天津师范大学 3111 培养模式①

　　天津师范大学还推出了加强基础理论与应用知识相结合的"三明治"式的培养方式，具体见图 4-1。

表 4-1　天津师范大学"三明治"培养模式②

|  | 第一学期 | 第二学期 | 第三学期 | 第四学期 |
|---|---|---|---|---|
| 模式1 | 学科专业课程与教育基础理论课程（学校） | 见习和预备实习、论文开题（实践基地） | 顶岗实习（实践基地） | 教育基础理论、学科教学课程、论文答辩（学校） |
| 模式2 | 学科专业课程与教育基础理论课程（学校） | 见习和预备实习、论文开题（实践基地） | 教育基础理论、学科教学课程（学校） | 顶岗实习（实践基地）、论文答辩（学校） |

　　西北师范大学通过与地方教育主管部门协作，教育硕士实习与"国培计划"项目对接，让相关专业教育硕士全面参加"国培计划"农村中小学教师顶岗实习，积极探索教育硕士教学实践能力培养的新途径、新方法，取

　　①　全国教育专业学位研究生教育指导委员会秘书处：《天津师范大学教育硕士专业学位研究生教育综合改革试点工作总结报告》，见《教育专业学位研究生教育综合改革试点验收工作会议资料汇编》，2013 年第 4 期，28－45 页。
　　②　全国教育专业学位研究生教育指导委员会秘书处：《天津师范大学教育硕士专业学位研究生教育综合改革试点工作总结报告》，见《教育专业学位研究生教育综合改革试点验收工作会议资料汇编》，2013 年第 4 期，28－45 页。

得了良好的效果。[①]

当然，培养流程的改变涉及大学和中小学人、财、物方面的协调，需充分考虑到各学校的实际情况，在双方交流讨论，达成一致共识的基础之上实施。

4. 协作实施教学

流程解决了按什么顺序教的问题，最后需要解决的是怎样教的问题。英国教育大臣克拉克指出：未来的教师职前教育的全过程必须建立在大学与中小学平等合作的基础上，中小学及其教师在其中都应该发挥重要作用，要培养高质量的中小学教师队伍，我们就必须提倡教师的专业主义，并赋予一线教师以培养他们队伍的新成员的权利和义务。[②] 在我国，全国教育专业学位教育指导委员会《关于教育硕士专业学位研究生培养工作的指导意见》对课程实施提出了更加具体的要求。①专业学位课程教学：可采用集中授课与平时自学和研究相结合的培养方式，综合运用团队学习、专题研讨、现场教学、案例分析、教育调查等教学方法，将新理论、新成果、新案例及时充实到教学中，并采用过程性评价与终结性评价相结合的方法评价专业学位课程学习，努力形成特色，提高教学质量。②实践课程教学：全日制教育硕士专业学位研究实践教学时间应不少于半年，可采用教学观摩、辅助教学、试讲、说课、参与教学管理和教学科研活动等多种方式开展实践教学活动，教育硕士培养单位应加强教育教学实践环节的组织、管理和指导。③实践基地建设：培养院校应结合自身特色与优势，积极探索与地方教育行政部门、中小学幼儿园合作的新机制，在有条件的中小学幼儿园建立教育硕士专业学位研究生培养基地，合作培养研究生。④学位论文写作：教育硕士专业学位研究生的学位论文应在指导教师与兼职指导教师指导下独立完成，学位论文评阅人和答辩委员会成员中，应至少有一名具有中学高级教师职称的中小学幼儿园教师或教学研究人员。[③]

U-S 教师教育共同体中，大学老师和中小学教师如何协作实施教学呢？日本学者野中郁次郎等建构了交替转换的 SECI 模式，提出了四个场：行动—体验（原创场）、问题—对话（对话场）、问题—反思（系统场）、新的行

---

① 全国教育专业学位研究生教育指导委员会秘书处：《西北师范大学教育硕士专业学位研究生教育综合改革试点工作总结报告》，见《教育专业学位研究生教育综合改革试点验收工作会议资料汇编》，2013 年 4 月，206—230 页。

② DES. Clark Announces Radical Overhaul of Teacher Training[R]. The Department of Education and Science News，January 4 1992 页。

③ 全国教育专业学位教育指导委员会：《关于教育硕士专业学位研究生培养工作的指导意见》，http：//www.edm.edu.cn/list.jsp？id＝717.

动—体验（演练场）①。我们可以使用该模式建构大学和中小学指导教师共同实施教学的路径：

第一，职前教师在学习专业课程的过程中，经常观摩中小学教育现场，体会教育教学的隐性知识，培植教师专业意识、感情和信念；

第二，职前教师带着自己的体会与大学导师、中小学特聘导师对话，并在模拟及现场演练中进一步加深对专业理论和隐性知识的理解；

第三，大学、中小学及与社会其他机构建立合作关系，健全教育实践基地学校和专业实训基地，共享资源，分享成果；

第四，通过实（见）习等形式的实践合作，引导双导师基于实践开展研究，提高实习校的教学与研究水平，丰富职前教师的实践体验，并通过行动研究提高教育硕士教学改革研究能力。

在协作实施教学方面，天津师范大学已经做了许多有益的尝试。在专业课程教学方面，以学科教学（数学）为例，天津师范大学聘请了4位天津市优秀的特级教师和一位中学校长（博导、教授）给教育硕士授课。他们有丰富的实践经验和深厚的理论功底，在他们的教学中充满了具有启发性、说服力和指导性的案例，他们授课的本身不但具有示范性，而且还是学生进行隐性见习的极好机会。② 在教育实践教学方面，天津师范大学建构了"在岗职业融入式"实习模式，通过直接与区县教育局或学校开展多种形式的结合，实现与中学多层次交往合作，选派优秀教育硕士到实践基地顶岗实习，安排学生整学期或学年到中学"上班"，直接分配到年级组中，讲授该年级的实际课程，参加日常教研活动，担任班主任，按照在岗教师的工作要求进行锻炼。在此期间，该研究生日常业务上由所在中小学全面负责管理，在教学能力培养上由大学导师与中小学特聘导师联合指导，确保"在岗"教学质量与效果。③ 学校选聘了部分教研员或者德高望重的退休特级教师作为实践导师，他们几乎每周都要带领教育硕士到各基础教育实践学校开展田野调研、指导教研、观摩教师的课堂教学等，并予以评价。这种"云游"式的实习模式能够使教育硕士接触到不同层次学校和教师，还能

---

① 顾小清：《行动学习：面向信息化的教师专业发展策略》，《全球教育展望》，2005年第3期，52—55页。

② 苏丹，王光明：《全日制教育硕士实践教学体系的构建研究——以天津师范大学为例》，《教育探索》，2014年第5期，32—33页。

③ 全国教育专业学位研究生教育指导委员会秘书处：《天津师范大学开展教育硕士专业学位研究生教育综合改革试点工作总结》，见《教育专业学位研究生教育综合改革试点验收工作会议资料汇编》，2013年4月，28—45页。

为他们提供较多的实践观摩与参与教研的机会。[①]

建构 U-S 教师教育共同体评估反馈机制的主要目的是为了激励合作主体积极参与全日制教育硕士的培养，提高培养的成效。为此，应建立多主体评估反馈、多维度评估反馈和全过程评估反馈的立体评估反馈机制，确保评估反馈的准确性和有效性。

### (四)U-S 教师教育共同体评估反馈机制

#### 1. 多主体评估反馈

全日制教育硕士培养质量的高低，需多主体参与评估，方能保证评估结果的全面性和公正性。

(1)自我评估反馈。建立《全日制教育硕士专业成长档案袋》，要求全日制教育硕士在专业课程学习、教育见习和实习期间，定期对自己的学习情况进行评价，主要分析取得的进步和存在的问题，并形成书面评价报告。

(2)导师评估反馈。将自我评价报告和大学学科导师和中小学特聘导师交流讨论，请指导教师评价、签名。编制《全日制教育硕士课堂观察量表》，在教育见习和实习的过程中，大学导师和中小学指导教师每周观摩全日制教育硕士课堂教学情况，根据评估标准，评定等级，并给予书面和口头反馈，作为最终评估的依据。

(3)同伴评估反馈。在教育见习和实习期间，实习小组成员使用《实习手册》，对同伴的教学实践，特别是课堂教学进行评价，记录其成绩，指出其不足，提出合理化建议，在定期的导师见面会上交流讨论。

(4)学生评估反馈。编制《全日制教育硕士教育教学情况调查问卷》，在教育见习和实习的过程中和结束后，发放给全日制教育硕士实(见)习班级学生，了解他们在中小学的教育教学情况，特别是改进学生学业成绩的情况，由督查小组及时反馈给全日制教育硕士本人。

(5)第三方评估反馈。上述评估都属于共同体内部的自我评估，它是共同体自我发展、自我完善的重要手段。但自我评估的主体既是裁判员又是运动员，根据机制设计理论创始人赫维茨"真实显示偏好不可能性"定理，自我评估有时难免落入自卖自夸的窠臼。因此，有必要引入第三方评估，如由教育主管部门牵头，组织教师培训机构、教育学会、社会专业评估机构、用人单位等组成联合评估小组，定期对 U-S 教师教育共同体联合

---

① 苏丹、王光明：《全日制教育硕士实践教学体系的构建研究——以天津师范大学为例》，《教育探索》，2014 年第 5 期，32—33 页。

培养成效进行第三方评估，使评估更加客观、公正和准确，有利于学校根据评估反馈意见进行改进。在国外，一所院校及其项目是否经过一个或多个第三方认证机构的认证已成为衡量该校整体教学质量和效益的重要依据。

通过这种多元主体的评价和反馈，U-S 教师教育共同体能不断优化联合培养行动，全日制教育硕士也能根据反馈意见及时调整自己的学习策略，不断改进自己的学习方法，促进自身的专业成长。

2. 多维度评估反馈

根据全日制教育硕士专业发展评价指标体系，将其细化为全日制教育硕士学习期间的所需完成的具体活动，由多主体联合考评，并对其不达标的项目进行监控，敦促其完成。以英国牛津布鲁克斯大学 PGCE 职前培养项目的评估反馈为例，职前教师在进入课程学习后，其专业发展情况得到了全面的评估，并能随时得到导师和同伴的反馈。为了让观察者更清楚地了解被评估的职前教师的专业发展情况，将其分解成具体的问题如下：

（1）专业伦理与课堂管理方面。实习生能对学生的学习保持高的期待吗？这个期待很清楚地在整个课堂教学中得到呈现了吗？如有，使用了什么策略？实习生在课堂教学中创设了促进学生学习的课堂氛围了吗？学生在实习生的引导下积极参与课堂教学活动了吗？整个课堂教学是充满反思性的吗？

（2）课程知识、教学设计和教学层面。实习生对本学科课程和教学知识有全面的了解吗？实习生实现高标准的教学了吗？实习生使用的教学策略对学生的学习产生积极的影响了吗？实习生的教案详细并富有逻辑性吗？实习生按照《教师标准》的要求进行教育教学了吗？实习生使用了有效的教学策略促进学生的学习了吗？

（3）学生学习的评价层面。实习生的教学关注了学生以前的知识和理解了吗？实习生能通过指导，让学生自主评价自己的进步吗？实习生能提供明显的证据证明学生在课堂教学中的进步吗？

在我国，北京师范大学在全日制教育硕士综合改革试点过程中，组织专家开展比较研究，进一步明确了卓越教师的素养结构，为我们多维度评估全日制教育硕士的专业素养提供了一种视角。

（1）基础素养评估。重点评估全日制教育硕士有效交流的能力与技巧，自主探究人文社会科学、数学及自然科学和表演艺术知识的能力，理解世界及中国历史和文化，尊重不同的价值观和理念并对教育价值观进行讨论和辩论的能力，尊重个体差异、个人的权利和价值的能力等等。

（2）学科素养评估。重点评估全日制教育硕士创造学习环境的能力，帮助学生获取并使用信息、技术及其他学习资源的能力，设立高期望目标的能力，建立课堂教学与现实世界联系的能力，获取并运用新知识的能力等等。

（3）教学素养评估。重点评估全日制教育硕士运用人类成长、发展和学习的理论知识的能力，发展学生的认知、情感、身体和社会能力，认识并鉴别个人信念和价值观对教学工作影响程度的能力，确保教学环境安全有序的能力，设计多样化教学方案的能力，使用多种方法评估学生发展的能力，创造包容性环境满足特殊学生需要的能力，运用多种方式促进学生获得知识的能力等等。

（4）管理素养评估。重点评估全日制教育硕士设计并运用不同的认知、情感和精神激励方法的能力，与其他教师及家长合作为学生创造学习机会的能力，充分并合理运用时间的能力，理解并承担学校及个人法律和道德责任的能力等等。

（5）研究素养评估。重点评估全日制教育硕士了解并运用其他学科教学获得研究成果的能力，与各方有效沟通提高学生成绩的能力，进行有意义的自我反思和对同事的专业活动进行评价的能力，讨论、辩论教育教学改革问题的能力，设计并且实施教育教学行动研究的能力等等。

（6）信息素养评估。重点评估全日制教育硕士运用信息技术优化学习环境和活动、评估学生发展的能力以及解决中小学使用技术过程中产生的问题的能力等等。[①]

在学生学习、见习、实习的过程中，参与观察的大学导师、中小学督导、中小学特聘导师、同伴使用各种手段从不同的维度评估参与职前教师的专业发展情况，并将评估结果及时反馈给相关单位和个人，有利于职前教师扬长避短，自我完善。

3. 全过程评估反馈

（1）事前评估反馈。事前评估反馈又称前馈反馈，它处于评估反馈的初始阶段。这种评估反馈是在培养进行之前，为保证将来的结果能达到预期的效果、尽量减少偏差而做的充分准备。首先，对进入共同体的职前教师的专业发展现状进行调研，针对调研的情况召开导师组会议，探讨针对每个学生个性的培养方案。其次，预测在培养过程中可能出现的问题，以便及时采取有效的措施。这有利于将可能出现的负面问题消灭于萌芽的状

① 马健生，张弛，孙富强：《构建模块化课程体系，造就卓越教师》，《学位与研究生教育》，2013年第10期，1—6页。

态之中。

（2）过程评估反馈。学习是一个动态的、多维度的社会活动，大学对学生的学习过程予以考量和评价，可以让大学了解到它所提供的学习机会和活动是否充分，以及学生是否有效地使用了这些教育资源，从而让大学政策制定者可以做出具有针对性的有效决策，以提高该校学生的学习过程和效果。[①] 过程评估反馈一般是在现场进行，管理者直接对全日制教育硕士的培养情况进行考察，检查并纠正偏差。例如，通过观摩全日制教育硕士的课堂教学，调阅全日制教育硕士撰写的反思日记、开展全日制教育硕士教学基本功大赛、进行微格教学等，及时了解全日制教育硕士的专业发展情况，并提出建设性的意见。这种形成性评估反馈能够及时发现联合培养中出现的问题，并做出有效调整。

（3）事后评估反馈。事后评估反馈是指在学生培养基本完成之后，使用职前教师评估指标体系对职前教师专业成长情况进行复评，并辅以访谈，把实际的培养成效与培养目标进行对比，找出偏差，以此指导和纠正未来的联合培养行动。对于高校评估而言，评估反馈有效性最为集中地体现在复评或"再认证（reaffirmation of accreditation）"过程中。只有收集反馈意见进行再评估，才能形成"评估—反馈—改进—评估"的闭合回路，促使教师教育利益和教师教育文化序参量的形成，推动 U-S 教师教育共同体自组织运行。

---

① ［美］海迪·罗斯，罗燕，岑逾豪：《清华大学和美国大学在学习过程指标上的比较：一种高等教育质量观》，《清华大学教育研究》，2008 年第 4 期，36—42 页。

# 第五章　U-S 教师教育共同体合作模式研究

　　20 世纪 70 年代以来，美国、英国、澳大利亚等发达国家针对中小学教师培养、进修中存在的问题，相继开展了教师教育合作共同体的实践和研究，以期提高教师教育的质量。20 世纪 80 年代末，香港中文大学、东北师范大学、华东师范大学、西北师范大学、山西师范大学、浙江师范大学、首都师范大学等高校也紧跟国际教师教育的形势，开展了不同形式的大学与中小学教师教育合作共同体的实践和研究。这些研究和实践为提升我国教师教育质量做出了贡献。它山之石，可以攻玉，本章选取较为典型的"U-(G)-S"教师教育模式和驻校教师(U-S-N)模式加以介绍和分析。

## 一、多样化的合作类型

　　由于特定的历史社会背景所形成的发展动因，大学与中小学校合作，构建了多样化的教师教育共同体模式。本章将在介绍我国和美国社会与教育背景的基础上，分析 U-(G)-S 教师教育共同体和城市驻校教师(U-S-N)两类模式的形成原因，概述其发展过程和特点。

### (一)U-(G)-S 合作共同体模式

　　"U-S"教师教育模式指大学与中小学组成的共同体，在中小学教师的职前培养、在职研修等全过程中开展系统性工作。"U-G-S"教师教育模式则指师范大学、地方政府与中小学校合作，它是大学与中小学合作"U-S"模式的拓展和深化。在合作过程中，大学、政府和中小学目标一致、互惠共赢、资源共享，从而实现个体、组织与社区的全方位发展。如果说"U-S"模式是大学与中小学点对点的合作，那么以政府为中介的"U-G-S"则可以说是大学与区域点对面的合作。两种模式各有特色和功能，并行与交织发展，一所大学可能既与一地区的中小学进行点对面的合作，也可能同时与某所中小学进行点对点的深化合作。因此，我们以"U-(G)-S"指称这种并存发展的教师教育共同体模式。

1. 社会期待：共同体的形成背景

随着中国改革的深入，社会对基础教育、教师队伍建设、教师教育机构等都有了新的要求和期待。这些需求和期待形成一股合力，促进了"U-(G)-S"共同体的形成。

（1）基础教育均衡发展的需求

2002年，教育部《关于加强基础教育办学管理若干问题的通知》提出："积极推进义务教育阶段学校均衡发展"，义务教育自此逐步向均衡发展转变①。此后，义务教育均衡发展成为教育发展的战略任务。对于地区政府和中小学而言，除了提供和获得可观的财力物力外，借助师范院校进行教师教育以提升人力资本无疑成为重要的"抓手"。

例如，北京市在"九五"期间就提出：提高中小学教育的整体水平，基本改变基础薄弱校的面貌②。在此影响下，1998年，首都师范大学将和平里中学、新街口中学等5所学校作为学校教育教学改革实验学校，并与北京市教委联合开展"全面提高北京市初中教育质量"课题研究。该项课题研究采取"三位一体"、多方合作、群体开展基础教育研究的新模式，并把学习教育理论，学习现代教育思想，确立现代教育观念，树立正确的基础教育教育观、教学观、学生观、人才观和评价观放在课题研究的首要位置。各校也将教育观念与教育行为结合起来进行研究，使教育科研真正成为学校发展的新动力③。

（2）教师专业发展的需求

随着社会整体改革的深入和基础教育改革的全面推进，社会对教师的要求逐渐提高。专业知识、教育能力、研究能力成为一个合格教师必备的素质。专家型教师成为人们追求的目标。

2012年教育部下发的《中学和小学教师专业标准》中，都将"师德为先""学生为本""能力为重""终身学习"规定为基本理念。其中"能力为重"中指出：把学科知识、教育理论与教育实践相结合，突出教书育人实践能力；研究中小学生，遵循中小学生成长规律，提升教育教学专业化水平；坚持实践、反思、再实践、再反思，不断提高专业能力。对教师能力的规定影响了职前教师的培养，而对终身学习的强调则影响了教师入职后的继续培

---

① 阮成武：《我国义务教育均衡发展政策的演进逻辑与未来走向》，《教育研究》，2013年第7期，38页。

② 《北京市国民经济和社会发展"九五"计划和2010年远景目标纲要》，http://www.bjpc.gov.cn/fzgh_1/guihua/95/gy/200710/t195240_5.htm，1996-4-4。

③ 赵正元：《北京全面提高初中教育质量：23所普通中学由弱变强》，《中国教育报》，2002年1月4日，第1版。

养，这必然要求建立和完善职前职后教师教育一体化体系。

（3）师范院校建设的需求

首先，随着高等教育的发展，社会服务与人才培养、科学研究、文化创新并列成为高等教育的四大职能。高校研究人员介入基础教育实践当中，既可以将科研成效转化为基础教育发展可汲取的资源，也可以从实践中汲取资源，进一步提升理论品质。正如叶澜教授所言，综观15年"新基础教育"研究历程，可以概括出在主动深度合作式研究中，专业人员所承担的任务与角色以及所发挥的不可替代的作用：①提供教育变革所必需的新理论参照系与思维方式；②推进研究过程中理论与实践的相互转换与交互生成；③系统总结改革实践，形成教育改革理论和促进教育基本理论的更新式发展①。

其次，师范院校所提供的社会服务有利于提升师范大学的价值。自20世纪90年代开始，国家出台了鼓励综合性大学办教师教育的政策。以综合性大学为主导的非师范类院校具有雄厚的学科力量和扎实的专业背景。它们对师范院校的教师培养形成强有力的竞争。在这种情况下，师范院校打破原有的封闭式的人才培养模式，与中小学合作、服务中小学发展成为提升竞争力的必由之路。

2. 殊途同归：共同体的发展及特点

当前，大多数区域的教师教育共同体处于"U-S"与"U-G-S"两种模式并存的状态，即可简化为"U-(G)-S"模式。但不同地区由于历史条件不同，所形成的"U-(G)-S"模式的路径略有不同。

（1）从"U-S"到"U-(G)-S"

这种模式往往起源于大学与中小学相互需求和共同愿景，大学教师的理论生成需要中小学实践的支撑，而中小学教师教育观念的转变也需要大学教师的引导。他们的共同愿景是理论与实践的互动转化。

例如，华东师大学"新基础教育"系列探索，萌芽于1990年叶澜教授和几位同事的合作，他们以"基础教育与学生自我教育能力发展"为课题，以上海市普陀区洵阳路小学为试验学校的课题研究②。在"新基础教育"探索性阶段，整个研究也是以项目为依托，由华师大课题组与上海外高桥保税区实验学校等学校以"U-S"方式进行。在"新基础教育"研究的探索性阶段，研究者们就希望"通过此项研究，探索理论研究如何与实践研究结合，有

---

① 叶澜：《大学专业人员在协作开展学校研究中的作用》，《中国教育学刊》，2009年第9期，4—7页。

② 叶澜，李政涛：《"新基础教育"研究史》，北京：教育科学出版社，2010年，147页。

着不同学科背景的研究人员、学校教育管理人员及教师如何做到不仅完成研究任务，而且自身都获得发展"①。

但在"新基础教育"后期发展中，由于地区教育行政的介入，使得"新基础教育"得以在区域层面上推广。因此，"U-S"共同体逐渐形成了由大学、政府、中小学三部分人员构成的"U-G-S"共同体，即华东师范大学"新基础教育"课题组成员，主要由华东师大基础教育改革与发展研究所的研究人员和一部分博士研究生组成；核心试验学校的领导和教师；"新基础教育"区域性推广中所涉及的群体，该地区的教育局、进修学校、教研室、科研室等领导和相关学科教研员等组成。

(2)从"U-G"到"U-(G)-S"

这一模式往往源于政策引导、支持和大学的响应、配合。

例如，东北师大的"基础教育创新实验区"即来源于此。20世纪80年代中期，党中央和国务院基于对加快农村发展的战略决策，多次召开推进农村基础教育优先发展的会议，并就此做出了全面部署。东北师范大学为了落实好党中央、国务院的精神，由学校主要领导带队，分别到东北三省的农村进行了实地考察和调研，明确了学校必须坚持为基础教育服务的办学方向。在此基础上，确定了将基础教育薄弱、经济社会发展落后的吉林省长白山区的抚松县和辽源的东丰县作为"基础教育服务实验区"，这一举动得到了原国家教委和省市教育主管部门的大力支持。1988年2月10日，学校与浑江市签订了《东北师范大学与浑江市人民政府建立教育技术合作关系协议书》，至此拉开了校、市友好协作的序幕。学校为此组织了专门的教师队伍，与地方政府密切合作，走进农村，深入学校，进入课堂，参与教改，推广科技，踏上了被人们称为"长白山之路"的征途②。

再如，2004年，北京市制定了《首都教育发展战略》，提出到2010年首都在全国率先基本实现教育现代化。其标志之一就是各级各类教育特别是基础教育的质量明显提高，城乡教育差距显著缩小。北京各地政府都加大了教育变革力度。其中顺义区于2005年提出到2008年在北京市率先基本实现教育现代化的目标。为此，顺义区政府与首都师范大学签订了《联合推进顺义区"人才强教"工程合作意向书》。2005至2008年，依托首师大的优势资源，分层次、分类别对顺义区中小学干部、主要学科教师及班主任进行培训。培训虽然取得了一定的成就，但由于原有工作环境中缺乏必

---

① 叶澜，李政涛：《"新基础教育"研究史》，北京：教育科学出版社，2010年，6页。

② 葛美玲：《东北师范大学与"长白山之路"的情愫考订》，《中国教师》，2009年第2期，98页。

要的理解和氛围，使参训者所学的新理念和方法很难转化和长期实施。因此，需要营造一个全员参与、整体学习、持续改进的学校环境。为此，顺义区教委于 2008 年底，向首都师范大学提出深度合作的需求。2009 年 5 月，首都师范大学首都基础教育研究院与顺义区教委合作开展了"UDS 合作优质学校建设项目"①，对城镇乡村五所具有代表性的学校开展优质学校建设，探索学校和教师整体化发展的路径和促进区域教育均衡发展、实现优质教育扩大化的经验②。

### （二）驻校模式（U-S-N）：美国城市驻校教师计划

美国城市驻校教师计划（Urban Teacher Residency，UTR），是美国为解决落后学区缺少优质师资的困境而推动的新的教师教育模式。学员在学区城市学校驻校学习约一年，有专门指导教师进行教育实践辅导，课后学员要参加大学举办的研究生层次的理论学习。驻校结束后，学员获得相应学位和资格证书。作为回报，学员需在学区工作一段时间，继续获得指导，使其从新手教师向专家教师方向成长。因为驻校教师计划主要是由三个群体间的合作来完成的，即高等院校牵头来招收学员、组织项目开展、提供相应的教师教育课程，城市学校提供实习场地、指导教师，非盈利的教育类组织提供经费、相应评测等，所以这种模式也可称作"U-S-N"模式。

1. 临床医学教学模式的模仿：驻校培养的背景

（1）以往美国教师培养的路径与不足

①大学教育学院传统师范生培养

自 20 世纪 50 年代以来，美国大学中的教育学院承担了主要的教师培养工作，学生在大学中接受教师教育的指导，学习学科知识和教育学的知识，并接受一些理论与实践的训练。高等教育培养中小学教师成为教师培养的主流模式，至今仍在全世界各地盛行。

然而传统的师范生培养模式弊端也很明显，高等教育院校所讲授的知识与教学实践相脱节；在入职前很难得到教育实践的锻炼机会，也难以得到一线教师的指导；而在就业选择的过程中，薄弱学校或地区很难有充足的教师资源，教师的流失率也非常高等等。这些都使得单一化由高等院校展开教师教育的模式遭受质疑。

但是传统的大学培养模式现如今也面对着挑战，主要有以下几点。第

① 在 UDS 中，U 指大学（University），D 指地区（District），S 指学校（School），该模式与 UGS 相近。

② 杨朝晖，李延林：《追求优质，我们在行动——基于 UDS 合作的优质学校建设之路》，北京：首都师范大学出版社，2013 年，3—4 页。

一，大学培养教师很难持续地吸引高学术素养的教师人才与有色族裔教师；第二，鲜有机会让这些"准教师"进行试讲；第三，无法满足一些特殊学科的教师需求，如数学、科学、特殊教育以及英语语言学习；第四，由于资源和结构的限制，无法为毕业生在入教伊始提供系统化的指导；第五，缺少对毕业生的教学效果进行问责①。

②替代性教师教育

20 世纪 80 年代，在美国出现了替代性教师教育模式（alternative teacher education），"替代性"主要指的是在传统的大学教育学院培养教师的模式之外，找寻一条新的教师培养路径，即为得到学士学位但没有在大学接受师范教育的人群开辟一条可以当老师的途径，并对他们给予必要的指导。替代性教师教育的认证方式也是多种多样的，既有在高等院校进行教师进修培养，也可以在社区学校、远程教育、盈利的教师培养中心等，通过多种路径来获得资格认证。

但之后持续的研究发现，所谓的"替代性教师教育"与传统的高等院校教师培养并没有什么不同，而且与传统的教学模式相比，替代性教师教育的质量参差不齐。根据 NCTQ2007 年的研究报告显示，只有三分之一的计划提供了在暑期进行教学训练；四分之一的计划在新学期开始后每周对教师提供指导；有四分之一的计划选择录用了所有的申请者②。

同样，替代性教师教育也有着不少的缺陷。第一，课时的缩短导致教师没有机会去学习如何应对多样的学习者进行教学；第二，在成为正式教师之前，并没有充足的教学经验；第三，缺乏时间去学习如何把知识内容与如何教学相结合起来；第四，过分强调单一背景下的教学（如特定的学区与学科）；第五，缺少对毕业生的教学效果进行问责③。

替代性教师教育为传统教师教育中单一的教师来源提供了补充，但同样的，相对程度上也降低了教师的准入门槛。在一份调查中发现，替代性教师教育与传统教师教育相比，教师在很多地方都略显不足。第一，84％的传统教师教育毕业生认为，他们接受了良好的课堂管理的培训，而只有61％的替代性教师教育的毕业生认同这一观点；第二，71％的传统教师教育毕业生认为，他们学到了指导学习有困难的学生开展有效学习，而只有

---

① Berry B, Montgomery D, Curtis R, et al.. Creating and sustaining urban teacher residencies [J]. *The Center for Teaching Quality*, 2008：8—9.

② Newman K. Teacher Training, Tailor Made：Top Candidates Win Customized Teacher Education[J]. *Education Next*, 2009, 9(2)：44.

③ Berry B, Montgomery D, Curtis R, et al.. Creating and sustaining urban teacher residencies [J]. *The Center for Teaching Quality*, 2008：9.

38％的替代性教师教育的毕业生持赞同态度；第三，77％的传统教师教育毕业生认为，他们能够提供给学生个性化的指导，而只有49％的替代性教师教育的毕业生表示认可①。这些都反映出传统教师教育所培训出的教师从教学水平到个人信念等方面都优于替代性教师教育培训出的教师。特别是在教师流失问题方面，在调查中还发现，工作在急需教师学校中的34％的选择性教师教育毕业生表示他们计划在两年内离职，而只有4％的传统教师教育毕业生表达了有离职的计划②。所以说，尽管替代性教师教育提供了一定量的中小学教师，但居高不下的离职率却也对教师队伍的稳定性造成不小的影响。

(2)城市学校的环境条件：驻校教师计划产生的原因

奥巴马在2011年所作的报告《我们的未来，我们的教师》中说，在未来十年内，美国将有160万名教师退休，也就意味着需要新招募160万名教师。不仅面对着教师数量不足的问题，教师的质量也同样有待提高。现如今，美国已经无力将国家中最优秀最聪明的人招入教师队伍之中。而相反的是，全体教师中只有23％、贫困地区教师中只有14％的教师是来自于学校成绩前三分之一的学生③。

同样，在现有的教师教育培训方面也有很多不如意的地方。已经入职的教师中，只有50％的受访者接受了实习指导，多于五分之三的受访者认为他们所接受的教师教育并不能用于课堂实践④。

除去质与量的问题以外，美国的中小学教师培养还面临着"结构失调"的情况。从科目来看，数学、科学类教师一直短缺。从城乡差异来看，城市中的教师数量一直不足。从族裔差异来看，在1970年，非洲、西班牙裔美国学生的比例是20％，而教师占比是9％；而到了2010年，非洲、西班牙裔美国学生占比达到了38％，而教师占比仅有14％，非洲、西班牙裔学

① Rochkind J., Ott A., Immerwahr. J, et al.. Working without a net: How new teachers from three prominent alternate route programs describe their first year on the job[J]. Chicago: REL Midwest, *National Comprehensive Center for Teacher Quality and Public Agenda*, 2007: 36—37.

② Berry B., Montgomery D., Snyder J.. Urban Teacher Residency Models and Institutes of Higher Education: Implications for Teacher Preparation[J]. *Center for Teaching Quality*, 2008: 2.

③ United States. Department of Education. Our Future, Our Teachers: The Obama Administration's Plan for Teacher Education Reform and Improvement[M]. *US Department of Education*, 2011.1, 5.

④ I bid.

生的增长速度远高于教师的增长速度[①]。

①城区学校处于不利的地位。美国的中小学与我国的状态正好相反，相比乡村，城市反而是教育的薄弱地带。在城市地区，学生们来自不同种族、民族、语言、宗教信仰和文化背景的家庭——唯一相同的就是贫困。以波士顿公立学区为例，该地区有 143 所学校，5000 名老师，有来自 116 所国家的 55800 名学生，说着 60 种不同的语言。其中有一半的学生在家是不说英语的。五分之一的学生需要接受特殊教育，四分之三的学生需要减免午餐费用。同样，波士顿学区也面临着师生族裔失衡的状况，有 86％的学生是有色人种，但却有 61％的教师是白种人[②]。

芝加哥公立学区的情况也差不多。在 681 所学校 40 多万名学生中，有84.7％的学生需要减免午餐费。在学区中，非裔学生占 41％，西班牙裔学生占 45％。同时，在一学年内学生的转学率达到了 19％，教学的连续性难以得到保障[③]。

②城市地区教师流失严重。由于贫困、少数族裔聚集等多方面的影响，城区学校一直处于一种弱势的地位。教师的薪资相对教区学校而言也不具备竞争力。这些都使得城市学校难以吸引到有能力有热情的教师参与其中。更为严峻的是，由于传统师范生培养和替代性教师教育两种模式都无法提供充足的实习锻炼的机会，很多新手教师在就职上岗之前，尽管有充分的学业知识，但却没有准备好"如何教"的知识。据统计，在城区的中小学中，大约 50％的教师会在三年内离职，他们并不是不想教书，而是没有做好教学的准备。

2. 驻校教师计划的教师培养目标

城市驻校教师计划是一种硕士教育，旨在为美国城市的中小学培养优质的教师。其基本的培养模式是上课－驻校实习－后驻校工作相结合的模式，其目的在于改变原有教师教育培养模式中对实习指导的忽视，使得新手教师能够迅速有效地走入到教师岗位之中。

根据《不让一个孩子掉队》的法案定义，"高素质的教师（highly qualified teachers）是指拥有州政府颁发的教师资格证书，具有所任教学科扎实

---

① United States. Department of Education. Our Future, Our Teachers：The Obama Administration's Plan for Teacher Education Reform and Improvement[M]. US Department of Education，2011. 13.

② BTR. Boston Teacher ResidencyInvesting in Innovation Fund ［EB/OL］. https：//www2. ed. gov/programs/innovation/2010/narratives/u396c101038. pdf.

③ AUSL. AUSL's 2012－2013 Progress Report［EB/OL］. http：//auslchicago. org/content/progress-report-2012-13. pdf.

的学科知识的教师；对于小学新教师而言，高素质的教师是指至少获得学士学位，通过州一级的教师资格考试，具有学科专业知识、具有教授阅读、写作、数学和其他小学基本科目的教学技能的教师；对于中学新教师而言，高素质的教师是指至少获得学士学位，大学主修任教科目，通过州一级的任教科目考试，具有坚实的学科专业知识[①]。"而驻校教师计划所培养出的教师标准更是高过"高素质教师"的要求，驻校教师计划培养的老师也被授予当地州的教师资质认证，并且获得硕士学位，特别是在教师培训期间，教师有充足的实习机会，保障他们在实践能力方面优于其他途径培养的教师。

## 二、有特色的合作机制

教师教育共同体的合作机制，是指参与共同体的大学、中小学、政府、第三方组织等机构组织及其成员要素之间的相互影响、相互作用的方式的总和。本章将在介绍典型案例的基础上，详述"U-(G)-S"教师教育共同体和城市驻校教师(U-S-N)两种模式的合作机制。

### (一)"U-(G)-S"共同体模式的机制

1. 动力机制

动力是人、组织、事物等发展的力量源泉。"U-(G)-S"教师教育共同体的力量源泉既有物质上的，又有精神上的。在大学、政府和中小学的合作中，他们有着共同的目标、相互的需求、具有凝聚力的精神文化、可供分享的教育资源。

(1)共同目标

目标是合作共同体的核心要素之一，共同体成员如果没有共同的目标，就不可能形成相互协作的行动。共同的目标将促进共同体成员形成一种共同的意识，使他们之间彼此认同，从"我"走向"我们"。

例如，在华师大"新基础教育"研究的探索性阶段，研究者们就希望"通过此项研究，探索理论研究如何与实践研究结合，几种不同学科背景的研究人员、学校教育管理人员及教师如何做到不仅完成研究任务，而且自身都获得发展"[②]。这种意愿在以后的发展中被提升为"成人成事"。团队

---

①　刘玉：《美国城市教师驻校培养模式研究》，浙江师范大学，2013年硕士学位论文，30页。

②　叶澜，李政涛：《"新基础教育"研究史》，北京：教育科学出版社，2010年，6页。

人员高度重视人的价值，而非把人当成改革的工具。希望研究能够既成人又成事，以成人为最终目标，通过成人促进成事。在这种"成人成事"的总目标下，"新基础教育"三个阶段的研究呈现了如下具体目标。

探索性研究阶段（1994—1999年）目标：从理论和实践两方面以及在两者结合的意义上，探索、构建面向21世纪的基础教育的新观念和学校内部教育的新模式。[1]

发展性研究阶段（1999—2004年）目标：以创建"新基础教育"理论和21世纪新型学校为显性目标，以改变师生在学校的生存方式为深层目标。[2]

成型性研究阶段（2004—2009年）目标：建设若干所呈现"新基础教育"追求的现代新型学校整体形态和基质的基地学校；在建设新型学校过程中，充实、完善我们对当代中国基础教育转型的理论与路径研究；为"生命·实践"教育学派的理论建设提供丰富源泉和实施基地。[3]

从上述三个阶段的目标中不难看出，构建理论、变革实践、促进师生的发展始终是"新基础教育"团队所追求的。以发展理论和实践为横向维度，以成事成人为纵向维度，构筑了"新基础教育"共同体发展目标的立体网络。

再如，在首都师范大学与顺义区合作开展的《UDS合作优质学校建设项目》启动之初，合作成员间就形成了对理想学校的描绘：

我们所追求的学校是以全纳式教育理念为办学宗旨的学校。

我们所追求的学校是以学生为中心的学校。

我们所追求的学校是不断追求自我超越、注重内涵发展的学校。

我们所追求的学校是民主、和谐的学校。

我们所追求的学校是高效、开放的学校。

我们所追求的学校是富有个性魅力的学校。[4]

虽然这些描绘看上去十分感性，甚至难以实现，但它反映了共同体成员集体的价值取向和理想追求。是共同体动力要素之一。

（2）相互需求

不同组织具有不同的功能，也有不同的需求和利益。当它们谋求自身发展时，各组织间相互的需求及利益就成为它们合作的内在动力之一。

---

[1]　叶澜，李政涛：《"新基础教育"研究史》，北京：教育科学出版社，2010年，5—6页。

[2]　同上书，41—42页。

[3]　同上书，98页。

[4]　杨朝晖，李延林：《追求优质，我们在行动——基于UDS合作的优质学校建设之路》，北京：首都师范大学出版社，2013年，5—6页。

教师教育创新东北实验区建设的经验表明：教师教育中的大学与中小学合作需要基于双方的共同利益才能实现共生。师范大学教师教育范式的转变，要求师范大学谋求中小学校的支持；同时，中小学校组织更新、教师改变以及学生学习成绩提升也需要大学支持；这种相互需求为大学与中小学合作提供必要性。大学与中小学校的合作是"U-G-S"教师教育模式得以发生的内因，而谋求地方政府的介入则为这种模式的有效、长远运行提供了政策保证，即提供了"U-G-S"教师教育模式发生的外因。①

（3）文化凝聚

萨乔万尼（Sergiovanni）认为："共同体是个体的集合体，这些个体基于自己的意愿而紧密联合起来，共享一些观念与理想。这种联合会使一群个体的'我'（I's）转型为集体的'我们'（We）。在成为一个'我们'之后，每一个成员都是紧密编织的有意义关系网的元素之一，这一个'我们'通常处于一个共同的地方，维持一段时间，并分析那个共同的意义、情感与传统。"②共同体成员除了有着共同的目标外，还共享着特定的观念和价值，从而形成自己独特的精神文化。这种精神文化不仅能够凝聚现有的共同体成员，而且得以传承，使共同体获得持久的动力和活力。

华师大"新基础教育"这样一支多元化、多层次的团队能够不断发展壮大，不仅在于他们有着明确的奋斗目标和共同的愿景，还在于在十多年的锤炼中渐渐形成了独特的、具有凝聚力的精神文化：知难而上，执着追求；滴水穿石，持之以恒；团队奋斗，共同创造；实践反思，自我更新。③这种精神文化凝聚了"新基础教育"人，使他们即使在初创的艰苦岁月也能无畏地前行。

（4）资源共享

大学、政府和中小学所搭建的合作平台使各组织原有的人力和物力资源得到了整合和优化。

以教师教育创新东北实验区为例，东北师大在地方中小学校聘请高水平教师作为师范大学的兼职教师，承担或参与教育实践课程的教学与指导以及教育课题的合作研究工作。同时通过评价机制引导大学教师到中小学开展教师教育与基础教育课题研究工作，参与实验区的教育教学改革与校

---

① 刘益春，李广，高夯：《"U-G-S"教师教育模式建构研究——基于教师教育创新东北实验区建设的实践与思考》，《教育教育研究》，2013年第1期，63页。

② 周成海，衣庆永：《专业共同体：教师发展的组织基础》，《教育科学》，2007年第2期，49页。

③ 叶澜，李政涛：《"新基础教育"研究史》，北京：教育科学出版社，2010年，170页。

本研修工作。通过这种"双向挂职"的方式有效地促进了师范大学与中小学校的人才资源共享。同时，东北师大整合了全国中小学教师继续教育网、东北高校教师教育联盟等多个平台，促进教师教育数字资源共享平台建设，为地方政府、中小学校分享师范大学的优质教师教育资源提供保障。①

再以首都师范大学教师发展学校为例，2001 年，首师大在国内首倡教师发展学校建设。教师发展学校是大学与中小学合作建设，是大学学术文化与中小学工作文化的融合。它不仅有效地促进了中小学教师的专业发展，也为师范生提供鲜活而生动的课程资源；同时，丰富的中小学教育实践直接促进了大学的教师教育改革，是"中小学实践反哺大学教师教育"的生动体现。

### 2. 组织与制度建设机制

组织与制度建设机制归属于运行机制，运行机制是共同体活动得以开展的核心环节，涉及人员、机构、制度、组织等多个因素。

(1)"三位一体"的队伍构成

共同体的运行离不开参与其中的主体。"U-(G)-S"共同体显而易见至少包括大学研究者、地区行政人员和中小学教育者三部分。

以华东师大"新基础教育"为例，其三部分人员的具体成员及职能可归纳如下。

第一部分是华东师范大学"新基础教育"课题组成员。主要由华东师大基础教育改革与发展研究所的研究人员和一部分博士研究生组成。这一群体的主要任务是对研究的总体策划；开展理论研究与学校现场的研究、评价与指导；在共同体会议中做主题报告等。

第二部分是核心试验学校的领导和教师。其中有中小学语、数、外和思想品德等试验教师、试验班班主任。他们是"新基础教育"改革的实践主体。还有学校的校长、教导主任、科研室、教研室主任等学校中高层领导。他们既是教育改革的支持系统，同时在学校管理整体变革中，他们与教师一样充当了一线人员的角色。

第三部分是"新基础教育"区域性推广中所涉及的群体。由该地区的教育局、进修学校、教研室、科研室等领导和相关学科教研员等组成。这一群体是推广地区的支持系统和领导力量。他们从政策、经费、组织管理等方面推动了"新基础教育"在地区的发展。例如，"新基础教育"举行的全国性会议，就得到了地区这一群体在行政和经费等方面的支持。

---

① 刘益春，李广，高夯：《"U-G-S"教师教育实践模式探索——以"教师教育创新东北实验区"建设为例》，《教育研究》，2014 年第 8 期，110 页。

（2）内容丰富、形式多样的活动体系

活动是共同体运行的载体。在多年的实践中，各个共同体都形成了特色鲜明的活动体系。

以东北创新实验区为例。在教师教育实践课程方面，形成了"教育见习—模拟教学—教育实习—实践反思"教育实践课程结构体系，建构了"理论引导—案例分析—实践体验—研究发表"教育实践课程实施模型，探索总结出"县域集中—混合编队—巡回指导—多元评价"教育实地实习模式。在职教师培训方面，实施了"常青藤工程"等，是由订单培训、置换培训、校本研修、专题报告、远程教育、送课下乡、同课异构等构成的多种在职教师培训形式。

以西北师范大学为例，"U-S"共同体形成了教育见习、实习、教育调查、教育观摩、模拟微格教学、现代教育技术培训、班主任技能模拟实训、板书设计与汉字书写技能训练等系统化的实践类课程体系。

再以华东师大"新基础教育"为例，在与中小学的互动中，华师大课题组首先以三种方式为主介入学校。其一是以综合组的方式介入，每月定期进入基地学校，负责接洽学校各方面改革工作，起到总体的引领作用。其二是以学科组的方式介入，即分为语文、数学、外语等学科，负责与基地学校教师开展学科教学与改革研究。其三是以专题组的方式介入，如学校管理变革与领导发展、班级建设与学生成长、教育教学改革与教师发展等。具体的活动形式主要有听课、评课、说课、学习培训、交流讨论、汇报总结、研制研究计划等。如"新基础教育"探索时期，在小学课题组每周到试验学校一天，一般上午随堂听课、说课、评课，下午观察班级活动、与教育者讨论，一个阶段后，课题组还要与教师一起备课。四年中共计听课等不少于1600节。[1] 每学期末、学期初的时间段中，华师大课题组、任课教师、学校领导会进行集中培训和学习，总结上一学期的经验、安排下一学期的研究任务等。有时还会在两个试验学校交流的基础上进行两校间的交流和研讨，并进行研究课和开放课等。上述活动在四年中学校各自进行了30次、共同进行了4次。[2] 在中学，课题组与试验学校教师集中的交流式的听课、研讨、学习、汇报总结、研制研究计划等三年中进行了12次。[3]

---

① 叶澜，李政涛：《"新基础教育"研究史》，北京：教育科学出版社，2010年，7页。

② 同上书。

③ 同上书，8页。

再以首师大为例，在优质学校建设项目中，首师大通过三种路径推动合作，即共性引领、校本支持和学校发展共同体互动。共性引领路径是以学校群体为对象，主要针对学校发展改进的共性需求问题，开展有针对性的引领和推动，主要包括项目研修、外出交流考察活动、现场展示交流活动、专项工作推进等。校本支持路径是以学校个体为对象，针对每所学校的个体发展需求开展的支持和帮助，包括项目组成员的个体支援和团队支援两种方式。共同体互助路径是指在项目所构建的共同体内，在项目组引领下，由项目学校间直接自发开展的互助交流和学习活动，包括校本培训中资源经验的相互利用、教研组的同课异构、校长间的交流学习等。①

（3）职责明确的机构设置

共同体的运行有赖于一套相应的"班子"和机构。这些机构和"班子"任务不同，但职责分明。既有行政机构、也有学术机构；既有正式机构，也有非正式机构；既有临时机构，也有常设机构。

以首师大为例，为了推动共同体更好的发展，组建了教育学院；成立了教师教育领导小组；成立了首师大教育硕士教学指导委员会；成立了全日制教育专业硕士教育实践指导委员会等机构。

再以西北师范大学为例，实行专业教育与教师教育分离培养，即师范生的学科专业知识技能培养与作为未来教师的教育知识技能培养分别由学校不同的学院（或者说由不同的教师群体）来分工完成。为此，学校提出了办"大教育学院"的思路，即将传统的教育科学学院改造为承担学校教师教育课程开发和实施的主要机构。它的职能除了进行传统意义的教育科学研究和教学以外，更多的任务是为全校师范生开发和实施教师教育课程。②

再以华东师大"新基础教育"为例，在组织建设中，共同体逐渐形成了"一所""一体""一站""一中心"。"一所"指上海市"新基础教育"研究所，成立于1999年5月19日。研究所的研究人员全部兼职，由华东师大课题组成员和核心试验学校校长、区域性推进的区级课题负责人组成。研究所为"新基础教育"在闵行区的区域推广和"新基础教育"研究发展性阶段的研究工作做出了贡献。"一体"指"新基础教育"研究共同体。成立于1999年10月23日。在上海市崇明县举行第一次首批发展性研究试验学校的现场研讨和交流会上，确定了以后每学期召开一次共同体全体研讨会，进行地区和

① 杨朝晖，李延林：《追求优质，我们在行动——基于 UDS 合作的优质学校建设之路》，北京：首都师范大学出版社，2013年，18—20页。

② 刘旭东，谭月娥：《论基于 U-S 合作伙伴关系的教师教育改革——以西北师范大学为例》，《当代教师教育》，2012年第9期，19页。

学校间的交流活动。2011年，上海市闵行区开展了"新基础教育"生态区研究，并在上海、常州、淮阴、青岛组建生态组，成立"新基础教育"生态式推进全国共生体。自此，"共生体"代替了"共同体"的名称。此举的目的在于通过各学校自主研究和多层次合作，使参与人员在各自的基础上实现发展。"一站"指新基础教育网站，成立于2002年9月27日。这一网站由广州市南海区信息中心负责管理和维护。"一中心"指华东师范大学新基础教育研究中心，于2009年成立。中心由大学研究人员等组成的研究员和中小学领导、教师组织的兼职研究员和列席研究员组成。中心的发展宗旨为：将中心建成为"中国学校转型研究的合作平台；一代教育新人成长的精神家园区'生命·实践'教育学创生摇篮"①。

(4)多层次多方面的制度体系

共同体形成了正式的合作协议、组织内部管理条例和非正式的研究制度等多层次多方面的制度体系。

在合作协议方面，以东北创新实验区为例，东北师大与东三省教育厅签署了共建"教师教育实验区"协议书，与东三省地方县市教育局签署了共建"教育基地"协议书。协议规定，由省教育厅负责在本省辖区内为东北师大落实实验的县市，作为实验区的县市政府，负责为东北师大选择若干所实习基地校，并协调东北师大与基地校间关于学生实习的有关工作，包括基地校每年接收实习生的人数、实习的工作计划、实习的保障措施等。协议还规定，东北师大要对地方承担五大义务：一是实习期间，组织基础教育专家为实验区免费作学术报告和优秀教师公开课；二是师范生顶岗实习期间，免费为原岗位在职教师提供一个星期的离岗培训；三是吸收基地校教师参加东北师大相关专业科研课题的协作研究，并合作开展基础教育领域的课题研究工作；四是每年接收基地校若干名教师到东北师大免费进修；五是优先安排国家公费师范研究生到基地校进行顶岗实践。②

在组织内部管理条例方面，以首师大为例，为规范指导教师出台了《首都师范大学导师岗位职责》《全日制教育硕士特聘导师职责》等；为规范全日制教育硕士出台了《首都师范大学全日制教育硕士培养方案(试行)》《首都师范大学全日制教育硕士教育见习实施意见(试行)》等管理文件。

在合作中的具体研究方面，以华东师大为例，在"新基础教育"运行过

① 叶澜：《"生命·实践"教育学派——在回归与突破中生成》，《教育学报》，2013年第10期，第21页。

② 陈帆波：《在基层土壤中汲取丰富营养——东北师大与东三省17个县市合作创建教师教育实验区》，《中国教育报》，2009年2月9日，第1版。

程中逐渐形成了一套研究制度。包括：①各试验学校在研究过程中建立的不同形式学习制度、研究交流制度、计划与总结制度、评价奖励制等；②华东师范大学课题组成员每周下闵行区试验学校一天制，每学期到上海市之外的试验区和学校作一次集中指导制，每学期计划、总结交流制，假期为试验地区、学校按需提供集中培训制；③新基础教育研究所的学期例会制等。

再以首师大为例，在优质学校建设项目中，形成了五项保障制度，即：①联合进校制度，大学与地方政府联运，定期进入学校开展合作；②假期研修制度，一般为期 2 天，由大学策划和组织，政府协调，项目学校全体中层以上干部参加；③项目组内部研修制度，大学项目组内部不定期召开会议，进行工作反思；④UDS 沟通协调制度，包括定期向上级部门进行工作汇报、专题工作研讨协商、校长联席会议等；⑤项目简报制度，简报由项目组和学校共同撰写，展示项目工作思路与实施状况、传达教育信息。[①]

3. 评估机制

共同体中的评价主要是基于组织或个体发展的诊断性、形成性评价。这种评价较集中于对学校发展和师范生的培养上。

在对学校发展的评估上，以华东师大为例，在"新基础教育"研究中，团队主要采用了"推进性评价"。即评价改革贯穿于学校改革研究与实践全过程的策略，改变了评价者在改革之外、评价过程外在于改革过程的传统，使学校评价成为对学校改革的认识深化和推进学校改革的重要力量，把学校改革实践的深化过程与阶段成果，不断转化为评价改革的深化过程，使两类改革交互推进。其主要特点为：评价主体与改革研究主体统一；评估指标指向改革过程；评估过程与学校日常实践统一，向其他学校开放；评估结果多次、多层面、多角度。

在对师范生培养的评价上，既有成体系的评价量表，也有具体活动针对性的评价。如首都师大针对教育硕士就有《首都师范大学全日制教育硕士教育见习自我评价表》、《首都师范大学全日制教育硕士教育见习评价表》等评估文本。再如，东北实验区的地方教育局会对东北师大的实习生进行考评，实习生在导师的带领下也要自评。林甸县教育局给实习生安排指导教师，要求做到一个实习生配一个指导老师，要指导听课、指导备课、指导讲课说课和顶岗上课，最后教育局要考评。其中，在林甸四中带

---

① 杨朝晖，李延林：《追求优质，我们在行动——基于 UDS 合作的优质学校建设之路》，北京：首都师范大学出版社，2013 年，21—22 页。

队的石艳老师给实习生们建立了"小组评课会"制度。"我要求每个人都要听其他人的课,各个学科互听,至少听两个人的。"①

### (二)城市驻校教师模式(U-S-N)的机制

1. 城市驻校教师的实践流程

(1)项目计划与愿景

城区的教师需要得到改变才能生存。城市驻校教师计划的核心愿景就是要打造一种新的教师教育模式,从始至终,计划的每个步骤都致力于快速教给教师应对城区学校课堂的知识、技能与决断力,呈现给他们的学生一种与众不同的学习体验②。

在驻校教师联合会发布的报告中,定义了七条组成"高质量驻校教师计划"的普遍原则:①在一年内的驻校教师培养过程中,紧密沟通教育理论与课堂实践;②项目计划提供有经验的、经过训练的、补偿性的导师来指导驻校学习;③让参与者在合作的环境中建立一个专业的学习共同体,促进合作,去推动学校变革;④建立一种有效的合作关系,在一个基于共同体的组织中开展教师培训的"第三条道路";⑤项目计划参与到教师供给的解决之中,完善课程目标与教学方法,以此来为当地学区提供服务;⑥当一名驻校教师的学员走入教师岗位后,会持续有多年的教业支援帮助;⑦建立有效的激励措施去支持不同的职业目标,以此去提高教师留岗率,并奖励那些成绩卓越且经验丰富的教师③。

所以,从其本质来看,驻校教师计划目的就是为当地薄弱学区培养优秀的教师。在一年的驻校培养过程中,每周有四天跟着指导教师,参与到课堂联合教学之中。每周五有一整天(外加半天周末或晚上)进行教学法等等的课程学习。在一年的教与学的过程中,驻校教师持续关注他们的教学变化过程,根据当地教师要求标准,收集教学档案、建立表现导向的评价。以确保他们能够胜任教学工作④。

(2)驻校教师计划的招募与选拔

驻校教师计划主要是由三个群体间的合作来完成的,由高等院校牵头

---

① 陈帆波:《在基层土壤中汲取丰富营养——东北师大与东三省 17 个县市合作创建教师教育实验区》,《中国教育报》,2009 年 2 月 9 日,第 1 版。

② United U T R. The Urban Teacher Residency Model[EB/OL]. http://www.utrunited.org/the-residency-model.

③ Berry B, Montgomery D, Snyder J. Urban Teacher Residency Models and Institutes of Higher Education: Implications for Teacher Preparation[J]. Center for Teaching Quality, 2008:5.

④ Ibid, 6.

来招收学员，组织项目的开展，提供相应的教师教育课程；由城市学校提供实习场地，并提供指导教师；而一些非盈利的教育类组织则提供经费以及参与到项目制定及评测活动之中。

① 驻校教师计划学员的选拔。驻校教师计划的招募人群与选择性教师教育比较相似，主要是招募大学毕业生、社会上的跳槽人士以及有意愿献身于城市教育事业的人士，为了保证教师培养的质量，选拔的标准比较严格。例如在 2014—2015 年驻校教师联盟的报告中，全美驻校教师联盟的学校共录取 557 名学生，录取率为 24％①。在资质要求方面，所有驻校教师计划都要求申请者为美国公民，或者是拥有永久居留权；其次必须获得学士学位，或者是应届毕业生；在各个不同的州，申请人需要通过不同的考试项目，来获取申请资格，例如，在 2015 年芝加哥驻校教师计划申请中，所有在 2015 年 6 月 30 日前未获得伊利诺伊州教师资格证的申请人，州政府会提供一次考试机会，只有通过考试获得教师资格证的申请人才能有资格被驻校教师计划录取②。在旧金山驻校教师和 Aspire 驻校教师计划申请中，申请人需要通过加州基本教育能力测试 CBEST（the California Basic Educational Skills Test）和加州基本能力测试 CBET（California Basic Skills Test）的考试③④。除此以外，各个地区的驻校教师计划都还对申请人的成绩有要求，芝加哥 AUSL 驻校教师计划需要申请人 GPA 达到 2.5/4.0⑤；Aspire 驻校教师计划需要申请人 GPA 达到 3.0⑥；丹佛 boettcher 驻校教师计划需要申请人 GPA 达到 2.75⑦，这些都说明驻校教师计划的招募是十分严格的，对学员从资历背景到学业成绩等方面都是有规范要求的，其目的则是致力于为当地教学力量薄弱的地区培养出优秀的教师。

---

① United U T R. 2014－15UTRU Network Partner Program Report［EB/OL］. http：//www. utrunited. org/EE_assets/docs/2014－15_UTRU_Network_Partner_Program_Report_2014－15_FINAL. pdf.

② AUSL. Test Selection［EB/OL］. http：//faqs. auslchicago. org/support/solutions/articles/4000024116.

③ San Francisco Teacher Residency. Eligibility［EB/OL］. http：//www. sfteacherresidency. org/apply/eligibility.

④ Aspire Teacher Residency. TestingRequirements［EB/OL］. http：//aspirepublicschools. org/join/atr/how-apply.

⑤ AUSL. Minimum Requirements to Apply［EB/OL］. http：//auslchicago. org/residency/admissions-non-licensed.

⑥ Aspire Teacher Residency. Application Requirements，http：//aspirepublicschools. org/join/atr/how-apply.

⑦ Boettcher Teacher Residency. Eligibility Requirements，http：//www. boettcherteachers. org/how-to-apply/who-Should-apply.

② 驻校教师计划学校导师的招募。在驻校教师计划中，学员最重要的就是在城市学校的每周四天的实习生活，而在其中，优质的指导教师是计划完备成功的关键。所以在城市驻校教师计划的运行过程中，指导教师的选拔也是一项重要的内容。

驻校教师联盟的报告中，提出了对指导教师的招募、选拔和培训这一系列过程的具体要求。首先，导师的招募有严格的标准要求。驻校教师计划组开发并使用了一系列的"导师招募标准"，去指导城区学校导师的招募、选拔、培训和评估。在导师的具体要求标准中，明确定义了导师所应具备的知识技能，让他们可以有效地使"受训教师"成为"杰出教师"。

完整的选拔过程也是很重要的。驻校教师计划最大的创新点在于它招募了一群有天分的有经验的教师去作为学员们的导师，在课堂的观察学习中，采取一种"学徒制"的培训模式，让学生们获得教学经验与教学智慧。

驻校教师计划提供了一种竞争性的选拔过程。它采用了表现评价过程，根据对导师标准的要求，去选择出那些最有潜力成为好导师的优秀教师。驻校教师计划确保这样的选择是严格且公平的。第一，建立严格的选择标准；第二，听取多方利益相关者的意见；第三，综合的选拔过程；第四，完善的评价体系；第五，创制导师选拔渠道；第六，数据的回顾与分析。

同时，导师除了在指导学生之外，驻校教师计划也同样给予他们个人教学素养提升的帮助，使他们可以更好地贴合指导教师标准。在驻校教师计划中，导师们可以得到专业的训练、充足的资源与必要的支持，让他们可以更好地获得个性发展。在项目合作过程中，导师可以获得：第一，持续的培训和发展；第二，差异化的专业课程；第三，有针对性的支持；第四，参与到学员课程之中；第五，与其他导师合作指导的机会；第六，加入到"导师－驻校教师"专业发展模式；第七，领导力发展的机会。

在驻校教师计划的实行过程中根据导师标准，采取了充分的多方位的导师评价，用以支持导师的个人发展以及教师教育能力的提高。通过导师评价的结果，用以对导师招聘、诊治以及解聘[①]。

(3)驻校教师实习年

不同的驻校教师项目计划中，在校学习的时间通常都是一年，主要的任务有两部分：多数时间的课堂见习以及周五、周末或晚上的硕士学位的理论课程学习。学生会在一年的驻校教师实习过程中得到一定的生活费

---

① United U T R. UTRU Quality Standards for Teacher Residency Programs[J]. Chicago, IL：UTRU, 2010：6—7.

用，在项目计划完整完成后，获得硕士学位。

在学习的过程中，驻校教师计划的学生们是作为一个个小团体进行培训——在整年及以后的学习过程中一直是以朋辈小组的形式展开的。在学习开始的时候，一组组的驻校教师计划学生们被安排到高需求高功能的公立学校中进行见习学习。同样，这些学生在硕士课程学习的过程中也是以小组为单位的。这样的团队合作模式，可以使得驻校教师计划的学员们相互之间建立一种学习网络，可以在实习的过程中相互进行协作补充，以更好地对薄弱校进行支持①。

① "前驻校"学习。在真正进入实习学校之前，有不少的学员是并没有教育类学习背景的。所以在九月开学之前的暑假，学员们通常会用七月和八月两个月时间进行暑期学习，由此得以具备基础的教育学与学科的专业知识。例如在波士顿驻校教师计划中，在学年开始之前，学校会花两个月时间为学生讲授必要的教学知识。在第一个月的上午，项目计划会针对不同的学员有特定的课程，对于没有课堂实践经验的学员，项目会给他们提供暑期学校的课堂实践活动。而那些已经有教学经验的学员，则可以有更多的时间去准备州立教师资格认证的考试。七月的下午则是被留作课程计划和课程管理的基础课程教学。在八月，课程则开始关注具体科目的教学。而当九月份学年开始之后，则变成周一至周四之中的某天晚上和周五的白天进行学术课程学习与讨论②。

② 驻校教师学校实习。驻校教师学员会在城市公立学校中实习一个学年，在有经验的导师指导之下来提升自己的教学能力。通过多样的指导和交流，导师为学生提供有价值的洞见，提供有效的教学方法，帮助学生发展知识、技能和思维习惯。在这一年的实习与课程结束之后，学生就要从课堂中的合作者、联合教学的参与者转变为一名在城市急需地区的一线教师。

在实习的过程中，学员可以接受导师一对一的全方位课堂指导。拥有丰富城市学校教学经验的导师可以有效地指导学员如何在这样的学校环境中"生存"。同时，每名学员在春季学期会得到四周的独立教学实践机会，通过导师的分析、观察与评估，学员可以和导师一起改进自己的教学，以

---

① United U T R. The Urban Teacher Residency Model［EB/OL］. http：//www. utrunited. org/the-residency-model.

② Childress S. ，Marietta G. ，Suchman S. Boston Teacher Residency：Developing a Strategy for Longterm Impact［J］. 2008：7.

便更好地适应真实的课堂教学生活①。

③ 专业课程学习。参与波士顿驻校计划的学员们需要在周一至周四之中的一个下午或晚上参与三个小时的课程学习，每周在自己的中小学会有一个半小时的研讨会。在周二，学员会花三个小时的"空闲时间"与导师进行讨论。导师也会利用这个时间去观察其他学校的课堂，并参与到课程指导的环节之中，抑或是参与到研讨会之中。学期之中的每周五，学员们会花一整天时间（早八点半到下午三点半）上课。在十二月，会有两周全日制的寒假课程，而在实习期之前的暑假，同样也会有全天的课程学习②。

④ 理论与实践的沟通。除了在城市学校课堂中的一对一指导以外，学员还要参与到硕士课程的学习中。这种深入的课程学习可以使理论与实践紧密地结合在一起，形成一种独特的学习路径，帮助学员在日常的课堂生活与学习到的教育理论之间找到衔接点。一个小组的学员之间相互分享自己的实习体验，在小组讨论的过程中来理解教学理论的应用。另外，学员们的导师也不是游离在外的，他们也会对学员们的硕士课程学习有所了解与监控，帮助学员们将理论中所学到的知识应用到课堂实践之中③。

(4)后驻校的独立工作

结束了一年的驻校实习之后，在学期末的七月份会有一些总结提升的课程。之后则是根据不同州的项目计划，有三至五年在城市学校中带薪实习的服务。例如在波士顿驻校教师计划中，毕业学员见习结束之后需要在学区进行至少三年的服务。作为支持与鼓励，他们会得到学区学校的入职指导，还可以接受有经验教师一对一的教学诊断，同时还会对他们前两年独立教学的课堂进行有针对性的反馈。

驻校教师计划还有活跃的校友网络作为支持——校友们在毕业后仍然还继续与驻校教师计划合作。许多毕业生成为校长或者是学校中的中层领导，而他们也乐于成为驻校教师计划的导师，通过紧密的校友网络使后续的学员们从中受益④。

2. 城市驻校教师模式的合作方式

城市驻校教师计划的合作主要是由三个群体组成的，大学、中小学校

---

① United U T R. The Urban Teacher Residency Model [EB/OL]. http：//www. utrunited. org/the-residency-model.

② BTR. The Residency Year [EB/OL]. http：//216. 243. 167. 195/ciocs/The _ Residency _ Yearl1. pdf.

③ United U T R. The Urban Teacher Residency Model [EB/OL]. http：//www. utrunited. org/the-residency-model.

④ Ibid.

和非营利组织所组成。项目的主导者是当地的优质大学，他们负责计划项目的运营，招募学生进行管理并提供必要的课程支持。项目实施的关键要素则是当地学区中的众多公立学校，它们既是项目的实践参与者，同时也是最终的项目受益者。而非营利组织参与其中则是提供了经费支持以及起到了外部监督的作用，通过经费控制、项目制定以及项目评价等多种手段来保障项目得以有效地实施。

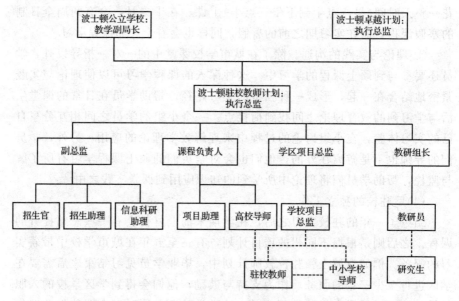

**图 5-1 "波士顿驻校教师计划"一览**

传统的教师教育输送模式中，大学与中小学之间是一种"输出－输入"的关系，大学提供教师，中小学接收教师。而在波士顿驻校教师计划中，创造性地将两者结合在一起，成立一个第三方机构波士顿驻校教师（Boston Teacher Residency），大学和中小学都成为这一组织中不可缺少的一个部分。大学主要负责理论性的课程，而中小学负责提供见习实习场地，提供合格的导师，最后为毕业生提供教职岗位。

（1）高等院校在驻校教师计划中的地位

如图5-1所示，高等院校主要负责学员们硕士课程的教学工作，制定出适宜学员的课程计划，并组织课程实施。除此之外，高等院校还会积极参与到学员的招募选拔，以及导师的招募选拔工作之中，以确保项目得以成功实施。

高等院校在驻校教师计划中的作用主要有两个方面。第一，高等院校为驻校教师计划的学习提供了理论的课程指导，为一些从未参与到课堂中的"新手"做好见习前的准备工作。第二，高等院校为此项目提供了学历认证，硕士学位的颁布既是对学员们四五年的学习与服务过程的一种认证，同时也是一种激励措施，可以吸引到更多优秀的毕业生参与到驻校教师计划之中。

（2）学区与学校在驻校教师计划中的地位

学区可以有效地调配当地的教学资源，用以促进驻校教师计划的实施，借此使得当地学校得到发展与提升。例如芝加哥的城市领导学院（AUSL），既是当地唯一的驻校教师计划学校，也是当地学区的管理者，为了促使自己名下的城市学校得到发展，AUSL的模式是"以一年的驻校实习培养合格教师，随后将教师安置于自己监管的转折学校（turnaround school）来影响整个学校的转变"。[①]

学区的主体是学校，学校为学员们提供了见习的场地，同时还为他们配备了富有教学经验的导师。在见习期间的学习过程中，学校会努力配合实习活动的开展，并多角度考察这些见习学员，因为学校也会从中为自己学校招募到高质量的教师。由此可见，学校在整个驻校教师计划中是既有付出又有直接回报的，通过努力培养驻校教师学员，既完成了合作的目标，同时还可以为自己学校收获合格的教师。

（3）NGO在驻校教师计划中的地位

NGO（非政府组织）在驻校教师计划中起到的作用是多方面的。驻校教师联盟中提到了许多的合作伙伴，其中多数的性质都是属于NGO，它们有的为驻校教师计划提供了教师发展的资源，为学员们成为合格的教师提供了帮助；还有的NGO机构为驻校教师计划的推行提供了经费的支持；有的NGO机构则对驻校教师计划的运营进行监督和评价。

总的来说，NGO在高校和中小学之间起到了黏合剂的作用，去关注、服务于两者都没有重视的一些问题，可以更好地为驻校教师计划的开展提供帮助。

3. 城市驻校教师模式的运行保障

（1）UTRU共同体的建立

在2004年，当时的三个驻校教师计划：波士顿、芝加哥和丹佛，创建了一个非正式的合作小组，在其中相互交流实践内容、创新思路，并将驻校教师培养的概念提升到州立和联邦政府的层面。

从最初的合作伙伴开始，UTRU（城市驻校教师联盟）致力于合作努力推进并支援高功能的驻校教师计划投入到高需求的城区之中。合作的成功

---

① 刘玉：《美国城市教师驻校培养模式研究》，浙江师范大学，2013年硕士学位论文，50页。

之处在于核心价值观的分享，通过充分的分享交流与反馈启发，UTRU 和它的合作项目开始在全国范围内建立城市驻校教师的培养标准①。

现有的 UTRU 与各州共 17 个城市驻校教师计划形成了合作伙伴，联盟共同制定了驻校教师的质量标准。有地区想要新加入联盟成为合作伙伴有两种途径，或是达到驻校计划管辖项目（Residency for Residencies Program）的质量基准要求；或是被驻校教师联盟邀请。但无论是由那种模式成为合作伙伴，每个驻校教师计划都需要致力于达成城市驻校教师联盟质量标准，统一参与到联盟范围内的评估测量，并在联盟中不断地持续学习。

UTRU 制定了计划运营中六个元素质量标准②：

表 5-1　UTRU 六个元素及相关标准

| 元素 | 标准 | 指标 |
|---|---|---|
| 元素 1：计划设计 | 1. 计划陈述 | |
| | 2. 有效教学设想：包括知识技能与情感；统领计划的设计与发展 | 利益相关者的参与；现有教师专业发展标准和研究的审查；综合组织框架；当地环境的回应；方案整合 |
| 元素 2：计划管理 | 1. 急需学校、高等教育机构及其他机构的伙伴关系 | 伙伴挑选；价值倾向；股份所有制；委任主要伙伴；精简决策制定；合作伙伴沟通 |
| | 2. 有效人员配置 | 人员配置计划；预算；选拔驻校教师计划主管；明确主管职责 |
| | 3. 资金维持 | 合作伙伴的资金承诺；预算；集资；专员负责；董事会的发展 |
| | 4. 地方评估 | 评估专员；数据搜集管理系统；学生学业成绩测评；公开毕业生和指导教师的成绩 |
| | 5. 与计划各方签订透明法定协议 | 指导教师协议；住校生协议；培养场所协议；其他合同 |

---

① United U T R. The UTRU Network[EB/OL]. http：//www. utrunited. org/the-network.

② 刘玉：《美国城市教师驻校培养模式研究》，浙江师范大学，2013 年硕士学位论文，40—41 页。

| 元素 | 标准 | 指标 |
|---|---|---|
| 元素3：<br>驻校生<br>招募选拔 | 1. 符合学区目标 | 合作伙伴首肯的目标；能修改目标 |
| | 2. 招生一体化 | 资源的有效利用；明确资格要求；明确住校生价值倾向；有效地计划营销；个性化招聘策略 |
| | 3. 严格竞争的选拔 | 符合有效教学设想的选拔标准；评价标准始终如一；多方参与；多阶段选拔；持续地数据追踪分析；选拔全面高效 |
| 元素4：<br>指导教师<br>招募、选拔<br>与发展 | 1. 严格的导师标准 | 多方参与；综合指导的调查与实践；全面有序的框架；计划整合 |
| | 2. 招聘一体化 | 发展多个培养场所；积极的招聘策略；清楚的目标要求；明确导师权责；注重导师的培养 |
| | 3. 竞争的选拔 | 严格的选拔标准；多方参与；综合选拔过程；成熟的评价体系；创制导师选拔渠道；数据追踪分析 |
| | 4. 高质量的导师专业发展 | 不断培训与发展；专业发展课程；基于学校的特别帮助；导师参与硕士课程；协调辅导机会；导师—驻校生联合发展；拥有领导机会 |
| | 5. 导师评估问责制 | 导师继续评估协议；基于性能的评估手段；基于现象的评估；运用评价信息；导师解聘协议 |
| 元素5：<br>驻校实习年 | 1. 驻校实习课程整合 | 认定学习成果；范围和顺序；理论实践一体化；计划整合 |
| | 2. 培训场所选择与发展 | 招募拓宽；严格选拔标准；小队安置；坚定的学校领导；符合UTR；指定关键人物 |

| 元素 | 标准 | 指标 |
|---|---|---|
| 元素5：<br>驻校实习年 | 3. 严格均衡硕士课程 | UTR标准机制；依据有效教学设定课程内容和顺序；理论实践整合；响应学区环境；课程教师选拔；教师参与UTR；评价 |
| | 4. 密集的课堂师徒实习 | 理论实践一体化；以课堂为主的师徒学习；依据有效教学设定课堂实习内容；明确导师—驻校生配对；逐步放权；引导教学机会；继续课堂指导与帮助；驻校生参与培训场地选择；课堂实践经验 |
| | 5. 驻校生评估与问责 | 驻校生综合评估计划；基于性能的标准；定点计划；驻校生矫正开除协议 |
| 元素6：<br>后驻校期 | 1. 毕业生战略安置 | 均衡安置策略；培养安置场所；积极的后驻校期安置服务；数据搜集与分析 |
| | 2. 入职指导 | 合作协定；延续驻校学年；入职协调；加强数据搜集分析 |
| | 3. 高素质的入职教练专业发展 | 严格的入职教练选拔；入职教练参与专业发展UTR；加强有效指导帮助；帮助教练合作；城市学校有效教学的继续发展；教练评估 |
| | 4. 强化教师发展规划 | 以学校为基础的入职指导与帮助；继续提供课堂指导服务；UTR毕业生专业发展；拥有领导机会；毕业生参与UTR；活跃的校友网络；毕业生作为在职教师的评价 |

（2）驻校教师培养模式的经费保障

在驻校教师计划中，经费的开销主要有以下四部分：第一，招聘新教师的费用；第二，学员的培训费用以及驻校期间的生活费开销；导师的补贴（波士顿是补贴3000美元，芝加哥是工资上涨20%）；项目维持的各种费用。在项目实施的初期，通常是由私人或组织投资作为启动资金，而在项目稳定持续发展之后，则是转手由州立机构作为投资的主力。

表 5-2 波士顿驻校教师计划经费来源①

| 年份 | 2003—2004 | 2004—2005 | 2005—2006 | 2006—2007 | 2007—2008 | 2008—2009 | 2009—2010 |
|---|---|---|---|---|---|---|---|
| 战略投资者 | 100% | 100% | | | | | |
| 波士顿公立学校 | | | 20% | 40% | 60% | 51% | 51% |
| 私人资本 | | | 80% | 60% | 40% | 49% | 49% |

例如从波士顿地区驻校教师计划的资金投入来源构成来看，前两年完全是由战略伙伴捐赠作为资金来源。自从 2005 年开始，则转为由波士顿公立学校和私人机构进行资助，刚开始还是私人资助为主，而后则慢慢演变为由公立学校为主导。由此可以定义驻校教师计划的资金来源为"公立为主，私立为辅"的模式构成，但是 NGO 等在项目的前期运营投入过程中，资金投入是独占且巨大的。

## 三、实践与理论的双重突破

"U-(G)-S"教师教育模式与驻校教师模式（U-S-N）在运行中积累了大量的成果，参与其中的教师、学生、地区政府、学区等都得到了一定程度的发展。

### （一）U-G-S 合作共同体模式的成效

#### 1. 师范生的成长

"U-(G)-S"共同体模式为师范生提升实践能力搭建了平台。通过长期的、系统的、有指导的实习、见习，使师范生的综合素质有了显著的提升。

以东北师范大学为例，2007 年至 2013 年间，共有 6000 余名师范生赴各实验区教育实习，生均授课 25 节，96% 以上的师范生承担过班主任工作，87% 以上的师范生在实验区学校进行了教育调查研究。②

再以首师大为例，通过共同体建设，使师范生培养取得了显著的成效。如师范生的专业能力显著增强，2007 至 2009 年，首师大师范生获国家级和市级各类学科竞赛奖 221 项，其中国家级 75 次；在本科生发表论文

---

① Childress S., Marietta G., Suchman S.. Boston Teacher Residency: Developing a Strategy for LongtermImpact[J]. 2008：16.

② 刘益春，李广，高夯：《"U-G-S"教师教育实践模式探索——以"教师教育创新东北实验区"建设为例》，《教育研究》，2014 年第 8 期，111 页。

中，师范生发表论文比例从 2001 年的 26％，增加到 2008 年的 55％。再如，教师的成长周期明显缩短，从新入职到成为骨干教师的成长周期明显缩短。2004－2008 年，首师大师范生毕业分配到海淀区中小学工作的共有 852 人，其中 145 人作为区级以上骨干教师培养，60 人次获区级以上奖励。再如，师范毕业生签约率保持较高态势，首师大师范毕业生平均就业率和一次签约率，2001 年与全国和北京市持平，2008 年高于全国 29 百分点，高于北京市 7 个百分点。又如，师范毕业生社会满意度大幅提高，北京市基础教育界对首师大师范毕业生的总体满意度从 2001 年的 0.72 上升到 2008 年的 0.91，师范毕业生受到用人单位的普遍好评。[①]

2. 中小学的发展

"U-(G)-S"共同体作为互惠互利的平台，不仅使师范生得到了锻炼和培养，也促进了学校教师及管理者的专业发展。

以山西师范大学为例，从 2006 年起一直实行顶岗支教项目。每年都选派优秀大四学生和研究生到中小学进行顶岗实习，置换教师进行培训。此外，开展中小学校长、教育行政人员培训项目，以促进校长、教育行政人员的管理水平和专业化的发展。[②] 以东北师大为例，2007—2008 年间，东北师大实验区中学教师作了 68 场高质量的培训性讲座，共有 11000 余人次接受了培训，领域涵盖语文、数学、外语、化学、物理、生物、地理、心理学、教育学 9 个学科。[③] 再以浙江师范大学为例，到 2005 年末，已基本实现"十五"期间为全省各中学培训 500 位名校长、800 名省级骨干教师和 1000 名中学高级教师的目标。全省普教系统接受继续教育正规专题培养或培训的教师和校长达 10802 人，接受其他短期教育培训的教师和管理人员有 1000 余人，另有 957 名中学骨干教师接受专题提高培训。

这些培训取得了显著的成果。1998 年浙江省十大"功勋教师"中，有 1 位是浙师大函授毕业生；2001 年浙江省 16 位"功勋教师"中，浙师大函授毕业生有 2 位；第 8 批浙江省 142 位特级教师中，浙师大函授毕业生有 20 位。[④] 在"新基础教育"的 10 所基地学校校长中，2 位被评为上海市特级校

---

① 刘新成等：《创设合作共同体，构建实践取向的教师教育模式（国家教学成果奖申报材料）》，2009 年。

② 闫建璋，郭赟嘉：《师范院校"大学－政府－学校"人才培养模式研究——基于山西师范大学的实践探索》，《中国高教研究》，2013 年第 8 期，76－77 页。

③ 吕春宇，张翼，何威：《创新与双赢之举——东北师大实施"教师教育创新东北实验区"工作纪事》，《吉林日报》，2008 年 12 月 7 日，第 1 版。

④ 徐辉：《走特色化的教师教育之路促进教育强省建设》，《国家教育行政学院学报》，2006 年第 3 期，23 页。

长，3 位为特级教师，1 位为上海市十佳优秀青年校长，1 位为优秀校长培养的市候选人，所有校长都是中高级职称，其中 5 名是在五年"新基础教育"合作时间里提级的。与"新基础教育"合作前相比，在 10 所基地学校中层领导中增加了 2 名特级教师，35 名中高和 6 名小高职称成员。①

3. 教师教育相关理论的建设

作"U-(G)-S"共同体的主要推动者，大学教师不仅将理论应用于实践，也从教育现场汲取了灵感和营养。他们与中小学教师、领导和学生一起经历的教育实践，使他们找到了理论的生长点。

以首师大为例，至 2009 年，发表与共同体项目相关学术论文 1112 篇；出版学术著作 60 余部；主办了有重大影响的国际学术会议 5 次，国内学术会议 15 次。②

再以华师大为例，"新基础教育"形成了两个层面的中国教育变革理论：一是基本理论层面，二是应用研究层面。在叶澜撰写的《"新基础教育"论》中，提到了关于当代中国教育变革的基础理论的四大重要构成。第一，形成了对中国教育变革的宏观、中观、微观相关的"通观"式理论。第二，构建了新的教育变革主体论，提出了教育变革多元主体的地位、作用与利益关系的理论。第三，提出了当代中国学校内涵发展的理论。第四，揭示了学校教育变革过程的多重转换、互化、生成的创新本质。在应用研究层面，团队出版了一系列贴近学校改革"地面"的应用性理论著作，如"'新基础教育'成型性研究"书系。相对于其他教育变革应用而言，该丛书的特性有以下几点。第一，以各领域国内外主要研究状态和实践中基本状态的分析与判断为出发点，系统梳理本研究领域中的一些重要问题，寻找研究的新视角、新切入点、新深化层次和追求一定意义的补充与突破。第二，实现"新基础教育"变革理论在本领域研究中的具体化与特质化，在相关研究中呈现创造力。第三，研究和形成了各自研究领域中独特的变革实践发展演变过程与综合结构系统。第四，在对本领域中系统改革及关键问题做理论阐述同时，都插入了典型案例与课例分析。此外，团队的其他出版物有：叶澜等著的《基础教育改革与中国教育学理论重建研究》，叶澜主编的"世纪初中国基础教育改革丛书"(共计 11 本)，叶澜等著的《"新基础教育"研究史》，叶澜主编的"新基础教育"发展性研究丛书(共 3 本)，等等。

① 叶澜、李政涛：《"新基础教育"研究史》，北京：教育科学出版社，2010 年，133 页。
② 刘新成等：《创设合作共同体，构建实践取向的教师教育模式(国家教学成果奖申报材料)》，2009 年。

### (二)城市驻校教师培养的成效

总体来看，城市驻校教师计划对新手教师的培养还是卓有成效的，通过学习—见习—实习的模式，让学员为成为一名合格教师做好充分的准备。相比传统的教师教育模式和选择性教师教育模式来看，它有着更多的优点和成效。

#### 1.教师流失率降低

在全美国的城市学校中，新入职教师三年后仅有一半教师依旧在岗，这样无疑是增大了培养教师的成本，同时对学校教学的持续性也起到了负面的影响。很多离职的新教师在入职前并没有做好进入课堂环境的准备，而驻校教师模式则改变了这种模式。各地的驻校教师计划为新教师提供了充足的见习锻炼的机会，让他们在实践经验中得到有效的学习。迄今为止，在波士顿驻校教师计划中，87％的毕业生依旧在教学岗位，90％的毕业生还在教育领域工作；80％的毕业生仍然在波士顿公立学校中任教[①]。

根据美国驻校教师联盟总结的数据，85％的驻校教师计划的毕业生在三年后依然留在学校中工作，这有效地降低了高居不下的教师流失率，减少了大量的教师招聘培训开支，也为经受学校不断流失老师情况的学生们带来光明[②]。

#### 2.学区学生成绩有提高

所在地区学生学业成绩的提高也是直接衡量教学有效性的标志。传统教师教育培训出的教师存在理论与实践相脱节的现象，选择性教师教育培养出的老师缺乏专业的学术性训练，而民众对上述批评的响应，也有一部分原因是出于美国近年来在全球性的 PISA 考试成绩中的不理想。

驻校教师计划的推行，在一定程度上提高了当地城市学校的教育质量。在芝加哥驻校教师计划中，从计划实施以来，参与计划的学校的 ISAT 成绩达标人数的增长率是当地芝加哥公立学区的两倍，阅读和数学科目的达标比例也在逐年持续增长，这说明通过驻校教师计划，当地学区学生的成绩有着显著的进步，驻校教师计划所在的薄弱校成绩也在逐渐追

---

① BTR. The BTR impact [EB/OL]. http：//www. bostonteacherresidency. org/btr-impact/＃first.

② United U T R. The Urban Teacher Residency Model [EB/OL]. http：//www. utrunited. org/the-residency-model.

赶全学区的平均水平①②。一份来自科罗拉多州丹佛大学教育与人类发展学院评估中心(The Evaluation Center of the University of Colorado Denver's School of Education & human Development)关于丹佛博彻教师驻校计划的评估报告显示："在博彻驻校教师的影响下，学生的阅读成绩普遍比同类学校其他新教师所教学生的阅读成绩要高70%，与此同时学生的总体成绩与过去相比提高了4.5%，即一名学生之前成绩优于20%的同龄人，那么现在要优于24.5%的同龄人。"③尽管各地驻校教师计划所在的学校都是当地的薄弱校，但相对这些学校的自身水平而言，它们的成绩都有着进步。

3. 促进当地教师资源的多样化

在美国的中小学中，还存在着教师结构失调的情况。美国城市学校的学生多来自少数族裔，而相对应的少数族裔教师比例却远远不足，不同族裔之间存在着师生比例失调的情况。而驻校教师计划的开展则比较好地解决了这个问题，芝加哥驻校教师计划中有57%的学员，波士顿驻校教师计划中有55%是少数族裔④。通过招收少数族裔的教师，有利于促进教学环境的多元化，同时也是为教育公平做出贡献。

此外，除了在族裔问题中的多元化，驻校教师计划为了弥补城市学校缺乏数学、科学、特殊教育和二外英语教师的不足，在招收教师过程中还特意向这些学科倾斜。例如波士顿驻校教师计划汇总，55%的毕业生教授数学或科学，37%的毕业生教授第二外语或是特殊教育⑤。例如在2009—2010学年，尽管波士顿驻校教师计划仅为波士顿地区提供了34%的新教师，但却有62%的新数学教师和42%的新科学教师来自波士顿驻校教师计划⑥。

---

① AUSL. AUSL's 2012—2013 Progress Report [EB/OL]. http://auslchicago. org/content/progress-report-2012-13. pdf.

② AUSL. AUSL's 2011—2012 Progress Report [EB/OL]. http://auslchicago. org/content/progress-report-2011-12. pdf.

③ 刘玉：《美国城市教师驻校培养模式研究》，浙江师范大学，2013年硕士学位论文。

④ Berry B., Montgomery D., Curtis R., et al.. Creating and sustaining urban teacher residencies[J]. The Center for Teaching Quality, 2008.

⑤ BTR. The BTR impact [EB/OL]. http://www. bostonteacherresidency. org/btr-impact/#second.

⑥ Papay J. P., West M. R., Fullerton J. B., et al.. Does an urban teacher residency increase student achievement? Early evidence from Boston[J]. *Educational Evaluation and Policy Analysis*, 2012, 34(4): 413—434.

## 四、反思与展望

"U-(G)-S"教师教育模式与驻校教师模式(U-S-N)在发展中形成了自己独特的风格,产生了丰富的成果,但同时也遇到了困境,产生了一些问题。两种模式取得的成果值得借鉴,但产生的问题更需要反思,以期使我国教师共同体得到更好的发展。

### (一)两种共同体模式存在的问题

1. "U-(G)-S"模式的困境

虽然"U-(G)-S"教师教育模式具有独特的意义,并在实践中取得了相当多的成果。但这个模式仍然存在一些问题。正如吴康宁所指出的:"总体来看,我国U-S合作的状况十分参差不齐。只有为数甚少的合作达到了一定深度,实现了教育理论与教育实践的交互创生、大学与中小学的共同发展;相当数量的合作虽然历经多年,也有一定成效,但并未使大学教育科学研究与基础教育实践发生具有根本意义的变化,还有更多的合作则始终滞留于表面文章,热衷于形式包装。"[①]

从20世纪80年代到目前,"U-(G)-S"教师教育模式在我国取得了长足的发展,其意义和价值已经得到普遍的共识。当下,我们的问题也许不是缺乏形式上基于"U-(G)-S"模式的合作,而是缺乏长远的、有实质意义的深刻合作。

"U-(G)-S"教师教育模式存在的这一问题可简要概括为内力不足和资源欠缺两方面原因。

(1)内力不足

共同体成员内在动力不足。"U-(G)-S"一些教师教育模式起源于政府和大学的行政驱动,这种活动可能符合组织发展的需要,但不一定满足每一个参与者的需要。如果教师没有自我发展的需要,再完备的合作模式也只能停留在"走过场"上。

共同体各成员存在"盲点效应"。所谓"盲点效应",即每一个人只能够清楚地看到连续体终端的自己是处于什么状态,但是却不能认识到连续体中其他成员做了哪些工作,从而使得相关者视野容易局狭单一、思维容易

---

① 吴康宁:《从利益联合到文化融合:走向大学与中小学的深度合作》,《南京师大学报(社会科学版)》,2010年第3期,5页。

走进误区、彼此容易产生误解。① "U-(G)-S"教师教育是由政府行政人员、大学教师及管理者、中小学教师及管理者等组织的团体，他们中的每一个人都有自己的位置，如果他们处在"盲点效应"中，就不可能理解别人的所作所为，也就无法达成深度而长久的合作。如一位研究者调查所得：

我们在与中小学合作的过程中，发现我们的老师对参与中小学合作根本没有兴趣，他们宁可在家里闭门造车，也不愿到中小学去看一看。因为他们认为，做学问才是正道，只有做学问才能提高他们的收入和声望。

我们在与大学老师交往的过程中，他们有着天然的优越感，在实际的合作中，更多的是大学老师在给我们做指导，我们接受他们的观点，可他们的观点却是那么的不切实际，但我们似乎还是得接受。②

不同合作者站在自己的立场上思考问题而不能达成共识，这使得共同体不能长久有效地运行。

(2)资源欠缺

资源在这里不仅指物质条件，而是指共同体运行的外部支持条件的总合，包括政策、制度、资金等因素。

虽然"U-G-S"共同体具有政府政策和资金的保障，但这种保障还没有完全制度化。即使这一模式的先行者东北师大也面临同样的困境。东北师大校长刘益春在分析共同体存在的问题时指出："在'U-G-S'教师教育模式实施过程中，需要地方政府提供稳定的政策保障，并形成长效机制，确保'U-G-S'教师教育模式可持续发展。"③

此外，组织内部评价机制存在一定的缺陷。当下大学与中小学对教师的考评指标存在差异，但都指向了可测量化、绩效化。

我们这些学科教学法的教师在大学里本来就处于边缘状态，如果还要求我们到中小学去整天开会而不是专心从事研究工作和进行论文写作，我们将不可避免地一直处于崩溃的边缘。你可知道，我们无论是想获得肯定，还是晋级职称，都与发表论文的数量和质量息息相关，而论文的质量更多是看理论深度。因此，如果我们一直在中小学班级中工作，那么进行

_____

① 李伟，程红艳：《"U-S"式学校变革成功的阻碍及条件》，高等教育研究，2014年第6期，70页。

② 张翔：《教师教育U-S共生性合作问题研究》，西南大学，2012年博士学位论文，88-89页。

③ 刘益春，李广，高夯：《"U-G-S"教师教育模式建构研究——基于教师教育创新东北实验区建设的实践与思考》，《教师教育研究》，2013年第1期，64页。

论文写作肯定是非常困难的事情，因为理论创作需要比较清静的环境。①

被评为优秀教师是中小学晋级职称的一个重要条件，所以很多老师都在拼命的争取。在评选优秀教师的过程中，学校是从德、能、勤、绩四个方面加以考核。但说真的，德、能、勤实在没有办法量化，以此作为评价标准往往会导致很多腐败行为。于是，一般情况下，学校在评选优秀教师的时候，只要该教师没有什么道德问题，往往最终只用"绩"（表现为学生成绩）来作为评价标准，这一方面便于操作，同时也体现公平。②

大学与中小学教师虽然都属于教师共同体，但他们"本质"上却隶属于各自的学校组织。因此，各自学校的评价制度才在实质意义上决定一个教师的发展。

2. 城市驻校教师培养的问题

尽管驻校教师计划相比其他教师教育模式来看有其独到之处，但在其自身运行过程中，也还是会出现一些不尽如人意的地方。

（1）指导教师数量的匮乏

驻校教师计划主要是针对薄弱的学区所开展，学校在当地的质量、声望都不是很好。尽管对导师有着"从教 5 年，拥有教师指导经验，硕士学历，教学技能过硬"③的要求，但这对于每个地区最薄弱的学校来说，在有限的候选人中，选拔有足够资质的导师也还是比较困难的。由于驻校教师计划成立的目的就是为薄弱学区服务，所以缺乏优质指导教师的问题则是计划的"先天不足"。

（2）教师培养周期长

驻校教师计划是学士后的培养计划，但一名学员从进入项目到获得硕士学位，中间需要有 4－5 年的时间，相比其他的教师教育项目来说，周期比较长。延迟获得硕士学位证书半强制性质地让学员留在薄弱校的岗位之中，在三年后尽管获得了硕士学位，但也形成了岗位习惯性，这也可能是驻校教师计划毕业生留存率较高的原因之一。

如果缩短驻校教师计划的培训时长，可能会出现两个问题：第一，可能会像选择性教师教育一样，教师的质量无法得到保障，与其他的教师教育模式变得趋同；第二，如果提早获得学位证明，有些毕业生可能会选择

---

① 张翔：《教师教育 U-S 共生性合作问题研究》，西南大学，2012 年博士学位论文，91－92页。

② 同上书，96 页。

③ 刘玉：《美国城市教师驻校培养模式研究》，浙江师范大学，2013 年硕士学位论文，65页。

其他环境较好的学校任教，这样就违背了驻校教师计划的初衷。

### (二)对我国 U-S 教师教育共同体发展的启示与展望

1. 加强高校与中小学合作力度

我国的教师教育培养模式主体依旧是传统的高等院校培养模式，学生主要在高等学校学习专业科目与教育学的知识技能，在三年级或四年级的时候有1—3个月左右的实习机会，这和美国传统的教师教育培养模式也是比较相像的。而驻校教师计划模式则提供了充分的实习机会，导师与学员之间的指导关系更为紧密，导师也参与到学员的课程学习之中。这就要求我国的高等学校需要与中小学进行沟通，了解中小学学校对优秀教师的期待诉求，为培养合格教师来制定自身的课程计划。同时，中小学也可以提供更多的见习实习机会，更好地了解、选拔学校中的师范生。

此外，虽然"U-S"共同体模式还存在着种种问题和瓶颈，但现有的"U-S"教师教育模式的成功案例也启示我们加强大学、中小学的合作具有深远意义。

2. 引入第三方组织进行合作

美国驻校教师计划的一大创举就是将大学－中小学－第三方组织联系在一起。各地的驻校教师计划尽管隶属于当地教育部门，但却不属于大学或中小学单独的一方群体，这改变了传统模式下"大学提供－中小学选择"的供需模式。通过第三方机构将大学与中小学双方联系成为一个合作共同体，为了项目的实施顺利，形成一个共同的愿景与目标，有利于计划的执行与推动。

我国现有的"U-S"和"U-G-S"虽然推广力度较高，但行政驱动也容易造成合作中的僵化，引入第三方组织将使大学与中小学合作更加灵活多样。

3. 走向文化融合的深度合作

所谓教师教育共同体的文化融合，即"大学与中小学双方经过文化上的碰撞与交流，相互作用、相互影响，最终创生出一种能够高效率推动双方合作、高质量促进双方发展的新文化"。[①]

在新的文化氛围中，共同体成员不再因外在压力或利益而驱动，这种文化本身将成为永不衰竭的动力；共同体成员也将摆脱原有的、固化的立场，站在共同的新立场上来审视成员，避免了"盲点效应"。

具体而言，U-S之间的文化融合是大学的学术文化与中小学的工作文

---

① 吴康宁：《从利益联合到文化融合：走向大学与中小学的深度合作》，《南京师大学报(社会科学版)》，2010年第3期，8页。

化的融合。① 中小学的工作文化聚集于"做什么"和"如何做"，大学的学术文化则聚集于"是什么"和"为什么"。这两种文化的融合不仅有利于共同体成员的相互理解与共识的形成，也有利于各自组织评价体系的转变。

4. 走向自组织的"共生体"

"共生体"这一理念借鉴于"新基础教育"的成果。一个项目或一个研究都有终结或告一段落的时候，要想实现长久的合作与其展，共同体之间应该构建自组织形式的"共生体"。

任何形式的教师教育共同体不应该因为项目结束而解体，而应该基于"自组织"的力量而转化和重生。所谓自组织，指"系统在没有任何外部指令或外力干预的情况下自发地形成一定结构和功能的过程和现象"。② 自组织无需外界特定指令而能自行组织、自行创生、自行演化，能够自主地从无序走向有序。③ 共同体不应该是基于外部指令和干预形成的"他组织"，也不应该是传统教育领域中的"科层组织"，而是基于共同体中成员的意愿、追求、责任、主体性而建立的。因此，共同体能够自我定向、自我控制、自我适应、自我演化。正如杨小微所说的："在'新基础教育'成型性研究过程中，课堂教学中的放与收，研究专题的逐个推进，教研组、年级组每月数次不同内容不同形式研讨/研修活动的周而复始，五年研究全程中依次出现的一个个重大活动（如规划制定、中期评估、精品课研讨等）的启动、准备、现场互动、活动反思，教师、领导在每一次活动过程中的'学习－研究－实践－反思－重建'等，都是以'回环/递归'的方式呈现，用心专一的研究者/实践者会在这些过程中'经常性重组'。这意味着，学校这一不断变革的系统，以不断回扣自身的方式，进行着自我生产、自我组织、自我重组。"④

在"自组织"作用下，"新基础教育"共同体实现了自身的"内生长"，使"新基础教育"研究进入了"通化期"。此时，共同体的目标和任务是：以组建学校间自愿合作生态区的方式，通过学校间领导、教师的分区联合研究，用深化学校改革提升教育者的发展水平，从而促进各校内生长力的发展，达到宏观均衡与学校内涵统一发展。⑤ 2012 年，参与这个项目的学校

---

① 蔡春，张景斌：《论 U-S 教师教育共同体》，《教育科学研究》，2010 年第 12 期，47 页。

② 金炳华：《哲学大辞典（分类修订本）》，上海：上海辞书出版社，2007 年，955 页。

③ 吴彤：《自组织方法论研究》，北京：清华大学出版社，2001 年，3 页。

④ 杨小微：《介入式合作互动：学校变革的策略创新及其方法论转换》，《上海教育科研》，2011 年第 2 期，8 页。

⑤ 叶澜：《"生命·实践"教育学派——在回归与突破中生成》，《教育学报》，2013 年第 10 期，20 页。

达近百所，涉及数以万计的学生和教师。所有参与学校联合体改名为"共生体"，意在表明："通过基于各校自主研究、多层面有主题、有目标的日常性与阶段集中相结合的多种合作交流，达成参与成员在各自原有基础上真实生长与发展。"①

一个长久而有深度的合作需要教师教育共同体走向多元、走向文化融合、走向自我生成，唯其如此才能实现共同体建立的初衷，达成真正意义上的教师教育一体化。

---

① 叶澜：《"生命·实践"教育学派——在回归与突破中生成》，《教育学报》，2013 年第 10 期，21 页。

# 第六章　和谐共生：首都师大的实践探索之一

　　大学与中小学合作是当前教师教育变革的重要主题，是促进教师专业发展的一种重要方式。2001年，首都师范大学在北京市建设首批教师发展学校。十多年来，这一建设已经成为教师教育改革和大学与中小学合作促进教师专业发展的一项具有改革和探索意义的事业。首都师范大学的教师发展学校建设是在原学校建制内，通过大学与中小学的合作建设，以实践中的合作研究为主要方式，旨在促进教师专业成长的学习与发展共同体。教师发展学校是建立在大学研究者与中小学平等合作基础上的新的教师教育模式，是首都师范大学教师教育合作共同体建设的重要实践探索之一。教师发展学校正是在这种合作共生的教师教育共同体文化中，促进师范生和在职教师的专业发展，这将从根本上提高教师专业发展水平。

　　能够成功地实现教师发展学校从无到有的建设过程，首先是由于正确地选择了具有根本意义和生命力的起点——实践。由此展开的是教师发展学校理论建设与实践建设共有的同一建构过程。回顾这一建设的过程，我们欣喜地看到，"理论与实践的双向激活"可以如此自然地结合为一体，通常所说理论与实践"两张皮"的对立与隔阂，在这里已经不复存在。理论首先作为庄严、神圣、超越的态度融入实践之中，实践因而成为自觉实现的追求，而正是由于这种自觉的追求，理论才被实践所激活，成为实践自身的理论形态之建构。

　　回顾教师发展学校建设的过程，我们十分珍惜它从一开始就明确表明的坚持"实践取向"的理论态度，也十分珍惜为此而坚定地贯彻的严格的科学态度，正是因此，教师发展学校的建设才能够同样值得珍惜地坚持了始终"在实践领域，以实践的形态，按照实践的方式"探索自己建设的道路。严格的科学态度，对于教师发展学校的建设来说，意味着在目的、内容和方式等各个方向严格地保持"实践的同一性"，在实践的意义上，坚持对于任何事情自身本原的实质性内涵的追问、理解、把握和实现。这对于教师发展学校的建设是重要的，它保证了教师发展学校建设在后来广泛发展起来的"U-S——大学与中小学协作"、"教师专业发展"等热潮中，始终保有自己理论和实践建设共同的优势和特色。

# 一、教师发展学校建设的缘起

首都师范大学开始教师发展学校建设，是以明确的理论态度发起的。这个理论态度所集中体现的追求，就是重新理解教育——走向教育实践本身，基于教育的实践本性，重新理解教育。之所以是重新理解，是由于它所坚持的，是走出近代认识论传统，走向实践哲学的教育理解以及由此引起的教育理论与实践的新的建构。在哲学和方法论态度方面从认识到实践的转换，是重新理解教育的聚焦点。这样一种理论的态度和精神，在教师发展学校建设的过程中始终得到自觉的贯彻。虽然，教师发展学校建设后续的发展并不是在其开始时就已完备地预设了的，但对于实践取向的追求，却是在开始即已确立，并始终坚持以严格的科学态度，贯彻在建设的全过程之中。可以说，建设教师发展学校是基于教育的实践本性，重新理解教育的产物，如果不是首先有了这样的理论选择，建设教师发展学校也许不会产生。同样，走向教育实践本身，基于教育的实践本性，重新理解教育的精神也赋予了教师发展学校丰满充盈的特色和活力。

## （一）重新理解教育——建设教师发展学校的时代变革

建设教师发展学校，面临着对教育的重新理解。在国际教师教育改革的各个领域、各种运动中，蕴含着属于当今时代的崭新的观念，体现着方法论的重要转向。怎样在21世纪教育深刻的历史性变革中把握它的动态、趋势、意义和价值，需要从根本上反思、重新理解教育。我们的思考主要循着如下的线索：

1. 知识经济使教育日益显现出它对于人类社会生活的直接的、根本的意义和联系

知识经济作为人类经济生活的一种形态，给教育带来了深刻的历史性变革，怎样理解这个历史性变革的意义及其与现实的联系，是我们所说重新理解教育的一个层面：从时代特点的角度重新理解教育。众所周知，知识经济是以知识为基础的经济，但是知识经济时代维系人类经济生活的不是静态的知识本身，而是知识的不断创新。创造是人类的天性，人类经济生活的维系转向对知识创新的依赖，是对人类自身资源的依赖，从物的依赖转向对人类自身创造性的依赖，标志着人类文明的新的历史时代。这个新的时代扩张和加深了对于教育的需求，导致了教育领域深刻的历史性变

革。宏观意义上，由于教育需求的扩张，教育具有了产业形态，具有了产业聚集能力。人口、资金、信息向教育优势地区聚集，使教育自身成为一种社会发展的经济资源，甚至能够在一定条件下以教育的发展振兴一方经济。微观意义上，教育需求的深化，使教育直接面向人的发展。工业时代，"知识就是力量"，对教育的理解更多地集中于内容的方面，着重在知识的传承。随着知识社会的到来，人类社会活动依赖于知识的不断创新而不是知识本身，于是"教育的核心不再是知识"①。当教育更加关注人的创新意识、创新能力，它所强调的是育人的根本意义及其实现，知识本身相当的成分因其迅速更替而难以与人相伴久远，唯有知识的不断创新才能使人学会生存。当埃德加·富尔指出"教育在历史上第一次为一个尚未存在的社会培养着新人"②的时候，已经敏锐地把握到教育与人类与每个个人的生存之间的这种直接的、根本的联系。知识经济、信息时代敞开了教育丰富的实践性和它的根本意义，它似乎不是一个有限维度的框架，而是带有无比丰富的含义，几乎在人类社会生活的一切方面，都在日益深刻地显现出它们与教育的直接的和根本的联系。学习化社会表达的正是这样一种全面地、直接地使教育与社会融为一体的意义。教育本身就在社会之中，但是学校教育的发展，逐渐使教育有了相对独立的形态，而当今时代，教育正在重新融入社会。教育将与社会融为一体，因而是直接的；教育形成人的创新意识、创新能力从而达成人的生存和发展，因而是根本的。知识经济使教育日益显现出它对于人类社会生活的直接的、根本的意义和联系，这是我们理解当今时代教育的意义和价值的第一条线索。

2. 文化融合

教育与社会的一体化是一个过程。在这个教育与社会日益融为一体的过程中，发生着教育在社会各个不同层面的各个方面中与各种不同文化人群的丰富联系。在这种联系中，汇集在教育之中的是积淀于不同人身上的不同的文化，教育与社会的一体化因此而成为一个文化融合的过程。文化融合，是我们重新理解教育的第二条线索。文化不等于知识，文化的概念远比知识丰富、深厚，它不仅有人类认识的历史成果，而且包含有当下的人格、精神以及它们与社会、历史的联系。融合不等于传递，传递的含义是单向度的，而融合蕴含着不同的文化、不同的文化人群或个体之间的交互影响、情境参与、创造生成。以文化融合为线索理解教育，我们所看到

---

① 孙传宏：《挑战知识经济：教育的核心不再是知识》，http：//www. beidahuang. net/net-book/38. htm.

② 埃德加·富尔：《学会生存》，上海：上海译文出版社，1979年，39页。

的，是教育丰满、充盈、立体、交互、动态和建构生成的含义。教育作为文化融合的过程，其结果，总是在多种文化以及积淀着多种文化的不同人群、体现着多种文化交互作用和影响的情境中形成一种新质的文化，这种新的文化同时又积淀于参与其中的所有人的精神之中。教育作为文化的融合，总是交互的、建构的、创造的、发展的，在教育的过程中获得发展的是所有参与其中的人，他们的发展可能有不同的角度、不同的基础、不同的内容，但他们共同经历着发展的过程。教学相长不仅是教师教学的个人体验，教师与学生的共同发展实在是教育作为文化融合的一种根本理解。教育作为文化的融合，也体现着教育的历史性变革。诚然，我们可以质问，有史以来的教育，都是人类代际之间的文化传承，一本书就是承载某种人类文化的一个文本，读书就是与历史对话，这些都已经是文化的融合，又怎能称其为历史的变革？然而，我们有理由认为，以往的教育过于强调了文化中知识内容的方面，教育因而成为知识的传递、生活的准备。这样一种对于教育的理解，得以持续千年，是因为当时的时代，允许以一次性的知识准备，应付一个人一生的生活，满足当时的社会需要。如果人类科学的发展没有为我们提供新的时代条件，这一切也许仍然可以平静地延续，但是，知识社会、信息时代的到来已经使这一切成为过去。对创新意识、创新能力的强调，改变着我们对教育的理解，知识是可以传递的，但创新更是一种精神，精神的达成不是传递的，而是通过理解建构和生成的。教育的内容是文化的结晶，教育的方式体现着不同的文化特点，教师、学生、管理者、研究者，一切参与教育的人都有着先在的文化背景，所有这一切在教育的现场情境中相遇、交互作用并融合为新的精神。从单向度的知识传递，到多向度的文化融合，表现着当今时代教育的历史性变革。是时代使教育作为文化融合的意义得以彰显，教育越是与社会融为一体，这一意义就愈显突出。

3. 主体间的理解

教育作为文化的融合，因而丰满、充盈，不再是单向度的。融合意味着意义、精神的重新建构，而其达成在于参与教育的人与人之间的相互影响和理解。主体间的理解是我们重新理解教育的第三条线索。这一线索既是从时代特点、历史性变革的层面理解教育的逻辑线索，也涉及重新理解教育的方法论思想。

我们从这一线索理解教育的基本思考是：对教育的理解，仅仅以单向度的主体性、主体与客体间的关系来解释是不充分的，教育过程中的主体性更多的是在主体间发生的。任何实践活动，都有主体对客体的认识、改造，也都有作为实践主体的人与人之间的相互影响和理解。也就是说，既有主体与客体之间的"主－客"关系，也有主体与主体之间的"主－主"关系。人与人之间的关系是主体间的关系，它的特殊之处在于人与人同样具有主体性。具有主体性的人与人之间的影响和联系是交互的，这样一种关系被理解为交互主体性、主体间性，表达着一种对主体间的、交互的关系的整体理解。这对于我们重新理解教育具有重要的启示。如果仅仅从主体与客体之间的"主－客"关系去理解教育，那么，无论怎样构造教师与学生之间各种复杂的主客体关系的系统结构，总是难以获得满意的答案，因为一种先在的主客二元分立的态度已经失去了主体间的、交互的整体意义。同样，在一种分解的理解中，把作为主体的人简单地、机械地作为被动的客体，也难以表现教师与学生双方的真实关系和交互作用。在真实的教育过程中，教师与学生都不是在某种分解的时间片段中时而作为主体去认识对方，时而作为客体被对方所认识。他们之间的理解和认识是在同一过程、同一活动中同时地、交互地、共同地发生和达成的。

以主体间的理解为线索重新理解教育，在这里，我们的思考仅概略地做如下的表达：①主体间的理解是交互的。从这一角度出发，要求把交互的双方（各方）作为整体性的存在，每一方都不是孤立的，都是不可缺失的。②主体间的理解表达一种平等、共生的关系。作为主体的人彼此之间同样尊重，不存在霸权的、支配的和中心的地位。③主体间的理解包含着对情境的关注。作为主体的人，同是历史的创造者，同是历史的剧中人。每个人的生活都是历史的一部分，同时又都具有此时此地的现场情境，作为主体的人在主体间交互作用构成的现场情境中表现出自己的激情和智慧，教育因而与现场情境不可分离。这些都成为我们建设教师发展学校的基本态度。

教育与社会和人的发展的直接的、根本的联系以至于教育与社会的一体化，由教育与社会的一体化而至于教育作为文化融合，由文化融合而至于主体间的理解，这是我们从时代特点层面重新理解教育的线索。重新理解不是无中生有，这一切都已经在历史中或强或弱、若隐若现地存在着并曾经不断地在教育丰富的实践中、在先哲们睿智的话语中有过表达。或许可以说，这一切都在教育最本原的意义之中，只不过它曾经是原始的、断续的、未曾充分展现的。重新理解教育正是要敞开它本原的含义。当今时代的变革，正是这种敞开的条件、力量和契机。知识经济、信息时代敞开了教育丰富的实践，使它本原的意义得以凸现、赋予它新的时代内容和特点并使它迅速成为普遍的、鲜明的时代教育精神和观念。知识经济、信息时代给人类社会生活带来的变革如此深刻，同时又如此迅速，以至于令人感到：教育的历史性变革，几乎是由时代在提出问题的同时也由时代给出了答案。

4. 面向实践本身

当我们因时代的变革而重新理解教育时，方法论的转向也为我们的反思和探究提供着新的启迪。方法论可以说就是我们怎样认识、理解、看待我们生活世界的基本的态度和方式。这当中，包括我们生活于其中的世界，也包括我们自身、我们的生活，以及我们、我们的生活与世界的关系和联系。我们怎样去认识、理解、看待，是具体的方法问题，我们为什么会选择、运用以至创造这些方法，还有着更基本的态度和方式，也就是方法论的问题。

西方传统形而上学所形成的根深蒂固的方法论传统，强调的是把现实生活归结为某种抽象实体，它不依赖于任何现实事物而独立存在，具有本原的、普遍的意义。这种抽象实体最终只是一个形而上学的虚设。这种方法论传统，一方面在现实世界之外陷入种种抽象实体的无穷争论，一方面试图从抽象的实体这个高踞于现实世界之上、游离于现实世界之外的形而上学的虚设出发，建立一个更真实更本原的本体世界，用它来解释、规定现实世界，为理解现实世界寻找一个绝对的、普遍的、确定的最终根据。应当看到，对普遍性、确定性的追求寄托着他们对规律的渴望，但是，问题在于当他们在现实世界之外而不是在其内部寻找人的生活实践、生活世界的真谛时，这种方法论传统理解世界的结果是以外在形式的追求掩盖了真实意义的理解，越来越远离现实的生活和实践。

现代西方哲学从总体上说，是在改变这种传统。胡塞尔开始的现象学运动使他们看世界的目光从抽象的彼岸回归人的生活世界，这是西方哲学和方法论思想的一个重要的转折，从以外在实体抽象地规定现实生活，使丰富的现实生活最终要归结为、符合于某种由形而上学虚设转向敞开的人的生活世界的开放和丰富多彩，它现实、直观地显现自己的本来面目，千姿百态，真实、鲜活、富有生命气息。身受胡塞尔倚重的海德格尔转向"此在"的生存方式的探究，走出胡塞尔的认识论进入存在论，他批评胡塞尔始终未能到达存在，他本人也始终没有离开面对实事本身的基本态度。他专注于语言、走向非理性的体验，但仍在探究着人的生存方式、语言构成的人的世界。伽达默尔的解释学既有对海德格尔的继承，又有批判和超越，他从语言与理解、语言与世界的关系走向语言对话和交流活动，把解释学引向实践的哲学。现象学运动把许多重要的西方哲学家联合在一起，虽然他们对世界有着各不相同的理解和解释，但是却有一种共同的接近问题的方式。它们所表现出的实践转向，对主体间性、生活世界的关注，产生了重要的影响。

马克思以实践的观点解释和改变世界。他指出："社会生活在本质上是实践的。凡是把理论导致神秘主义方面去的神秘的东西，都能在人的实践中以及对这个实践的理解中得到合理的解决。"①马克思主义哲学实现了哲学的根本性变革，真正实现了人类思想的实践转向。展开了以实践认识和改变人类生活世界的现实途径。

教育在本质上是实践的，它不应该仅仅被作为一个静态的概念去理解。对教育的理解，只有在丰富的现实的教育实践中才能真正获得。正是在这个意义上，我们把面向实践本身作为我们重新理解教育的第四条线索。它与上述主体间理解线索的方法论意义一起，构成我们重新理解教育的方法论层面。以面向实践本身的线索理解教育，表达的是这样一种理解教育的基本态度和方式，它或许可以是略有区分的两个含义：其一，是指摆脱那些无休止的争论和各种偏见，直接从教育的实践中去理解教育；其二，是指直接面对教育实践本身，而不是那些游离于实践之外的外在的东西。我们这样来表述这一线索，并不是简单地套用现象学面对实事本身的口号，而是基于中小学火热的教育实践对抽象思辨的教育研究的不满足和要求研究进入中小学教育实践的强烈呼唤。同时，面向实践本身，也表明了我们重新理解教育的马克思主义思想基础，它将使我们以教育实践生动、丰富、强劲的现实源泉克服旧形而上学方法论传统的思辨影响，也避免现象学、解释学中的相对主义、感觉主义倾向，使重新理解教育的问题"在人的实践中以及对这个实践的理解中得到合理的解决"。

面向实践本身是我们（大学和中小学的教师、教育工作者）重新理解教育的基本态度、方式、方法论思想。它吸引了我们的兴趣，鼓舞了我们的精神，燃起我们在中小学教育实践中研究教育的不可遏制的渴望。关注教师专业化发展，建设教师发展学校，正是在这种吸引、鼓舞下形成的内在于教育实践本身的研究指向。

### （二）教师发展学校的含义

出于以上对于教育的理解，深刻反思我国现行中小学教师教育的现实，我们深深感到我国中小学教师教育的现实无论是职前教育还是在职继续教育，在内容上、机制上都过于陈旧，极其迫切地需要有效的改革才能

---

① 马克思：《马克思恩格斯选集（第一卷）》，北京：人民出版社，1972年，18页。

有一个与时代相契合的基础。经过反复的认真思考，同时借鉴国际教师教育改革特别是美国 PDS 学校理论与实践的积极成果，吸收国内相关研究的宝贵经验，我们形成了建设教师发展学校的基本思考，并于 2001 年 4 月开始在北京市建设首批 5 所教师发展学校，以此作为我们探索中小学教师教育改革的尝试。关于教师发展学校的建设，我们主要有以下思考：

1. 教师发展学校是在现行中小学建制内进行的功能性建设

建设教师发展学校不是重新建立一所独立的专门学校，而是在现行中小学建制内进行的一种功能性建设，是为了发展、丰富和完善现行中小学的功能，着重强调中小学的教师发展功能，强调学校也是教师发展的场所，学校应当具有使教师获得持续有效的专业化发展的功能。

教师的发展是一个长期被忽略的问题。传统学校，一向以教师为中心，教师的地位并没有被忽视，并且一向推崇师道尊严。但是，教师的尊严地位与教师的发展并不是同一含义，教师中心、师道尊严背后，掩盖着的是对教师发展的漠视或遗忘，这是更深一层的遗忘，不仅传统的理解总是把学校仅仅作为学生发展的场所，甚至在许多重要的教育改革的理论和运动中，在强调学生的发展、学生的主体地位时，也没有关注到教师发展的问题。学生是发展中的个体，学校作为学生发展的场所是天经地义的，教师是学生发展的"主导者"，自然处于重要的地位。但是，他们"闻道在先，业有专攻"，已经是"学高之师，身正之范"，发展似乎是已经完成的事情。显然，这一切都出于教育仅仅是知识传递的单向度的理解。它已经不能适用于今天的时代。建设教师发展学校正是适应着教育从单向度知识传递到多向度文化融合的历史性变革。学校应当具有教师发展的功能，应当也是教师发展的场所，是在当今时代条件下对教育、对教师、对学校的理解，从这个意义上说，具有教师发展功能的学校才是"真正的学校"①，这样的学校才能使所有参与在学校教育过程中的人都得到发展。教师发展学校在教师发展的意义上也意味着教师的重新发现。

教师的专业是教育，是把传统意义上所说的教育、教学、学科及课程等各个方面、各种因素作为一个整体来理解的教育。教育在本质上是实践的，这表达了教育、教师专业永恒的创造性质和丰富的现实性意义。发生在每一个教育现实情境中的教育实践、互动关系、意义的理解和建构，是一切直接的教育最基本的单元、细胞。教育与现场情境不可分离，中小学教师的专业化必须在中小学教育实践中才能实现，不可能在一次性的准备

---

① Standards for Professional Development Schools，p. 2. by the National Council for Accreditation of Teacher Education，2001.

知识的训练中完成。迄今仍在实行的以师范院校各学科院系为机制的教师职前教育，主要学习的是"教什么"，"怎么教孩子们要在中小学里学习的东西"。[①] 教师发展学校之所以是在中小学建制之内，就是为了以现实的中小学教育实践本身作为教师专业发展的真实环境。

教师承载着教育根本的意义和价值。教师是教育改革和发展实践的主体，他们作为社会实践中的人的主体地位和作用、主体意识和责任感、作为主体的能动力量和创造精神是一切教育改革和发展最终得以实现的最基本、最直接的基础。建设教师发展学校所实现的教师有效的持续的专业化发展，可以说，是学校教育的内在动力和生命力的源泉。这一意义是根本的和深刻的，它意味着学校的、教育的内源性、可持续的发展模式。内在的、可持续的发展表达着活的、生生不息的生命气息。生命之树常绿，在这个意义上我们把教师发展学校的建设看作是从学校内部萌生、凝聚教育生命的绿色建设，是教育发展的绿色模式。寻求教育发展的绿色模式，是我们建设教育发展服务区、建设教师发展学校共同的探索和追求。

2. 教师发展学校是大学与中小学的合作建设

教育与社会的一体化，是一个各种不同文化相互接触、渗透、融合的过程，它有着不同的层面、丰富的内容。大学服务社会也是其中的一个方面。随着社会的发展，服务于社会日益成为大学职能的重要成分，同时，也日益增加着大学对社会的影响。大学的学术前沿性质以及开放、探究等文化特质逐渐融入社会，日益成为人们普遍的生活态度和方式，是学习化社会得以达成的重要的社会心理基础。大学服务社会有各种不同方式和内容，在建设教师发展学校这个问题上，我们更关注的是这种文化融合的方式。使大学的学术前沿性质以及开放、探究等文化特质进入中小学，与中小学教育实践相融合，对于建设教师发展学校具有重要的意义。同时，中小学又有其自身的文化蕴含和特质。中小学实现教师专业化发展，需要大学文化的参与，需要走进学术前沿，寻觅创造、发展的新的支点，但它又不是一个单纯的受体。在中小学里，天真活泼的儿童、青少年，丰富生动的教育生活，不仅始终成就着中小学自身的文化，并且对参与其中的大学文化也产生着不可磨灭的重要影响。国外 PDS 学校建设和"教师即研究者"运动都强调大学与中小学的合作。建立大学与中小学的合作关系是教师发展学校的实施保障。教师发展学校是大学与中小学的合作建设，以文化融合的意义理解这种合作，是我们建设教师发展学校的一个基本态度。

---

① Standards for Professional Development Schools, p. 5. by the National Council for Accreditation of Teacher Education, 2001.

在文化融合的意义下理解大学与中小学的合作有着特定的含义。这种合作的基础是参与双方的相互理解，其实质是在理解基础上意义和精神的重新建构，其结果是新质文化的生成和参与双方在同一过程中获得的各自的发展。这种合作关系是一种平等、共生的伙伴关系。在这种合作关系中，大学一方不是作为专家、权威支配或控制中小学的改革和发展，而是以平等的身份参与。在这种平等、共生的合作关系中大学文化与中小学丰富的教育实践充分结合，将改变中小学教育的现状和传统，同时这种改变又表达着教育的真实意义，成为建构教育理论的实践源泉。在建设教师发展学校的实践中，得到发展的不仅仅是中小学教师，大学教师、作为合作参与者的专业研究人员，也将在这个过程中真正理解教育，获得发展。他们共同的合作，在改变中小学教育实践的同时，也在实现着教育理论的建构，使教育理论朝着既是科学的又是生动的方向发展。教师发展学校是一座沟通理论与实践的桥梁，实现着教育理论与实践的双向建构。

3. 教师发展学校是在合作研究的实践中实现教师的发展

教师发展学校是通过大学教育工作者与中小学教师的合作研究，在研究解决现实问题的实践中实现中小学教师教育，使他们获得有效的持续发展。以研究的实践实现教师的专业化发展，在研究的实践中持续展开中小学教师教育，是教师发展学校建设的突出特点。

教师的专业化发展与教师职业的研究性质密切关联。"教师即研究者"是教师专业化发展的同义语[1]，已经成为教师专业化发展运动中一个重要观念。"教师即研究者"的早期倡导者布克汉姆曾经表达过这样的看法：研究不是一个专有的领域，而是一种态度，它与教育本身没有根本的区别。[2]这对我们今天理解教育研究和教师的发展仍然具有重要的启示。

研究是我们对待未知事物的一种态度。教师的工作永远充满着未知的因素。当一位教师走进教室，他将要教授的知识是他早已熟知的，但是他的学生将怎样理解却是每个人、每个时刻、每种情境中都不相同的，这正是教师研究的所在，也正是从这个意义上，我们理解研究与教育没有根本的区别，研究学生如何理解，正是体现教书育人的根本意义。教师的工作是否具有研究的性质，关键在于我们如何理解教育和如何理解研究。如果仅仅从知识的传递出发去理解教育，教师只能是一个教书匠的角色；如果

---

[1] Vivian Fueyo & Mark A. . Koorland. Teacher as Researcher: A synonym for Professionalism, *Journal of Teacher Education*, November-December 1997, Vol. 48, No. 5, p. 136.

[2] Carol M. . Santa. & John L. Santa. Teacher as Researcher, *Journal of Reading Behavior*. 1995, Vol. 27, No. 3, p. 439.

从每个学生的成长出发，那么，教师的工作就总是在实现着文化的融合、精神的建构，永远充满着研究和创造的性质。对于研究，如果出于一种层级化的理解，把研究作为专业研究人员特有的领域，因而高高在上，教师只能是别人研究的旁观者、消费者，处于二流角色。当我们把研究看作是教育实践中的一种态度、方式，体现着教育的根本意义，那么，教师就是教育研究的主体，他们的研究意识、主体意识是教师专业化发展的重要支撑，教师的教育实践内在地包含着研究的意义，并且，只有这样，他们才能够真正当之无愧地从事教育这一伟大事业。

当前面向实践本身、注重主体间理解的方法论转向在我国教育中的突出表现，一方面是广大中小学教师以日益增强的理论自觉反思、研究和改进教育教学实践，同时，理论工作者以一种实践的自觉进入中小学，和中小学教师一起在中小学教育实践中研究教育；另一方面是行动研究、质的研究近年来在我国教育领域的日益兴起及其引起的热烈响应。行动研究把实践者的行动和专业人员的研究结合在一起，形成实践者在实践中以解决实践中的问题、改善自己的实践为取向的研究方式。质的研究以参与观察、开放性访谈、原始材料的真实描述和深入分析以及扎根于原始材料的理论建构展开一条面向实践本身，把教育行为、行为的意义以及行为发生的情境视为不可分割的整体，实现意义的解释性理解的研究道路。

教师发展学校的建设以合作研究的实践实现教师的专业化发展，以质的研究把教育视为整体性的存在，注重意义的解释性理解的基本态度，以行动研究由实践者在实践中以解决实践中的问题、改善自己的实践为取向的基本方式，掌握和综合运用多种研究方法，形成研究与教育合一的教师专业生活方式。

教师发展学校建设以整体、根本、开放、创造的态度理解教育、教学和研究。把教育、教学、研究视为教师工作的整体构成，它们原本是一体的、不可分割的，这种整体性的认识是对教育意义和价值的根本性理解。强调教师获得研究能力、成为研究者绝不意味着对教学的忽视或削弱，而是在根本的整体的理解中把它们视为同一过程。学校的教育、教学工作将因为与研究融为一体而获得内在的、根本的推动力量。教师发展学校建设以开放的态度积极吸取国内外相关领域研究成果，不局限或跻身于某一学术流派或学术观点。教师发展学校的建设、学校教育、教学和科研实践的改进、教师的发展将是大学教育院系与中小学合作实践中共同的整体性创造。

4. 教师发展学校是持续不断的革新和创造

教师发展学校具有丰富、深刻的思想蕴涵，体现教育和教育科学研究的人文性质和人文关怀,着眼于人的发展,既有学生的发展也有教师的发展。在广泛意义上建立教育行政部门、学校、教师、学生、家长、社会的全面联系和深入理解,达成理解的教与学是教师发展学校的深层理念,以教师的发展达成学生的最大化发展是教师发展学校的根本。

大学和中小学、教师和学生、家庭和社会以及伴随他们的社会生活,共同参与在教师发展学校的建设之中,教师发展学校的建设因而汇集着丰富的原生性质。它不是一种简单的借用,不是一种技术的工具,不是一种固定的模式,而是一种持续不断的革新和创造。它意味着对教育的重新理解、对教师的重新发现、对学校的重新认识,是动态的、变革的、富有创造性的新的建设。

### (三)建设教师发展学校的目标

建设教师发展学校的目标,同样反映着"走向教育实践本身,重新理解教育"的追求。当时,从中小学的改革与建设、中小学教师的专业发展和中小学教师教育三个角度,把建设教师发展学校的目标概括为:建设新型学校、培养新型教师、建设新型教师教育。

1. 建设新型学校

建设教师发展学校的目标,对于中小学而言,是形成中小学的教师发展功能,使学校真正成为教师发展的场所,使中小学真实的教育环境成为教师专业成长的丰厚土壤。这一目标既包括在职教师持续的专业成长,也包括职前教师教育的实践环节。由此形成的是职前和在职教师教育的一体化,中小学校将因此而超越其传统的职能,并在这一过程中形成和发展起大学与中小学融合的新型的学校文化。

2. 培养新型教师

建设教师发展学校的目标,对于中小学教师而言,是在中小学教师中形成教育、教学、研究、学习合一的专业生活方式。中小学教师通过研究和学习清晰明确地意识到每个教学活动的教育意义并使其付诸实施、得以实现,是教师工作专业性质的具体体现。当教师以这样的态度和方式工作,他的工作是专业化的;当教师总是在以这样的态度和方式工作着,他就是在经历着、形成着教师的专业生活方式。教师发展学校建设就是要使教师发展学校中的多数教师具有这样的专业生活方式。

3. 建设新型教师教育

建设教师发展学校的目标,对于教育学科的建设而言,是形成教育理论的实践建构。中小学校是实现教育意义的现场,中小学教育实践是教育发生和展开的生活世界,是教育理论形成和发展的前提。正如著名瑞士心理学家皮亚杰所言，教育学应当是一门"既是科学的，又是生动的学问"。①教师发展学校将以大学与中小学教师的合作、大学与中小学文化的融合构成的共同的生活基础实现教育学科"既是科学的，又是生动的"的建设。

这里需要强调的是，教师发展学校建设的目标，并不是我们事先设计好、规划好的既定方案。如前所述，我们在建设初期所拥有的仅仅是一种态度、方式和追求，这样的态度和追求体现为我们对教育本质、教育根本意义的追问，体现为我们对教师的专业性质的追问，体现为我们对中小学校的根本使命与意义的追问。对于这些问题的追问，在我们初期的探索中表达为"重新理解教育"、"重新发现教师"、"重新认识学校"。这三句话，既成为我们开始建设的口号，又体现着我们建设的理念。教师发展学校建设的目标实际上就是从这三个理念中引申、形成的。对三句话的详细阐述，集中体现在我们教师发展学校最初的理论建设中：《建设教育发展服务区探索教育发展新模式》（2001 年第 1 期，《教育研究》），《重新理解教育》（2001 年第 11 期，《教育研究》），《重新发现教师》（2001 年第 11 期，《教育研究》）。并由此汇聚成我们建构教师专业发展目标的主要理论依据。

## 二、教师发展学校建设的理念与行动

首都师范大学发起的教师发展学校建设，是在"教育发展服务区"建设的过程中提出的。教师发展学校从其建立以来，在建立了大学与中小学之间的合作关系、建构教师专业生活方式、探索一条实践取向、意义取向的教师专业发展途径和形成一种实现中小学教师职前和在职教育一体化的基础等四个方面做出了有积极意义的实践探索。教师发展学校建设所探索的实践—意义取向的教师专业发展道路，在理论的、实践的建构过程所取得的成绩，是由于我们在开始教师发展学校建设时抱有并严格地坚持了"走向教育实践本身，基于教育的实践本性，重新理解教育"的信念。同时，这样一种状态，正是我们的理论建构所要求的。信念的作用，虽然不能事先做出内容上具有规定性的设计，但却可以作为清醒的意识支配和觉察行动的取向，展开一个整体的同步的建设过程。这在我们的实践理论建设中成为一个重要的方法论建设：在实践中实现和验证自身。

### （一）教师发展学校的产生背景

2001 年 1 月，首都师范大学教育科学学院与北京市丰台区教育委员会

---

① 皮亚杰著，傅统先译：《教育科学与儿童心理学》，北京：文化教育出版社，1981 年，9—10 页。

签署协议，合作建设丰台教育发展服务区。首都师范大学教育学院在这一建设的协商过程中提出，没有前设方案，合作方案将在合作建设过程中共同建构生成。这一建设理念，表达了首都师范大学教育学院所持有的一种学术信念和态度。但是，对于一个没有预定方案的合作，如何进行协商？有人对此提出了质询。这种质询是合理的、负责任的。为了促成这一合作，寻找一个既能体现上述的建设理念，又能够十分实在而使合作的对方放心的建设项目，成为至关重要的关键。就是在这样的背景下，借鉴美国PDS 经验，建设教师发展学校被列入了服务区建设的协议书，成为六项合作项目中的一项。教师发展学校建设，由此开始。

此后八年中，教师发展学校建设经历了自己的发展历程。首都师范大学教育学院先后在北京市丰台区、朝阳区、海淀区、西城区、密云县，河北省唐山市、石家庄市、辽宁省沈阳市建设 4 批共 18 所教师发展学校。全国十几个省市先后开始建设教师发展学校。教师发展学校，已经载入史册，成为一个具有全国性影响的教师教育改革实践。作为一项具有探索性质、改革性质的事业，教师发展学校建设在今天也许仍处在生长期，它的成败和影响，也许尚不能定论，但它毕竟走过了八年的历程，围绕它，为了它，伴随它，毕竟已经有了一系列的理论的和实践的建设。教师发展学校建设的八年里，在理论、实践以及理论与实践的结合上产生新的探索，其平均周期不超过半年，并且，这样的势头一直保持至今，尚未出现衰微的迹象，这也许也是它仍处于生长期的一个标志。

教师发展学校建设，既是针对在职教师的专业发展，又是职前教师教育及中小学教师职前—职后教育的一体化的一项重要的探索。教师发展学校建设过程的几乎每一个重要的发现和建设，都可以反思到职前教师的培养，都对师范大学的教师教育改革具有极富针对性的实际意义和影响。

教师发展学校建设可以定位为一项由大学与中小学合作进行的综合性理论与实践探索。教师发展学校建设本身是一项具有探索性质和研究性质的行动。这一行动以改善教师教育和基础教育的实践为主要目的之一。这一行动的参与者是教师教育和基础教育的实践者。因而，它具有行动研究的性质。但它的展开超出了通常对于行动研究的理解。大学教师作为教育理论工作者同时又作为教师发展学校建设的行动者参与建设的行动，使这一行动具有强烈的学术背景、学术信念、学术追求和鲜明的理论建构。行动的主体是大学教师与中小学教师的合作群体，合作群体中的主体间交互影响形成着行动的整个过程。教师发展学校建设的行动坚持以改善教师的教育教学实践、实现中小学教师专业发展为目的，探索教师教育的改革和丰富教育理论建设与这一根本目的同一，成为这一行动内在的组成部分。教师发展学校建设的特别之处，还在于它所置身其中的时代变革。这一变革，正在改变着关于教育、学校、教师的传统理解，消解着理论与实践之间的界限，动摇着理解和研究教育的既定范式。教师发展学校建设在这样的变革之中应运而生，它实际上不为任何既定范式所限定。

我们将以教师发展学校建设过程的描述，呈现教师发展学校建设意义的解释性理解。但是，教师发展学校建设的学术探索和理论建构作为研究的对象被描述，就很难区分它究竟是理论本身还是理论在被描述。我们愿意表明，我们的探索将不受方法规定性的限制，在方法与获得意义的理解有冲突时，被舍弃的将是方法而不是意义。范式的突破，对于教师发展学校的建设和关于教师发展学校建设的研究报告是同一的。

伴随建设过程形成的以严格的科学态度保证行动充分地贯彻实践的理论自觉，使得行动的过程和效果始终可以在实践自身中得到明确解释，使得教育自身的目的得到实现的过程就成为自身得以构造性地证明的过程。它意味着一种不违背以实践自身为目的，从方式、策略上都可以完全遵循实践的逻辑方式的教育研究新的道路的可能性。

2001年1月，首都师范大学教育科学学院与北京市丰台区开始合作建设丰台教育发展服务区，建设教师发展学校是这一合作建设中的一项重要内容。此后，地处朝阳区的北京16中在了解了教师发展学校建设的理念之后，也加入了这个行列。自2001年4月开始建设的首批教师发展学校共5所，它们是：南宫中心小学、丰台一小、太平桥中学、东铁匠营一中和北京16中。建设教师发展学校是借鉴国际教师教育改革特别是美国PDSs（专业发展学校）建设理论与实践，适应时代特点和我国基础教育改革、教师教育改革的需要所作的探索和尝试；是大学与中小学合作在实践过程中"做中学"，为中小学教师改进日常教育教学实践、实现专业发展提供有效的支持，给学校的建设和教师的工作、生活带来了实际的变化。

在教师发展学校初期探索阶段，我们所拥有的仅仅是一种态度、方式和追求，但正是这种态度、追求使得后来的事情成为可能。在这个阶段中，我们所做的一方面是对这样一种态度、方式做出理论的表达，同时，也在以各种方式寻找可以使教师发展学校建设获得实质性进展的一切可能。

教师发展学校建设在一开始就抱有十分强烈的理论追求，并且，这种追求十分明确地指向了实践，是一种自觉地对实践的理论追求。这种追求期待寻求一条可以走出工具理性影响又不落入虚无主义泥坑、可以实在地付诸实践的有效的教师发展之路。

**(二)教师发展学校的初期探索过程**

各个教师发展学校形成和积累着丰富的建设经验。以下将涉及的只是我们感受比较深刻的部分内容。

1. 与原有经验对话——尊重学校的经验和传统

参与教师发展学校建设的大学教师对教师发展学校的建设抱有坚强信念和充分的理论准备，以尊重的态度、服务的态度、共同参与和互动的态度进入中小学，尊重学校原有的建设经验，尊重学校领导的决策，尊重中小学中每一位教师的主体地位和他们对于发展的选择；为在中小学教师中形成教育、教学、研究、学习合一的专业生活方式提供教育理论、研究方法以及方法论态度和方式等多方面的、多种形式的、灵活有效的服务；相信每位教师的创造热情和智慧，相信在共同的参与和互动中会有共同的创造和发展。实际上，在每一所学校的经验和传统中，都有相当的与教师发展学校建设理念相通和契合一致的成分。在教师发展学校与学校原有的经验和传统之间，有着内在和谐的对话。

参加教师发展学校建设的中小学校，富有改革与发展的渴望与追求，这是教师发展学校建设至关重要的条件。在与大学教师交流、沟通和共同的努力建设中，这种渴望与追求进一步深化、明晰和具体，形成对教师发展学校建设理念的基本理解，完成教师发展学校建设的观念、文化准备。树立建设教师发展学校、形成学校的教师发展功能、超越传统建设新型学校的使命感、责任感，树立学校和教师建设自己的教师发展学校的主体意识、研究意识。

通过交流、沟通以及合作和共同建设的开始，双方结成平等共生的伙伴关系，共同制定教师发展学校建设工作计划，建立教师发展学校建设的组织系统，探讨实现教师发展的可行途径。

2. 孩子眼中的教育世界——从理解学生开始

建设教师发展学校是要以教师的发展达到学生发展的最大化，强调理解地教和学，所以特别强调师生间的相互理解。我们的做法是：从理解学生开始。在教师发展学校建设的初期，各校普遍开展了大学教师和中小学教师一起参与的学生访谈。这样做，大学的教师开始了解、熟悉所在学校的情况，中小学教师通过一个有效的活动，实际地参与了教育的研究；同时，也是大学和中小学教师一起，以研究的态度，走近学生的内心世界。这一做法，在教师发展学校建设的过程中，被证明是十分有效的。

3. 教师行动研究——树立中小学教师的研究意识和主体意识

随着教师发展学校的建设进程，在经过一系列的讲座、培训和学习活动的基础上，各个教师发展学校先后开始了丰富多彩的教师行动研究。这种由中小学教育的实践者——中小学教师自己，以改善自己的教育教学实践为取向的研究活动，极大地激发了中小学教师的热情和追求，他们很快地以极大的积极性开始了自己的行动。

4."研究课"—"教师专业发展日"—"意义课堂"——建构新型教师专业生活方式

培养新型教师，一个重要的方面是在中小学教师中形成教育、教学、研究、学习合一的专业生活方式，如何实现这样一种教师专业生活方式，是教师发展学校建设的一个重要内容。对此，教师发展学校建设经历了一个探索和尝试过程。从"研究课"、"教师专业发展日"到"意义课堂"，既是这个探索过程的实际经历，也表现着对教师专业发展的逐步深入的理解。

"研究课"的设立。教师发展学校建设从一开始，就有两个承诺：一是一定进入教学领域；二是一定要有教师的发展。教师发展学校的建设，十分重视教师在教学实践中的专业成长，一个普遍开展的活动是："上研究课"。任课教师和包括大学教师在内的合作伙伴结成学习共同体，通过认真的探讨、准备，丰富多彩的课后反思，有效地促进着教师的发展，"研究课"也成为教师发展学校各种后续建设措施中始终有效存在的基本环节。但是，"研究课"怎样走出传统，怎样体现教师工作的专业性质、创造性质，怎样上研究课才能体现教师发展学校的特点、实现教师的专业发展，这些问题并没有得到解决，仍在困惑和吸引着每一位教师发展学校的建设者。

"教师专业发展日"的提出，是建设的双方在共同的探索一个结果，尤其体现了教师发展学校建构生成的特点。为了使研究课真正促进教师的专业化，需要使中小学教师对专业化有一个具体的体验。"教师专业发展日"就是一个经历这种体验的机会。具体的做法是：①共同准备"研究课"；②上一堂"研究课"；③对这堂"研究课"的"人种志描述"。

建设教师发展学校的目的，是在中小学教师中形成教育、教学、研究、学习合一的专业生活方式，促进教师的专业发展。教师的专业发展，是一个贯彻于每日、每时，持续不断的建设过程，但是，它的实现，总要有一个开始，有一个路径。

## (三)热爱、自信、整体理解——教师发展学校的工作理念

出于对实践的实质性内涵理解，我们在教师发展学校的建设中注意在意向、伦理、整体理解和践行的层面形成集中的指向和追求。2004 年，我们在丰台二中提出：以"热爱、自信、整体理解"作为促进教师专业发展的

工作理念。提出这一工作理念，既是针对教师专业支持内涵性缺失的现状，也是贯彻对教师职业实践性质的根本理解，是前述关于实践涵义的实质性内涵的具体体现。因为教师专业在本质上是实践的，所以教师的专业发展应从其实质性内涵着手，应在意向、伦理、整体理解和践行的层面形成集中的指向和追求。"热爱、自信、整体理解"的工作理念，强调教师树立这样的信念：

我热爱我的学生，我热爱我所教授的学科，我热爱这个以我所爱教我所爱的教师职业。

我对我所从事的教育教学工作抱有坚强的自信、饱满的热情和探究创造的渴望。我的这种信念和精神，来自我对教育、对学生、对我所教授学科的整体的深刻理解。

我相信，以我的不懈追求和持续发展，我的这种信念和精神可以在普通的、日常的教育教学工作中得到具体有效的体现，能够激发学生对学习、对生活、对人类文明的热爱！

这样一种信念，不是空洞的，我们十几位大学教师来到中小学，所要做的，正是要让所有这些都在教师日常的工作中、在每一个教学活动中有所体现。我们曾经遇到这样的质疑：这是多么庞大的体系啊，怎么可能要求教师在课堂上考虑到这一切！我希望，我们能够回想起那个稻草和烛光的故事。一屋子稻草，的确是一个庞大的体系，但教师的工作不是去数稻草，他所要做的，只是点燃蜡烛就够了，在可及的空间里，烛光已经无处不在。这一切对于教师不是作为一个庞大的知识体系存在的，而是以一种精神、意识的方式存在的。如果作为知识的体系，的确不可能在教学实践的当场去组织调动，但作为一种意识，却可以在任何一个瞬间一触即发。知识的作用就在于形成和加强这种意识，问题的关键就在于，人们因此而重视知识，而不重视知识的作用在于形成意识。当发现不能奏效的时候，可能会去寻求更复杂更深邃的知识，可能会归结为缺乏好的方法，但却不能接受关键在于意识、观念、意向、信念的方面，很多人会认为这些都是空的，强调这些是可笑的，他们没有想到，正是这样的偏见影响他们抓住教育的根本、教师专业发展的根本。

我们提出以"热爱、自信、整体理解"作为教师专业发展的工作理念，明确地带有克服这类偏见的针对性。作为教师教育工作者，我们对自己所从事的事业同样充满"热爱、自信、整体理解"，抱有坚强的信念。我们坚信，教师职业就是这样的："我热爱我的学生，我热爱我所教授的学科，我热爱这个以我所爱教我所爱的教师职业。我对我所从事的教育教学工作抱有坚强的自信、饱满的热情和探究创造的渴望。我的这种信念和精神，来自我对教育、对学生、对我所教授学科的整体的深刻理解。"全世界的教师都是这样的；有史以来，全人类的教师就是这样的；每一位优秀的教师都是这样的；每一位教师自己，至少总会有那么一部分是这样的！

"热爱、自信、整体理解"的教师专业发展理念，既有热情的冲动，也有信念的支配，而信念，既含有意识，也富有理性，在成熟的含义上，还充满知识、美德和智慧。这一切都是不可分割地联系在一起的。教师的热爱、自信是以整体理解为基础的。针对现实当中的不足，我们比较强调教师对所授学科的整体理解，强调教师之爱含有对所授学科的热爱。我这么热爱我所教授的学科，渴望把它教给我可爱的孩子们，让他们分享并和我一起去热爱，这是教师应有的工作状态。我们也越来越感到，教师的发展，实质在于意识的层面，是在于一种意识的自觉和激活状态。热爱、自信在这里并不仅仅是一种情感，而且是情感的激活与觉察，是一种自觉的强烈的意识指向。整体理解，也并不仅仅是知识内容的学理联系，而是意识对包括知识内容、学理联系和教育意义以及兴趣、意向等等与教育活动有关的一切的整体感知与觉察。

这样一种基于实践的实质内涵的理解形成的教师专业发展工作理念，在实际的工作中产生了显著的影响，无论是发现意义还是做出改进，它都会有犀利的、直接的、一针见血又一语中的的表现。

### （四）教师发展学校建设的主要探索

教师发展学校经历了十多年的发展和建设过程，回顾这一历程，教师发展学校建设主要在以下四个方面做出了有意义的探索：

1. 建立了大学与中小学之间的合作关系

这种合作关系有效地改变着教育理论与实践的脱离，实现着大学与中小学文化的融合、理论与实践的双向激活。教师发展学校是大学与中小学文化的融合，教师发展学校建设的第一步是建立教师发展学校的合作关系。

对于大学派驻中小学的教师而言，面临的是对中小学环境的进入。

大学派驻人员应对教师发展学校的建设抱有坚强信念和充分的理论准备。以尊重的态度、服务的态度、共同参与和互动的态度进入中小学：尊重学校原有的建设经验，尊重学校领导的决策，尊重中小学中每一位教师的主体地位和他们对于发展的选择；为在中小学教师中形成教育、教学、研究、学习合一的专业生活方式提供教育理论、研究方法以及方法论态度和方式等多方面的、多种形式的、灵活有效的服务；相信每位教师的创造热情和智慧，相信在共同的参与和互动中会有共同的创造和发展。

　　大学派驻人员在此期间的主要工作包括：对教师发展学校建设理念、思路、建设标准的介绍和解释；对学校传统、建设经验、学校领导、教师、学生等各方面有关情况的基本了解。与校长、教师和学生的深入交谈特别是与主要领导的充分交谈至为关键。

　　对于中小学而言，面临的是对教师发展学校建设的接纳和观念、文化准备。

　　参加教师发展学校建设的中小学校，富有改革与发展的渴望与追求，这是教师发展学校建设至关重要的条件。在与大学派驻人员交流、沟通和共同的努力建设中，这种渴望与追求将进一步深化、明晰和具体，形成对教师发展学校建设理念的基本理解，完成教师发展学校建设的观念、文化准备。树立建设教师发展学校、形成学校的教师发展功能、超越传统建设新型学校的使命感、责任感，树立学校和教师建设自己的教师发展学校的主体意识、研究意识。

　　参加教师发展学校建设的中小学校在此期间从各个不同层面向大学派驻人员细致介绍并共同分析学校、教师、班级、学生各方面有关情况和问题。形成一个系统的评估报告是一个有意义的措施，它不仅可以记录教师发展学校建设的起点，而且它本身就是一次合作研究的开始。

　　通过交流、沟通、合作和共同建设的开始，双方结成平等共生的伙伴关系，共同制定教师发展学校建设工作计划，建立教师发展学校建设的组织系统，探讨实现教师发展的可行途径。

　　2. 建构教师专业生活方式，激发中小学教师的研究意识、主体意识

　　建构教师专业生活方式，激发中小学教师的研究意识、主体意识，有效地改变着教师在工作中的被动地位，实现着一种充满主体创造精神、教育教学、研究、学习合一的新型教师专业工作方式。在中小学教师中形成教育、教学、研究、学习合一的专业生活方式是教师发展学校建设的目标之一，如何实现这样一种教师专业生活方式是教师发展学校建设的一个重要内容。在这当中，教育具有更根本的含义，教育的意义是使人的道德、智力、身体、精神的发展得到实现，它实际上包含着教师的教学、研究和学习的含义，也可以说它是在教师的教学、研究和学习之中得到贯彻。以教育、教学、研究、学习的合一作为教师专业生活方式，教师通过研究和学习，使自己的教学具有丰富的教育意义并在自己的学生身上实现这种教育意义。这要求教师对自己教授的学科知识有系统的把握，对教育的意义和学生的特点有深刻的理解并且富于教育机智，这样他们才能对自己教学

的每一个内容在自己教授的学科中处于怎样的位置、它们怎样体现着这个学科特有的教育意义等等都有十分清晰明确的意识，并且随时随地能够使之与自己学生的理解建立联系而使其教育意义得以实现。

3. 探索了一条实践取向、意义取向的教师专业发展途径

这一途径有效地改变着单纯知识传递的课堂教学，实现着教育与教学、知识与意义、教学与研究在实践中的统一和日常化。教师发展学校建设通过强调教育意义的实现而凸显着教师的专业性质，同时也把它作为教师的生活方式而日常化，它使教师的教育、教学、研究、学习具有自然的内在联系，也使教师的专业成长有具体可行的路径。教师发展学校建设通过了解学生、分析课堂、教师教育教学研究和学习经历的反思与人种志描述等多种形式的合作研究，使教师紧密结合日常学校生活，体验和形成中小学教师的专业生活方式。

4. 形成着一种实现中小学教师职前和在职教育一体化的基础

从这一基础出发的进一步建设将有效地改变教师教育仅仅在大学完成、脱离中小学教育真实环境的现状，实现理论与实践相结合、职前职后一体化的新型教师教育。

教师发展学校着重在实践中实现教师的发展，并不排斥系统的培训，随着教师发展学校建设的发展，针对我国中小学教师队伍现状和现行教师教育、教师在职进修与培训中存在的不足，同时也考虑到教师职前和在职教育的一体化，建设新型的、实践型的教师培训课程是必要的，应当成为教师发展学校建设的重要任务和教师发展学校建设进一步推进的重要措施。

这些课程并不是把大学的课堂搬到中小学去，也不是照本宣科的讲授，而是在对话、交流、参与、分享的情境中激荡起情感与智慧的体验，形成新的理解。教师发展学校具有这样建设新型的教师培训课程的条件，并且，这种参与式的课程本身也会对教师自己的课堂产生影响。

教师发展学校建设是一项探索性的尝试，是一项内容丰富的变革，是一项艰巨的使命和事业。教师发展学校从其建立以来，已经显示出它立足于实践的蓬勃朝气和理念上、实践上为中小学教育改革、教师教育改革和教育理论建设所带来的新鲜的变化。

至此，实践取向、意义取向作为教师专业发展的一种途径，已经有了明确的轮廓。

## 三、基于大学与中小学合作的教师专业发展实践探索

实践一意义取向的教师专业发展，在逐渐形成为一种理论建构的同时，也越来越多地进入我们与中小学老师们的合作。"教育在本质上是实践的"，这个表达究竟可以为老师们带来什么呢？在课堂上它将意味着什么？对于教师专业发展它将带来什么实质性的意义呢？对此，有老师直接提出这样的问题：实践究竟是什么？面对老师们的追问，我们必须做出实质性的回答，而正是对这个问题的回答，使实践一意义取向的教师专业发展理论得到进一步的推进和完善，也使教师发展学校的建设又一次走向一个新的阶段。我们开始在合作学校中强调"什么是"和"是什么"的问题。"什么是"是外延，"是什么"是内涵。由此推动我们在所有工作中都更加关注内涵实质的理解。因此，在教师专业发展学校的建设过程中，我们通过开展"教育、学科、课程、教材分析、学生分析、课堂教学设计"六层面四环节的教师专业发展实践探索，使得我们强调"热爱、自信、整体理解"的教师专业发展理念，成为教师可以实际操作的研修环节，使得关于教师专业发展的那些"是什么"的"内涵实质"的理解，可以得到逐级深化的落实。

### （一）实践的实质性的内涵

我们感到，无论从我们的理论积累还是老师们的实际需要考虑，也许我们都很难对这样严肃和宏大的问题做出准确的回答，我们选择的策略是：提供一个可以形成一定的实质性理解的解释。

我们这样向老师们表达我们的解释：实践是人以强烈的意向和伦理指向去追求和实现意义的行动。中小学教师专业发展由此获得被理解和认同的基础，也由此获得可以实现的基本途径。据此，可以确立以"实践"作为理解和实现教师专业发展的核心理念。而对于实践的理解，具有实质性的内涵包括以下要点：

1. 意向——教师工作总是抱有强烈的意向指向

人的实践是有强烈的意向指向的。人能够制造工具，意味着：人在制作工具时，对于工具使用的结果已经有了自己的观念和意识。所谓实践具有强烈的意向指向，就是因为知道预期结果而具有的自觉的、强烈的渴望和追求。所以，以"实践"作为理解和实现教师专业发展的核心理念意味着：教师应当对自己的工作具有这样一种强烈的意向，总是抱有这样一种渴望：我一定要触动我的学生。

2. 伦理——教师工作总是包含着专业伦理追求

实践不是任何个人孤立的意向行为，在长期实践中逐渐集中和凝聚而

成的公众的意向指向，成为协调公众行为的伦理。所以，实践总是具有伦理追求。教师职业在其历史发展过程中形成着以"师爱"为核心的专业伦理。关于"师爱"，我们强调要把对学生的热爱，对所授学科的热爱，对教师职业的热爱，汇集成一种强烈的意向，成为教师的专业伦理追求。

3. 整体——教师工作总是处于不可分割的整体联系之中

实践总是在整体地发生着，把事情分解为若干侧面、若干因素进行分析，只能是在事情发生之后，或者是发生之前的预断，但在它发生的当时，那些侧面、因素并没有也不可能作为一个孤立的成分存在。以实践作为理解和实现教师专业发展的基础和核心理念，实践的整体性，那种原本未曾分开的整体联系，成为必须坚持和贯彻的重要原则。长期以来的分析的态度，使得做到这一点甚至做出解释都很困难。我们用一个故事来说明这种性质。

## 稻草与灯光

相传，很久以前，在一个村庄里，有两个被认为是最聪明的孩子。但是，一个孩子的父亲很想证明自己的孩子更聪明。他想到一个测试的方法，看两个孩子，谁能花更少的钱把一个房间装满，谁就更聪明。比赛的那一天，这位父亲高兴地看到，他的儿子花了很少的钱买了一屋子稻草，房间被塞得满满的。"不会有比稻草更便宜的东西了"，他高兴地想着，这场比赛，一定是自己的孩子最聪明。在另一个孩子的房间里，空空荡荡的，什么都没有，当观看的人们到来时，那孩子点燃了一盏简陋得不能再简陋的灯。整个房间就在那一瞬间被灯光充满了，所有的人都被这个孩子的聪明和智慧所折服。

我们关心的不是故事的结局，而是故事中稻草与灯光性质的不同。稻草是有边界的，看得见、摸得着，但它是不可能把房间充满的，因为在稻草与稻草的边界之间是有缝隙的，无论怎样挤压，缝隙可以被缩小，但不会消失。但灯光是没有边界的，虽然它是无形的、摸不着的，但正是由于它没有边界，才真正光芒普照，充满了空间。

教育的实践性质，在最根本的层面上，体现的是烛光的性质，而不是稻草的性质。在这个意义上，它是没有边界的。这意味着，我们面临这样的问题：如何建构它的理论形态才能体现这种性质？回答这一问题的尝试，推进了我们的理论探索。

4. 践行——课堂教学是中小学专任教师专业发展的根本

实践具有践行性质。关于这一性质，主要含义有二：其一，是以实现为追求而不是以证明为追求。这包含着不可证明的事情，不一定不可以做到以及做是为了实现实践本身的目的而不是为了证明什么。其二，是实践总要获得某种效果。只有做到了，事情才真正发生了，事情本身的目的才得到了实现，这才是实践。对实践的这一理解使我们把日常的课堂教学作为教师专业发展的根本。正是因此，我们越来越把更多的努力倾注于在课堂教学过程中与中小学教师的合作。

我们愿意在此表明：以上的分析，是为了说明问题的需要。它们也应当遵从实践的整体性的原则。它们同时并始终存在于实践的整体之中，并且，不是以这种条分缕析的方式存在的。

### (二)"什么是"和"是什么"——教师专业发展的内涵性缺失及应对

我们对教师发展学校建设的理解、经验和感受从点点滴滴逐渐集腋成裘。这样一种感觉，推动我们在所有工作中都更加关注内涵实质的理解。我们开始在合作学校中强调"什么是"和"是什么"的问题。"什么是"是外延，"是什么"是内涵。我们开始深切地感受到，一直以来我们所追求的和我们总是会感到不满意或不满足，因而可以"一针见血"、"一语中的"提出问题的地方，往往都与有还是没有关于"是什么"的回答有关。大量的课堂教学实例，使我们深切的感受到，中小学教师在专业发展方面的缺失是内涵性的，并且这种内涵性缺失已经成为影响教师专业发展的关键，却没有引起足够的重视。

教师专业发展中的内涵性缺失主要表现为：①对教学内容的内涵实质没有形成深刻的理解；②对所教授学科的性质特点没有形成深刻理解。

为此，我们组织了针对性的系列研讨，研讨的主要内容包括：①教师专业是什么；②教育是什么；③实践是什么；④新课程新在哪里；⑤教师之教是否可教；⑥数学是什么；⑦语文是什么；⑧科学是什么；⑨艺术是什么；⑩研究是什么。

这十个"是什么"的问题，既是十个关于教师专业发展重要的内涵实质理解，也蕴含着与理解和实现教师专业发展的内在联系，我们以此强调：教师专业发展一定要坚持严格的科学态度和内涵性实质追求。

对于内涵实质，对于是什么的回答，往往被当作一种概念游戏、玄学思辨，之所以这样，是由于他们完全没有想过，内含实质并不是在概念之后才有的，不是先有概念的规定性表述才有内涵实质，内含实质总是在我们生活的理解中存在着，它总是与我们的生活相伴随着。回答是什么，并不是在于如何组织语言的表述，而正是要在生活的现实中直接、具体地感受、觉察、把握到它。我们可以用这样的例子来说明这一点：或许，我们可以认定，没有一个人是通过字典的词条理解爸爸、妈妈是什么，当爸爸、妈妈出现在我的面前，甚至是记忆中、意识中，我的心里都会拥有着爸爸、妈妈对于我的全部内涵。对于我们所熟悉的一切，都会是这样的。我们与这个世界的关系，最终是这样发生的，而不是以概念的方式发生的。即使一个准确完美的概念，也不过是帮助我们更容易地唤起真实的知觉，它最终还是要作为一种意识的成分才能进入实际的生活联系。

因此，我们的这些是什么的问题，并不是以一个概念来回答的，而是在一堂课一堂课的具体内容面前去拥有。就像"爸爸、妈妈出现在我的面前，甚至是记忆中、意识中，我的心里都会拥有着爸爸、妈妈对于我的全部内涵"那样去拥有。

我们已经说到，对于我们所熟悉的一切，都会有这样的拥有。对于我们所探讨的那些是什么的问题，如果我们没有这样的拥有，那只能说明我们对它还不够熟悉。这些对于成就一位教师绝不可缺失的专业性问题，必须熟悉到可以在任何环节、任何内容都可以"一触即发"地唤起我们对其内含实质的拥有。做到这一点，就是教师专业化的"内涵实质"。做到这一点的过程，就是教师专业发展的过程。

那个可以"一触即发"地唤起的我们对内含实质的拥有，就是我们对"是什么"的回答。既然可以"一触即发"，它一定会有形式极简明的表达，总是可以"一针见血"、"一语中的"，而同时，它又是千言万语汇成的，拥有着千言万语所要表达的丰富。至于前述的十个"是什么"的问题，确实在教师发展学校建设的活动中为我们和合作的老师们所熟悉和拥有，为了更为集中和系统地做到这一点，我们设计了系统的研修活动，从中去把握关于教师发展的那一系列"是什么"。

真诚地期望读到这里的每一位老师、读者，注意到我们这样的理解和解释以及我们这样的理解和解释的方式。这正是实践的理解方式。它体现着我们所说到的从认识到实践、从工具性到本原性的理解方式、方法论态度以至范式的变革。

### (三)"六层面""四环节"教师专业发展的实践探索

"六层面""四环节"教师专业发展研修活动的提出，也是针对着前述的教师专业发展中内涵性的缺失。在教师专业发展学校的建设过程中，我们通过开展"教育、学科、课程、教材分析、学生分析、课堂教学设计"六层面四环节的研修活动设计和实施，使得我们强调"热爱、自信、整体理解"的教师专业发展理念，成为教师可以实际操作的研修环节，使得关于教师专业发展的那些"是什么"的"内涵实质"的理解，可以得到逐级深化的落实。如前所述，我们说，教育在本质上是实践的，这意味着实践总是整体地发生着，这是它与认识的一个根本区分。以分析的方式认识事物，总是在事情发生之后方可将之分为若干方面、若干因素，而在实践当时之现场，所有这些方面、因素都是作为一个整体存在着，任何实践都不可能仅仅在某一个方面、就某一个因素而实行之。因此，认定教师职业的实践性质，也意味着"教育、学科、课程、教材分析、学生分析、课堂教学设计"六层面四环节的研修环节，最重要的是使教师树立教育、学科、课程、教材、学生、课堂教学不可分割的整体理解。认定教师职业的实践性质，还意味着培养教师，要使他们树立执着的践行意识，清楚地意识到教师的工作不是以认识和证明为准则，而是以教育意义的真正实现为追求。

这"六层面""四环节"的研究设计，是自上而下的一个整体理解，相互之间是层层衔接、环环相扣的动态连续的过程，体现了教师专业发展的整体性、过程性和内涵实质性。

环节一：通识性研修，着重于培养教师对教育、学科、课程形成拥有其内含实质的根本理解。首先，教师的专业发展应该树立教师对于"教育"和"教师专业发展"的基本理解，教师应理解自己的职责和使命就在于实现教育的意义。其次，教师应该形成对自己所教"学科"的根本理解：理解所授学科的性质、特点、基本内容、历史沿革、最新进展。当我们强调教师对"学科"有根本理解时，并不意味着此时教师不用再具有对"教育"的根本理解。实际上，教师对教育的根本理解，始终在场，即当教师思考所教学科的性质、特点时，也始终考虑着自己的学科性质特点赋有怎样的教育意义。再次，教师应对自己所教"课程"有着根本的理解：分析所授学科的中小学课程设计思想及其结构；学科教学的目的以及问题研讨。教师对"课程"的理解也是基于教师对教育的根本理解，考虑如何通过自己所教的"课程"实现教育的意义。

环节二：分析与设计，着重于在整体理解基础上分析教材、分析学生对教学内容的可能理解、完成课堂教学设计。第四，"分析教材"：以本学期教材为主要文本，分析上述教育、学科、课程思想在教材文本中的体现。至此，就教师而言，对于教育、所教授的学科、中小学课程和教材都已经有了熟悉精研而拥有的所有"是什么"的内涵实质的理解。因而，在这样的基础上，我们研修活动的第五层面，"理解学生"的含义，不是一般所说的学情分析，而是要分析学生对教学内容的理解和意向，对他们与教师拥有的内涵实质的理解的差异做出估计。这个估计，成为设计教学的依据。在所有这些的基础上，才进入第六层面，完成"课堂教学设计"。

环节三：着重于课堂教学实践——课堂教学实践及讲评。教师关于自己对教育、学科、课堂、教材、学生以及课堂教学设计的理解，最终还需要通过自己的课堂教学实践得以实现和践行。同时，参与本次研修活动的其他中小学教师、大学教师，还会一起对教师的课堂教学实践进行讲评和讨论，帮助教师分析、理解自己的课堂教学实践是否真正体现了自己对教育、学科、课堂、教材、学生以及课堂教学设计的理解。

环节四：教师发展过程描述——写作教师反思个案；制作日常化、生活化教师发展视频案例。

这里需要强调的是，以上六个层面、四个环节的研修环节，是一个完整的整体，相互之间是环环相扣、层层衔接的。可以说，没有教师对"教育"、"学科"、"课程"的根本理解，没有教师认真分析"教材"如何体现着教育、学科和课程的思想，没有教师分析"学生"对教学内容的理解和意向是怎样的，教师最终是无法真正完成一节体现着教育意义的课堂教学设计。但是，我们以往的教师教育中往往忽视了前面五个层次的重要性，或者是以为这些对于教师是已经具备的，无须深究。因而，可以直接要求教师完成"课堂教学设计"。这样做的实质，就是不问"教什么"，只问"怎么教"。"教什么"的问题在很多场合被公然地拒斥了，在一些人那里（令人遗憾的是其中包括一些从事教师教育的人）"教什么"的问题属于"是什么"的问题，凡是此类问题都是说不清楚的，更不需要教师有清楚的理解，教师所要做的只是"怎么教"的问题。他们没有想过，不知道教的"是什么"，怎么可能自主地完成"怎么教"的设计呢？一个潜在的回答，就是乞灵于一种不知道"是什么"就可以"教"的技术、方法、工具。这样做的结果，实际上是把教师置于相当低下的地位，使他们失去了专业自主的基础而只能为工具性所支配。因而，通常教师很难感受到自己是在认真研究自己的教学，很难真正设计一节体现着自己对教育、对学科、对教学内容有着根本理解的课堂教学。在这里，问题的症结仍在于太习惯于工具性的方式而忽视了对于"是什么"的理解这个根本。试问，一位对自己正在教的是什么并不清楚的教师，有什么方法、什么工具可以以"怎么教"的技术掩盖不知道"是什么"这个根本的缺失而达到教育的目的吗？教师可以以自己之"昏昏"而令学生"昭昭"吗？教师之教意味着：以其昭昭，使人昭昭。

## 四、大学与中小学合作中的建构与超越

"大学与中小学合作中的建构与超越"部分，呈现的是首都师范大学的教师与中学一线教师在教师发展学校建设中的真实合作。我们关于教师发展学校建设的探索和主要的理论建设自 2004 年以来，主要是在这个合作中发生的。我们所说的"在实践中实现和验证自身"、可以明确解释的实践效果，也是在这个合作中实现和被发现的。按照我们所遵循的"在实践的领域，以实践的形态，按照实践的方式"的严格要求，实践中的"合作、建构、生成"也必须是严格的，它不是一个宣称或比喻，而必须确有倘非如此便不会发生的内容和过程。这里将真实地呈现着我们合作中的每一个具体内容中的行动与超越。

在这次大学与中学合作促进教师专业发展的建设行动中，使我们兴奋不已的，还有这些案例中可以看到的由于合作而带来的建构和超越。这使我们看到，严格的科学态度，对内涵实质的追求，可以为教师专业发展带来什么：教学因此而深刻、丰富并富有效果；教师因此而唤起激情的追求和职业的幸福感；他们的生活因此而走出平庸成为庄严神圣的理论自觉所驱动的不息的探索。这也使我们看到，中学的老师们在最日常的教学活动中所建构的，既是学生的有效成长，同时又是富有理论建构意义的活生生的教育。这正是中小学教师专业发展得以真正实现所希冀的。从中，我们也看到基于实践哲学的理论的力量：多少次以规则、方法等等可以抽象于真实、具体的日常活动之外的方式求之而不可得的期待，却在此刻真实地发生了。我们知道这是为什么，这正是我们基于实践哲学的理论可以明确解释的：我们所坚持的实践取向，使我们的建设行动从关注意识指向开始，热爱、自信、整体理解的工作理念都是只想着意识的层面，而意识是可以与行动相伴随的，人的活动，总是有意识在支配的。我们在与丰台二中老师们的合作中所做的一切努力，都在于增强教师的专业意识，而这一切恰恰是可以内在于教师的教学实践而发挥支配作用的，这必然导致不同于缺乏这种专业意识的教学实践，而每一个教学的实践又都是老师们自己的创造。他们因具有这样的意识，而在自己的实践中有了充分体现教师职业之专业性质和地位的建构与超越。

### （一）U-S 合作中大学的责任——建构理论

在建设教师发展学校的过程中，我们一直在思考一个问题：大学在与中小学的合作中，究竟承担着什么责任？对此我们在建设过程中形成了自

己的理解和信念：建构理论——实事求是地建构体现教育的根本精神，可以有效支持教师专业发展的理论，是大学在与中小学合作中应当自觉承担的责任。

实践取向，并不仅仅意味着"重心下移"，实践拥有自己的理论形态。实践的理论形态与实践同样丰富，与实践有着同样的根本性质，总是在实践的任何环节里都不离不弃地存在着，并总是拥有可以明确解释的实践效果。实践同样可以有学术的探索追求，大学的实践探索始终避免把实践变成缺乏理论和学术素养的简单操作。中小学教师在具有理论的自觉、充满热诚、追求和创造的实践中，才能真正实现作为自身专业性体现的发展，为中小学教师准备和提供这样的机会，是大学教师教育的责任。

建构理论是大学永恒的责任，它绝不因为与中小学合作是一种平等共生的伙伴关系、是一个建构生成的合作过程，而可以稍有简慢、削弱和犹豫、动摇。在这一点上，它丝毫不亚于大学在一切支撑着我们今天社会生活的科学的、哲学的方面所承担的责任。

这就是我们走过的道路，一条理论与实践双向激活，走向一体的道路。

教师发展学校的建设、对于教育的重新理解，日益有了更多丰富、深刻、清晰的发展。这些发展是以自觉的理论态度引起的，而这个理论的态度是鲜明地指向实践的，教师发展学校就成为承载这样一个理论与实践走向一体化的载体，实际地经历了这样一个过程。

这个过程的开始，理论的拥有，只是作为一种自觉地朝向实践的态度，它有鲜明的取向、追求，甚至坚强的信念，但并没有规定任何具体的内容。这样一种开始的机制，使得它拥有了明确的建构方向和宽大的建构空间。正是在这样的机制下，发生着现在我们已经亲身经历了的理论与实践走向一体化的一系列建构。当我们回过头来看这个建构生成的序列，会感到它竟然如此合乎逻辑，顺理成章，就像是一个精心设计与实施的完美配合，而在实际过程中，每一步都有它发生的际遇，都只是一个出于某种现场情境做出选择的结果。即便如此，在做出前一选择时，也并没有考虑到它的结果将引起下一个选择，而这些选择最终将会有意义地联系起来成为一个整体。所有这一切，都是在那个建构生成的整体形成其雏形的时刻，才被我们欣喜地觉察到的。在这当中，唯一为我们所坚持而决不放弃的，就是我们所说的"实践取向"——以近乎苛刻的态度，坚持必须是实践的领域、实践的形态、实践的方式。我们的欣喜也包括，在终于可以看到建构成果的序列时，我们看到这一切正是由于这样的坚持才达成的，这正是实践的方式。我们追求实践的方式，但并不明确知道它是怎样的，然而我们终于实现了这样一种实践的方式。这当中，其实并不存在任何虚无、神秘和机巧，之所以如此，恰在于我们近乎苛刻的坚持，恰好坚持了实践的本性——实践只以自身为目的。正所谓"踏破铁鞋无觅处，得来全不费功夫"——不是真的不费工夫，而是不费实践以外的功夫。这就是我们走过的道路。

### （二）中小学教师在理论建构中的专业性质和地位

在这里，我们要特别提及的是，中小学教师在理论建构中的地位。如上所述，教师发展学校的理论建设，实际上是由于中小学教师的某一行动，或者大学与中小学教师合作的某一行动引起的，那么，中小学教师在这个发生的意义上就不容置疑地具有了理论建构的主体地位。以现状而言，虽然他们的行动尚未具备完整的理论自觉的形态，但就事情发生而言，确是主动给予的一方。理论建构的结论不是他们完成的，因此，往往以为是大学的学者总结了中小学的经验才"上升到理论"，这是就理论的内容而言的。为什么可以不去追问，如果没有他们的行动，这个理论建构可能根本就不会发生呢？从这样一种发生的角度来考虑，有什么理由可以把中小学教师排斥在理论建设之外呢？教师发展学校在其开始就真诚地坚持大学与中小学的合作关系是平等共生、共同建构生成的合作关系，在这一合作关系中，中小学教师同样是理论建构的主体。为此，我们并不把中小学教师的案例作为附录，而是作为著作的正式文本来呈现。教师发展学校建设的成果不是在成为著作时才形成的，而是在我们合作的每一个有效的建设行动发生时形成的，每一位行动的亲历者，都是这一成果的创作者。

### （三）"教师专业发展：求根务本"——教师发展学校建设的行动案例

"教师专业发展：求根务本"，这是 2007 年开始的教师发展学校有代表性的建设活动。这一活动，主要是在北京市丰台二中发起和展开的。它对于教师发展学校建设具有重要的意义：对于我们——丰台二中教师发展学校的建设者（U-S 伙伴协作的双方：来自首都师范大学的老师和丰台二中参与教师发展学校建设的领导和老师们）来说，这是一个长期耕耘劳作后迎来的收获时节；是一个教师发展学校建设理论得到实现和在实现中得以验证的过程；教师发展学校建设的理念、理论得到"有内容的"具体呈现；可以由之对课堂教学改进、教师专业发展做出明确的解释；而所有这一切，都一如教师发展学校建设的初衷：是合作中的建构生成。

1. 求根务本的含义

"教师专业发展：求根务本"，成为北京市丰台二中教师发展学校建设探索的特点和工作思路。

求根，是坚持以严格的科学态度作为根本追求。我们一直在强调要有严格的科学态度，这主要体现在两个方面：一是要体现所教授学科的性质特点，抓住所教授内容的内涵实质，明确回答所有是什么的问题。一是要求对课堂教学的改善和教师学生的变化能够做出明确的解释，即可以明确说明这种改善和变化确实是由于既定的追求带来的。之所以可以明确解释，是因为，我清晰地知道我要做的是什么。有了这样的态度和追求，老师们清晰地认识到教师发展不会仅仅在光鲜夺目的形式层面得到实现，而是要具体地深入到有效提升学生素养的教育如何发生之中。我们相信只有这样，教师的发展才有恒久的动力，这一动力来自于教师对自己责任清醒的意识。

务本，是坚持教师专业发展以课堂教学为本。在当今学校教育体制下，教师专业，教师对儿童青少年的教育，主要还是通过课堂教学来实现的。教师专业发展，对于教师来说，并不是让他们离开课堂教学去做另外一件事情。作课题、写论文等等都是促进教师专业发展的手段，都是为了促进他们努力探索"怎样教好、怎样教更好"，而不是只有会作课题、会写论文才是教师专业化的表现，更不可能以会作课题、会写论文作为教师的专业。教师专业的理解，必须立足于他们日常的教育教学实践，这是教师专业最终得以确立、得到普遍认同的基础，也是教师专业发展得到有效实现的根本所在。

我们和北京市丰台二中的老师们在数学、语文、政治、历史四个学科的教学中努力贯彻求根务本的追求，并迅速取得了令人欣喜的成果。从中我们可以看到，这种"求根务本"的精神，可以贯彻到课堂教学的整体和细节之中。教师的专业发展就这样通过对内涵实质的根本追问而凸显着，它使教师的教育、教学、研究、学习具有自然的内在联系，也使教师的专业成长有具体可行的路径，形成了教师的专业生活方式。

我们的合作，注重在备课环节参与，这使得在课堂教学设计过程中形成的深刻理解和强烈追求可以有实现的空间和过程。当我们在追求什么时，内心总是有一种期待，它会伴随实现追求的过程引发丰富真切的情感，有伴随情感的过程是真实可信的。北京市丰台二中老师们的案例呈现的正是这样一种过程。经历这个过程需要付出艰苦的努力，但甚至包括艰苦的付出在内的一切都是幸福的。当二中的老师们用"幸福像花儿一样"来表达他们的情感时，我们看到的是欣喜的笑容。

人人都可以笑，但笑和笑是不一样的。在某种情景场合的会心开怀固然弥足珍贵，但它与这样直接源于某个教学内容的教育事件的发生相伴随的笑容是不同的，曾经发生、曾经获得效果而心灵触动难以忘怀的记忆为这笑容赋予了深厚丰富的内涵。教师的发展，因此而可以得到明确的解释，这正是我们以严格的科学态度所孜孜以求的。

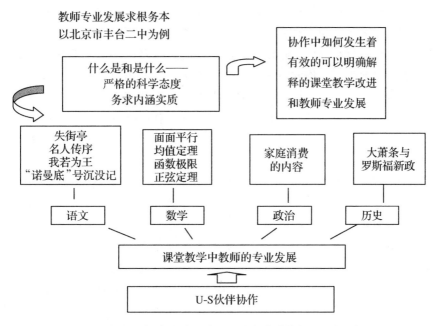

**图 6-1　丰台二中"教师专业发展：求根务本"建设活动示意图**

2."教师专业发展：求根务本"建设行动案例

北京市丰台二中老师们在"教师专业发展：求根务本"的合作建设行动中所产生的案例，是由于"务求内涵实质的深刻理解"而形成的。因此，他们所获得的课堂教学的改善和教师自身的发展，是可以由这一建设行动的实践追求所明确解释的。这种解释之所以可以令人信服，是因为每一个解释都是有真实的和有效的内容来支持的。"有内容的"成为这些案例的一个突出特点。在这里，"有内容的"之所以突出，表现在每一案例都以对具体教学内容深刻理解的延展运动构成自身的内容并以此内容构成全部建设行动。于是，"有内容的"成为连续的运动过程，在其运动轨迹的每一个点上，都是有内容的。有内容之所以重要，是因为这正是教育之实践本性的体现。教育是实践的，实践是具体的，具体的是有内容的。"有内容的"，是对教育实践的解释。"在其运动轨迹的每一个点上"都是有内容的，实践的过程才是连续的、彻底的。当我们真实获得这样的过程时，这个过程既是教育实现的过程，也是教师发展的过程，并且它自身又是教育实现、教师发展实现的验证过程。教育、教师发展都在实践意义上以有内容的连续性组织在同一过程的整体运动之中，展开其实现与验证的充分和必要。我们之所以在这里做这样的讨论，也是针对着教育、教师发展现实中存在的问题。当前，围绕教育和教师专业发展的种种问题，不外是难以保持这种"有内容"的连续性。传统的讲授，有具体的教学内容，却没有深入其内涵实质的延展运动；相当严重地存在的中小学教师关于教学内容的"内涵性缺失"甚至使得他们在一开始就失去了真正的内容；改革风潮骤起，关注的重心指向学生的建构和主体性，却忽略了应有的内容，掩盖了教学内容方面的内涵性缺失；在推进改革的努力中，对"实践"之内涵实质理解的不足，又使得这些努力总是带有"非实践"印记，总是带有跳出"具体内容"的"抽象情结"。于是，可以强调能力、方法、情感、主体、建构，以为这样已经是"实践转向"了，却唯独不肯走进具体的内容，不能看到所有这一切都只是在有内容的延展运动中才具有了实践的意义。脱离了具体的内容，它们不过是一些"新概念"的玩偶，徒具漂亮的外表而已，于教育、教师专业发展的实践并无实质的增益。

有鉴于此，丰台二中老师们的案例才格外令人欣喜和骄傲，因为这些案例做到了"在其运动轨迹的每一个点上"都是有内容的。丰台二中的案例和我们为案例写的附记，呈现出我们的合作和合作产生的可以明确解释的效果。之所以说是可以明确解释的，是因为这些案例确实是出于我们所提出的以严格的科学态度，坚持对内涵实质的追求，不是所有的合作都有这样的案例，不是所有的案例都有这样的具体内容，不是所有教师发展都是这样和一个具体的教学内容紧密地联系在一起的。我们用一个通俗的描述讨论这个问题，就是：是"指哪打哪"还是"打哪指哪"？"指哪打哪"是可以明确解释的，因为他所打中的正是他所追求的。这里实质上涉及的是一个深刻的理论问题，在一种以后现代为标榜的倾向中，以为一切都是在建构过程中以不知道的原因生成的，因而不存在先在的追求，这样的结果离开了教育的根本，教育是有追求的，教育只有在它追求的意义发生的时候才是存在的。教育作为实践的根本性质为它敞开丰富的意义世界，实践是丰富的，它不限于认识的结论、知识的内容及其规定性，还有着意向、信念和具有实质性内涵的意义理解。看不到这些而轻言放弃，放弃的是教育的责任，造成的是教师工作因肤浅的操作化而失去发展的生命力。

为什么我们总在强调"可以明确解释"，它真的这么重要吗？丰台二中的这些案例真的可以得到明确的解释吗？也许，会有人感到这些与往常看到的案例没有什么不同。如果认真思考的话，是可以看到这当中的区别的。这个区别，涉及我们已经谈到过的中小学教师中存在的内涵性缺失，我们所做的，可以说是包含着克服这种内涵性缺失的努力。我们意识到，实质上这是影响教师专业生活、影响中小学教学的一个瓶颈。可以说，有数不胜数的课例由于缺少了对教学内容内涵实质的深刻理解，而使得这些内容在课堂上的呈现指鹿为马，面目全非，不论什么课，实际上都被当作"物""理"课来教了——仿佛教师要做的只是为了搞清楚知识的内容和道理，各个学科的性质特点和魅力消失了，教育的真谛消失了，只是刻板的教条、机械的训练，即使在改革中，这样的缺失依然存在，只不过是有些地方变换了一下形式，用生活的联系去代替刻板的教条，用活跃的气氛代替机械的训练。他们只看到了这个表现，却没有看到之所以会这样，是在于缺了"内涵实质"，而这些改变也同样没有走进"内涵实质"，使内容焕发出意义来。

教师专业发展实际上是在这里被阻断的，因为内涵性缺失而变得简单、枯燥、重复，没有了生命气息。

可以想到，如果不是这样呢？如果教师深刻意识到自己所教授的每一个内容都有它独特的意味、无尽的意义：我是如此喜爱它并因此而如此盼望着与我的学生分享，使他们也如同我一样地喜爱它，那么，事情是不是就会发生根本的变化？我们曾谈到教师的职业倦怠，为什么会有倦怠呢？是因为失去了兴趣、热爱、追求而被机械重复所折磨消耗。如果发生了这样的变化，教师的生活工作成了我的倾心所愿、倾心所爱，我作为教师因乐此不疲而学而不厌、诲人不倦，又何来倦怠呢？

我们之所以说丰台二中的案例是可以明确解释的，就在于我们所说的这个变化在这里真的发生了，并且真的是由于我们为改变那种内涵性缺失而提倡的"热爱、自信、整体理解"的工作理念、以严格的科学态度求根务本，务求内涵实质的理解而做到的。

张为民老师在《名人传序》教学中，因为理解了"文章不是抽象的字词而是鲜活的事件"而感悟"授课的幸福在于带领学生被作品感动"，"顿觉天宽地广，耳目一新"，伴随她的是花开一般的幸福。赖力敏老师在《失街亭》一课的教学中，因为在小说与历史的比较中呈现的深刻理解而看到了自己所希望的语文教学的轮廓，获得了"突破发展的瓶颈"和"持久的动力支持"。卢吉增老师在《我若为王》教学案例中道出了教师的真谛：以其昭昭，使人昭昭。这使他体会到了"淘到金子的幸福感"，"对自己从事的语文教学产生了更真诚的热爱"，并且"这种爱是可以传递的，是可以感染我的学生的"。孙燕老师的研讨课《"诺曼底"号遇难记》，让人感到振奋的地方有很多，而其中最突出的则是孙老师对文本的理解，由此带来的是"在和学生们一起学习完《"诺曼底"号遇难记》后，我首先感受到的是自己的心灵被震撼了，这甚至是我在备课时都没有强烈感受到的：教学相长，只有教师首先做到披文入情，才能更加有效地带动学生主动阅读、自觉感悟。"何岩老师的《正弦定理课后反思》呈现着我们合作和发展的过程，向量的大小与方向和三角形边角关系之间的联系，使得内涵实质的理解不再是"太大，太空，太虚，"而是"多么重要"，"在深入寻找问题实质的过程中，我们的思路逐渐清晰起来，我想，这样的过程就是教师发展的过程，而且是专业化的！"王晓芸老师以"无限接近内涵实质"为题所写的《函数的极限》一课案例，反映的是我们在深刻理解、准确把握方面所做的努力。通过自己备课、困惑、几次讨论、再思考这个过程，她切实地感受到"我现在觉得我是真的教授了函数的极限。我把对数学的内涵实质的理解传达给了我的学生，正因为对学科内涵实质的不懈追求，我的课堂有了变化，这种变化让我们感受到热爱、自信、整体理解。"王志江老师在"面面平行的判定定理"一课的教学中，以"平行大道""垂直大道"（这两条大道与它们之间的连接线一起构成了"立体几何大道"）总是保持着把学生理解纳入数学的思维之中，贯彻着数学的精神，并总是有一种对高位思考的追求。

　　所有的这一切都是有内容的，教师的发展是以他们最日常的工作——课堂教学为内容的，在课堂教学中求得发展，是以对课堂教学内容的内涵实质的深刻理解为内容的，形成这样的深刻理解，成为他们发展过程的真实内容，这种深刻理解向学生的呈现，成为课堂教学改进、学生受到教育的真实内容，学生的成长、学生的主体性是在这样的教育关系中才有了依托于具体内容的真实有效的实现，教师的发展因此成为富有内容的真实过程。在他们发展的道路上，每一步都有具体的内容，追求有追求的内容，实施有实施的内容，收获有收获的内容，并且所有的内容都不是干瘪的，而总是有亲历者的体验相伴随着。在这体验中，深刻的理解总是与期待和向往、喜悦和幸福、充实和信念融会在一起。所有这一切，具体地诠释着教师专业发展的内容。当这些具体的内容一件一件、一次一次地发生在我们与丰台二中老师们的合作中时，就成为我们合作的内容，也给予我们同样的深刻的理解与期待和向往、喜悦和幸福、充实和信念融会在一起的亲历者的体验。有没有这些内容是至关重要的。试想，倘若把这些内容统统抽掉，剩下的会是什么？道理很简单，就因为"教育是实践的，实践是具体的，具体的是有内容的"！

# 第七章　协同发展：首都师大的实践探索之二

首都师范大学的教师教育改革在近十五年历经了两个阶段，两个阶段中教师教育的指导思想既有先后接续也有新的发展。

第一阶段（2001—2008年）：此阶段我们着眼于以和谐共生为指导思想，以教师发展学校为载体建设大学与中小学合作共同体平台；倡导把大学和中小学引入一个开放、持续和共同参与的变革框架中，改变在大学课堂上进行教师教育的封闭模式，走进中小学，充分反映教育现场实践的丰富性，在中小学真实的教育环境中实施教师教育，实现大学和中小学的共同发展。

第二阶段（2009年至今）：此阶段突出了基础教育反哺大学教师教育，强调教师专业发展的实质，建设教师教育合作共同体的协同创新机制，推进教师教育改革的整体深化和新的发展。教师教育改革的实践取向，并不仅仅意味着"重心下移"，同时也意味着大学的责任。教师教育协同创新就是要形成大学和中小学双方的共同目标并生成多样化协作和分享机制，打破教师教育长期以来存在的体制性障碍，促进双方文化的互动，通过建设大学－中小学教师教育共同体，在融合的互动关系中实现教师教育理论与实践的双向激活与创新。

本书的第六章主要反映了首都师范大学第一阶段的探索，本章则着重体现我们第二阶段的探索。

## 一、教师教育共同体建设的核心理念

我国全日制专业学位教育硕士（以下简称全日制教育硕士）的培养工作自2009年开始有序进行。全日制教育硕士旨在针对教师职业进行专门人才培养。全日制教育硕士培养教师，是适应基础教育改革与发展的必然需求，是提高中小学教师入职资格的一项重要举措，是我国教师教育人才培养模式改革的重要标志，同时也是我国教师教育一个具有历史意义的新起点。它的出现，必将引起我国教师教育历史性的深刻变革，也对教师教育改革和发展提出了在理论、实践、性质、形态各个方面都具有一系列新特点的新的需求。

全日制教育硕士的培养给各个承担培养任务的大学提出了教师教育改革与发展的新的任务与挑战。2009 年 11 月，以首都师范大学与北京市 11 所示范高中、优质中学正式签订合作协议为标志，建立了新一阶段的教师教育合作共同体，实施了以协同型合作为特征的指向全日制教育硕士培养的针对性解决策略，提升了大学与中小学合作的品质和教师教育共同体的运作效果，逐渐形成了"聚焦教师从教素养"、"反哺超越，双向激活"、"全日制教育硕士－中小学教师－大学教师"一体化发展等教师教育共同体建设的核心理念。

### （一）聚焦从教素养

提升从教素养是全日制教育硕士培养的核心任务。教师的从教素养是教师个体在解决复杂的现实问题过程中表现出来的必备品格和关键能力，是教师从教中最关键、最必要的共通素养；从教素养并非简单的知识或技能，而是以学科知识技能为基础，满足特定教育情境需求的综合性表现；其作用发挥具有整合性，是知识技能、职业情意的综合体现。全日制教育硕士的从教素养，是其在未来工作岗位中提升学生核心素养的保障。提升从教素养并非关注教学中琐碎问题的解决，而是引导全日制教育硕士认识学科本质以及学生的认知发展规律，并藉此设计全日制教育硕士培养的侧重点。教师教育共同体教师发展学校的建设使全日制教育硕士的培养处于大学与中小学开放、融合的互动关系中，在聚焦从教素养培养的过程中激活更为丰富、更为深刻的理论建构和实践探索。

### （二）反哺超越，双向激活

实践作为是教师教育的核心价值取向，突出的标志在于走进中小学教育现场。现场是开放和合作的实践空间，充分反映教育现场实践的丰富性。丰富的实践是教师教育的源泉，大学教师教育必须基于基础教育实践。首先，教师教育共同体教师发展学校为全日制教育硕士的培养提供了丰富、鲜活的教育资源，使学生走进学校教育的现场，学习、积累了丰富的教育教学经验。其次，教师教育共同体建设把大学引入一个开放、参与的变革氛围中，鼓励大学教师到中小学真实的教育情境中汲取鲜活的实践智慧，不断完善教育理论，反哺大学的教师教育。再次，中小学一线教师在参与全日制教育硕士培养的过程中可以超越经验的束缚，建构反思型实践经验，摆脱教师成长对经验的路径依赖，开拓理论自觉的实践空间，有效提升了中小学教育教学质量的品级。丰富、生动的中小学教育教学实践激活大学教师教育的理论创新，新的教师教育理论又推动中小学教育教学实践中问题的解决，实现教师教育理论与实践的双向激活，形成充满活力的大学和中小学协同参与的教师教育。

### （三）"全日制教育硕士—中小学教师—大学教师"一体化发展

教育教学实践中，中小学教师往往较多关注"做什么"以及"如何做"，是一种教育现场事实情境中的文化；而大学教师更注重追问"是什么"、"为什么"的问题，是一种价值取向的文化。不同文化的理解与融合是全日制教育硕士培养的关键问题。教师教育共同体建设，建立了大学和中小学的深度交流机制，融通上述两种文化，激活大学的教师教育改革，也激活中小学教育实践的改进与创新，使得大学和中小学都成为培养全日制教育硕士的主体。全日制教育硕士、中小学教师、大学教师在多元互动中，共同参与、深入探讨教师成长与教育教学的现实问题，有力促进了三者之间的教学相长，形成了"全日制教育硕士—中小学教师—大学教师"一体化发展的理念与格局，同时也促进了大学与中小学的共同发展。

## 二、协同创新的共同体运行机制

建设大学与中小学教师教育共同体教师培养机制，不仅意味着打通教师教育职前与在职阶段的隔离，形成一体化的教师教育体系，还意味着创建大学和中小学协同发展机制，实现新的学校重建及教育本质的回归。2009 年以来，首都师范大学与共同体学校逐渐形成了多元、交互、融通的密切联系渠道，加深了彼此间的专业认同和支持，共同参与培养全日制教育硕士乃至所有师范生的体制机制应运而生。在动力机制、协同治理机制、协作执行机制、反馈评估机制的建设中，动力机制的建设是首要任务。

### （一）构建教师教育专业化培养体制

2010 年初，为推进教师教育改革，首都师大以教育科学学院和首都基础教育发展研究院为基础组建了教育学院，实现了全日制教育硕士集中培养的体制。在保证学科专业教育水平的基础上，突出教师专业教育在教师培养中的作用，实行教师学科专业素养和教师专业素养的分阶段、专门化培养，从组织机构上保障了教师教育体制转型。

体制的改革，有力促进了全校学术力量的整合，加强了全日制教育硕士导师队伍的建设。依据全日制教育硕士培养"学科教学"方向的设立，学校在全校范围内聘任各个学科的导师组组长，跨院系组成的导师组依据学校制定全日制教育硕士培养方案制定本学科教学方向的课程计划，导师组长负责协调组织本学科教学方向全日制教育硕士培养的相关工作。教育学院则负责了全面的组织协调与督导工作。

这一体制改变了以往由学科院系培养学科教师的体系，初步实现了学科院系负责学科教育，教育学院负责教师教育，职能明晰、功能强化、分工负责的教师教育体制，是一种新的尝试与探索。

### （二）建设共同体有效运行机制

运行机制的建设是教师教育共同体建设的重要任务。

2009 年以来，首都师大实践了新一阶段教师教育合作共同体培养教师的探索。首都师大与中小学教师教育合作共同体建设大致包含了三个基本环节：其一，大学－中小学达成对教师教育共有理解，以教师培养并使职前与在职教师、大学与中小学教师共同获得专业成长为合作的目的。其二，大学教师与中小学教师作为一个团队，共同承担职前教师培养的职责。职前教师在中小学真实的教育情境中体验教师的专业生活，并在优秀教师的指导下有效地获得专业素养的提高。其三，大学与中小学合作，共同探索构建新型教师教育模式，培养新型教师。

#### 1. 多层次的动力激发机制

教师教育共同体运行的动力激发机制建设旨在使合作主体产生实现目标的动力，引起并维持实现组织目标的行为，因而，动力激发机制是共同体自组织运行机制的核心。

（1）需求拉动：变学科导向为需求导向

培养高质量教师是建成首都"公平、优质、创新、开放"基础教育体系的根本保障。首都师范大学作为向北京市输送中小学教师的主要力量，很大程度上成为提升北京市基础教育办学质量的源头。近年来，首都师大先后与北京市 14 个区县政府签署了共建创新教育实验区项目等合作协议，与 29 所学校签署了共同培养职前教师的合作协议，协议明确了双方在基础教育改革和教师教育方面的共同职责。同时，根据北京市基础教育改革与发展的需求设计实施教师教育改革方案，2010 年组建了教育学院，2012 年获批成立了"首都教育发展 2011 协同创新中心"，协同北京师范大学、北京大学等单位，设立教师教育协同创新平台，形成了大学－区域教师教育协同发展的良好态势。

（2）文化融合：工作文化与学术文化的融通

破解教师教育中理论与实践脱节的问题，就是通过建立大学和中小学的深度交流机制，融通中小学的工作文化与大学的学术文化。2009年首都师大实施了大学与中小学教师教育共同体培养全日制教育硕士，两种文化的融合成为共同体运行机制建设的中心任务。

首都师大在全日制教育硕士培养中实施了"双导师"制，即每一位教育硕士有两位导师，一位是大学教师，一位是合作共同体教师发展学校的特级或优秀高级教师。"双导师"制是大学教师与中小学教师共同承担职前教师培养责任的鲜明体现，使全日制教育硕士得到了成为优秀教师的充分滋养。"双导师"制要求双导师全程协同指导，从制度上促成了大学教师和中小学教师建立起密切的教育关系；学科导师组的专题研讨会，使大学导师和中学导师共同研讨学科教学与学科教师的专业发展问题；大学导师与中小学导师的互相学习、互相激活，融通了双方的工作文化和学术文化。

(3)资源共享：共同体运行的动力支持

在大学与中小学教师教育合作共同体中，大学的学术资源是相对丰富的。首都师大将教师教育课程资源、图书馆资源适度向共同体教师发展学校开放，开放的资源还包括各级各类的学术会议、专家讲座等。除此之外，首都师大还依据一线教师专业发展的需求，有针对性地开设讲座、学术沙龙，并应邀派送专家到共同体教师发展学校做专题讲座。以2015年为例，我们设计组织了语文、数学、英语、历史、地理等学科针对高中课程标准修订的理念、学科核心素养等内容的讲座，使一线教师与课标组专家面对面研讨课程改革的根本问题；组织了与学科信念有关的讲座，使双导师进一步思考信念、知识、教学行为的关系等问题。

共同体教师发展学校不仅向大学开放了教育实践场所作为培养教师的资源，中小学导师也将自己的典型教学案例提供给大学，作为职前教师学习的资源。

打破教师教育资源的校级边界，实现资源共享，是教师教育共同体有效运行的动力支持。

(4)教学相长：教师专业发展的内在要求

在协同发展机制框架下，大学和中小学都成为培养职前教师的基地。首都师大先后聘任了近300名中学特级教师或优秀高级教师为教育硕士导师。通过双导师指导，开展高密度的教学设计、试讲、模拟练习和真实情境中的教学实践活动，使师范生明确了怎样成为教师的内在要求。在共同参与这一过程的互动中，各方深入探讨教育教学的现实问题，有力地推进了大学教师和中小学教师、中小学教师与师范生之间的教学相长，形成了"全日制教育硕士－中小学教师－大学教师"一体化发展的态势。

2. 多主体的协同治理机制

协同治理机制以建立科学合理的教师教育共同体管理组织体系为前提，以优化协作系统内部环境为基本内容，以实现参与合作的组织和个人的关系协同、资源协同和利益协同为基本任务，最终达到增强目标认同，强化协作意愿，提高协作自觉的目的。我们认为，建设协同治理机制的关键是组织建设与沟通交流平台、渠道及制度建设。

（1）组织建设与运行

首都师大成立大学的教师教育领导小组，负责教师教育改革的重大问题的决策，把握教师教育发展的方向。建设大学与中小学教师教育合作共同体就是首都师范大学教师教育改革的决策之一。在中小学签订合作协议之前，首都师范大学的相关领导与合作学校的领导就合作事宜有深入的商谈，就合作目标、内容、各自的责任与义务等达成共识；合作过程中，定期召开教师教育共同体校长恳谈会，大学和中学校长一起研究教育与教师教育的重要问题，商讨合作培养全日制教育硕士需要进一步改进的问题。成立首都师范大学教育硕士教学指导委员会，由首都师大负责教师教育的相关领导和共同体教师发展学校的部分领导共同组成，以对全日制教育硕士培养过程进行指导。

组长负责制的学科导师组主要负责本学科的课程设置与建设、教学组织与实施、招生相关考试与面试、研究生学位论文的开题与答辩等工作；导师组组长、导师都有明确的职责，以确保培养计划的有效落实。建立联系人制度，全日制教育硕士办公室紧密联系大学与中小学双方的联系人，负责具体沟通、协调事宜并落实日常工作。

（2）交流平台的建设与沟通渠道的拓宽

首都师大教师教育合作共同体除定期召开"合作共同体教师发展学校校长恳谈会"外，为了培养能够适应未来教育发展的高层次、高质量教师，要求教师教育者队伍除了有扎实的理论功底，还要有实践指导能力，更要能将理论和实践融合起来。为此，我们开展了多种导师发展活动，以提升双导师队伍的指导水平，达成双导师之间的共有理解。例如：双导师研修活动，旨在对导师自身角色的转变与发展、全日制教育硕士培养的核心问题进行学习、探讨，不断提升自身作为导师的品质。双导师学科组研修活动与研讨会，针对学科课程本质的理解、学科教学与学生培养的一系列问题，分别从理论审视和实践反思的意义上展开学习与对话，实现双导师的共同理解与互动提升；针对全日制教育硕士培养的问题进行学术交流与专业磋商。

定期召开各学科教学方向导师组组长会议，就培养方案实施中的问题及时进行研究；定期召开全日制教育硕士座谈会，及时发现并解决学生学习与培养工作中的问题；开展"毕业生返校日"活动，以毕业生在校期间的学习经历与工作实践的经验体会，反思培养工作中的不足，改进培养工作、完善培养计划。

建设共同体内部工作网络系统，实现大学导师、学生和中学导师三方实时沟通交流；建设共同体网络平台，努力实现职前教师与在职教师、学生与导师的理论学习、实践研讨、课题研究的互动交流与资源共享。

3. 全过程的协作执行机制

在大学与中小学教师教育合作共同体培养职前教师的整个过程中，大学与中小学双方人员协作制定与实施培养方案并认真履行自己的职责，同时在此过程中提升自身的水平与对教育问题、教师发展问题的共有理解，是提高全日制教育硕士培养质量的重要保障。

（1）通过专业任务导向，密切协同指导

首都师大基于教师教育共同体，探索了职前教师培养过程中双导师"专业任务导向的协同指导"。在全日制教育硕士的每一个学习阶段都对双导师提出明确的专业性任务要求，例如，针对提升全日制教育硕士教学水平，在实习期间中小学特聘导师需对其进行至少15个教学设计的指导；对他们的每一次授课均需给予课前、课后的具体指导，与学生进行交流，提出改进建议；大学导师也要到中小学针对全日制教育硕士的教育实践与中小学导师共同进行指导；针对提升全日制教育硕士研究水平，在学习期间双导师需共同指导全日制教育硕士进行学术研究，选题并撰写研究论文等。同时，也鼓励双导师超越既定要求实施富有创新意义的培养全日制教育硕士的活动。

（2）通过交换工作场域，实现协同发展

为共享知识视域、实现文化理解和文化融合，以教师教育共同体建设为契机，首都师大创设了交换双导师工作场域的各种机会与丰富活动。大学导师进入中小学开设讲座与工作坊，为全日制教育硕士和中小学在职教师发展提供专业支持，以理论视角解释教育现实的各种问题；中小学特聘导师应邀参与大学全日制教育硕士的课程建设，承担部分课程的教学任务，并在大学开设名师讲坛、举办学术沙龙；双方共同参与全日制教育硕士入学面试选拔、教学技能比赛的指导与评审、学位论文选题与研究的指导、论文的开题与答辩等等，在此过程中既促进全日制教育硕士从教素养的全面提升，同时也发展自己的研究与反思能力。

大学与中小学双方人员共同参与的全程的协同执行机制，不仅是全日制教育硕士专业化培养基本路径的主要特征，也从制度上促成了大学教师和中小学教师建立起密切的教育关系，构建起新的合作文化，促进了大学教师、中小学教师与全日制教育硕士之间的教学相长，实现了全日制教育硕士、中小学特聘导师、大学指导教师三个主体的一体化发展。

**4. 多形式的评估反馈机制**

评估反馈机制是共同体对运行成效的自我监控，是对培养过程每一个环节进行检查与反思，以便及时发现不足与偏差，使共同体系统始终保持在有序演化状态。

**(1)全日制教育硕士成长记录册**

学生在大学两年期间的研究生学习，通过活动、反思与写作将其记录下来，既是他们成长的见证，也是促进他们成长的手段。首都师大全日制教育硕士入学后，每人会拿到一本活页装订的"全日制教育硕士成长记录册"。记录册由三部分内容组成：第一部分是首都师大全日制教育硕士培养方案、课程学习的要求、见习实习的任务及目标、学生需要遵守的规章制度等，使学生明晰学习如何做教师的具体目标、任务、要求，从而可以高标准地完成各项学习任务；第二部分是针对见习、实习的各类评价表格，包括中学指导教师的评价表、班主任的评价表、中学生的评价表和学生自评表、小组评议表等，使学生知晓从事教育教学活动的评价标准；第三部分是学生学习活动的自我记录，包括读书、课业学习和听讲座、参加专业学术活动的收获、体会，教学设计，听课与讲课的反思笔记、自己的教学录像等。学生通过思考、反省和写作，梳理自己理论与实践学习的收获与经验，醒悟自身学习与实践的不足，觉察教育现象反映出的教育问题，以便及时改进自己的学习与实践，提出需要研究的教育问题，从而更有效地完成学习任务，更自觉地提升作为教师的专业素养。

**(2)多主体、多形式、多渠道的评估与反馈**

学生自评之外，同课业学习群体、见习小组、实习小组等不同学生群体之间的相互评价也是学生这一评价主体进行评估反馈的重要形式。定期召开全日制教育硕士座谈会，及时了解他们教育理论与教育实践学习的收获、对培养工作及其安排所感受到的可以改进的方面与进一步的期许；组织已经毕业学生的"返校日"活动，听取他们已经具有从教经历与经验之后对两年学习的体悟、反思与改进建议。同时，通过毕业生与在校生的交流，进一步激发在校生高效学习与从事教师职业的动力。

有目的地开展全日制教育硕士培养工作的调查研究，通过与导师座谈、深入学生的课堂实践、对学生和导师进行访谈、发放问卷、导师填写学生的各类评价表等形式，及时了解学生学业水平、从教素养的实际情况，以便有针对性地调整、改进合作培养工作。定期召开导师组长会，交流经验、研讨问题；定期评审优秀特聘导师，以传播先进的教育思想和培养新教师的经验，激励更多的导师提升自身素质与培养新教师的质量。

# 三、"五位一体"的教师教育体系

教师教育改革实践中，我们对教师专业素养及其养成有了更深刻的认识。教师专业是实践性专业，实践是理解教师专业并获得普遍认同的基础和教师专业发展得以实现的途径。但教师教育的实践取向决不意味着经验取向，而是高度重视理论的先导地位，这是教师的实践作为专业而存在所不可或缺的。教师的实践具有强烈的意识指向，教师教育不是知识的传递而是教师专业意识品质的养成，换言之，教师的专业意识品质是其专业素养的核心，树立教师的教育信念、教育意向、专业伦理、反思策略和习惯、对学科性质特点和具体教学内容的整体理解、对教育意义的清醒意识，这些既是教师教育的目标，也是教师教育的直接内容。

丰富的基础教育实践激活了大学的教师教育改革，教师教育理论重建又激活了中小学实践的改进与创新。从"大学教师→师范生"到"大学教师→师范生←中小学教师"，由此形成了首都师大教师教育改革"五位一体"、梯次推进的工作体系：按实践要求推进理论建设，按理论要求推进标准建设，按标准要求推进课程建设，按课程要求推进实验室建设，按专业要求推进基地建设。

## （一）教师教育理论建设

通过多方协同，我们形成了基于实践、为了实践的教师教育理论，详见本书第八章。教师教育理论关注"是什么"、"为什么"，从理论上解决了"教什么"、"怎么教"的问题。以超越自然经验、超越概念认识的理论自觉，主动地在教育实践中追求教育意义的实现。建立"理论引起意识，意识引起行为"的教师专业养成机制，激发职前教师与在职教师不断创新和发展的动力，促使实践取向的教师教育理论与全日制教育硕士的学习、教师日常的教育教学实践，自然、实在地融为一体。

"教"的理论引起"教"的意识体现"教"之作为专业的特质。"教"的意识作为意识，在形态上并没有不同于一般的人的意识，但作为专业意识，它确有其不同于一般的内涵和来源。"教"的意识是由"教"的理论的内化而形成的。教师正是因为拥有"教"的理论内化而成的"教"的意识，才使他们拥有不同于其他群体的不可替代的专业性。在这个意义上说，教师专业化的实质，就是拥有"教"的理论内化而成的"教"的意识。"教"的意识是由"教"的理论引起的，但"教"的理论并不仅仅是一个启动的"开关"，在开启之后便束之高阁，而是内在地蕴含于"教"的意识之中，内在地构成着"教"的意识。因此，"教"的意识又总是拥有着"教"的理论的意识，这不仅使它得以引起专业的"教"的行为，而且，也指向"教"的理论，持续不断地增强着对"教"的理论的拥有。

"教"的意识引起"教"的行为体现的是我们的理论界定：教师从教素养在实质上是教师专业意识的外化、对象化显现。"教"的行为是由"教"的意识引起和支配并总是有"教"的意识相伴随，同时，"教"的行为也总是为"教"的意识即时觉察。

### (二)教师专业标准建设

教师专业标准建设立足实践，为教育教学实践服务，引导教师走上专业发展的道路。首都师大根据教育部颁布的《小学教师专业标准》和《中学教师专业标准》，制定了针对师范生培养的《中小学教师能力标准》，提出了具备优秀教师能力的十项标准：

(1) 能够以对所教授学科的热爱、对学生的热爱构成对教师职业的热爱。

(2) 对于所教授学科的思想、原理、性质、特点、基本知识以及基础教育课程具有深刻、系统的理解。

(3) 对于基础教育课程的知识内容可以引起学生素质养成具有深刻理解、准确把握。

(4) 对于以基础教育课程的知识内容引起学生素质养成的教育理论与实践具有深刻的整体理解和准确把握。

(5) 具有强烈的理论意识，以教的理论引起教的意识，以教的意识引起教的行为：①每一个"教"的行为都要有意识地形成；②意识形成需要有可以接纳它的内在前提；③最根本、最原初的意识前提具有直观、可感的意识形象；④不同学科的意识形象体现各自学科的性质特点；⑤不同意识发展阶段上意识形象的体现可以有不同的形态；成熟的意识状态，抽象概念、逻辑同样可以引起意识形象，但教育同样是意识的养成而不仅仅是引起意识发生的概念、逻辑、内容；⑥第一反应正确是学生意识品质形成的体现。"教"的行为过程是可以在学生的第一反应中得到把握的。

(6) 基于上述理解和把握，对于即将开始的教学能够做到：①迅速形成对其内容的深刻理解和对其教育意义的准确把握；②设想可能引起的学生的各种反应及其与教师理解的距离，探寻沟通这种距离的可能；③对于即将开始的教学充满期待，并开始备课和教学设计；④在观念形态上预演教学的过程，在想象中觉察教师的理解、把握、期待与学生反应的契合，以至与人类文明、教育信念的契合，直至每一个细节；⑤即时觉察和调整教学计划中出现的缺失和偏差。

（7）具体教育过程的整体实现：①能够感受到知识、技能、思想、体验、过程、方法、情感、态度、价值观是不可分割的整体，总是能够在教学中以知识的内容引起学生的思想、体验，促进他们技能、情感、态度、价值观的形成；②能够感受到教育目的、教学目标、教学过程、教学内容、学科性质特点和学生素质是不可分割的整体，总是能够在教学中把握学科性质特点，在知识内容的呈现中体现学科性质特点，达到教学目标的要求，实现教育目的，促进学生基于本课、本学科教学的素质的形成；③能够准确把握各个年级、不同阶段教学的区别与联系，能够以教学内容如何呈现可以适应学生认识发展不同阶段的特点作为教学设计与实施的依据；④能够准确把握普遍的原理性知识和操作性要求的关系，总是可以把普遍的原理性知识在一个教学环节中以具体、可感的方式呈现，坚信所有学科的原理性知识都可以用具体的、可感的形式呈现给学生并作为原理而被理解。

（8）在实际的教学过程中能够以自然、亲和、有感染力的教学语言准确、熟练、自如地表达关于教育教学的思想、意识和设计，真实地实现教学设计，实现学生素质的养成。

（9）能够在教学中觉察到学生的问题、疑惑所在，即时做出正确的分析、诊断、评估，即时解惑，引起学生恍然大悟、心领神会的反应，形成教育的即时效果；即时觉察及时调整教学中出现的缺失和偏差。由此产生相应的教学伴随情感，增强教的愿望和信心。

（10）一言一行，为师为范。

标准体现了教师能力形成的机制，强调了以"意向、信念、理解、反思"为基本维度的教师专业意识养成。同时，以标准作为设计教师教育课程的依据。

### （三）教师教育课程建设

依据上述标准，首都师大进一步完善了教师教育课程体系，建设了以国家精品课程"教育研究导论"为基础的教师教育核心课程精品课程群。以大学和中小学协同方式，开设了"教育研究导论""基础教育课程导读""课堂生活研究""学科教学研究"等课程，并纳入精品课程群建设，提供了更优质的课程环境与学习资源。中小学教师参与大学教师教育，加强了课程的针对性和适切性，有效促进了师范生的专业成长。

在课程建设中，全日制教育硕士贯通式实践课程是建设的重点之一。为了更好地提高全日制教育硕士的从教素养，首都师大加大对全日制教育硕士培养实践课程的研究与建设，基于共同体教师发展学校设立了长期而深入的贯通式实践课程(如图 7-1 所示)。

**图 7-1　全日制教育硕士培养贯通式实践课程**

1. 实践课程在时间上实现贯通

各种见习和实习活动持续发生于整个学习过程中，在浸入式的学习中，全日制教育硕士每次听课后会整理听课笔记、进行教学反思，双导师及时进行反馈评价，有效促进了全日制教育硕士的反思与积淀。

"还记得刚到学校第一天，指导老师陈老师和我说的第一件事儿就是：《孟子》全本读过吗？《论语》全本读过吗？《诗经》全本读过吗？这三个问题像个连环炮一样，把我打傻了。内心被悲愤填的满满的，又觉得羞耻，怨恨自己读书太少。回到东区后，第一件事就是跨上自行车到北一去借书。

大概在第二周吧，我和陈老师站在操场上，看着学生或懒散或活力的跳操，……，陈老师再次和我谈起了读书的问题。他和我说，现在是我读书最后的黄金时期，在工作的前五年时间，绝不会再有这么多的时间可以读书。我深以为然。那时候觉得一天"嗖"的一下，我还什么都没做呢，就从黎明到了夜幕。陈老师还说读书不能只看文学或是教育，作为一个语文老师，我还需要去看一些语文教育的书。比如孙绍振、王荣生、李海林等等的专门谈语文教育的书。这些教育家我都是如雷贯耳，不过基本没有读过他们的专著。

陈老师随笔一挥，给我列下来一个小书单。我捧着这个小书单，虽然只有巴掌大小的一张薄薄的纸，但却让我感到犹如千斤重。还等什么呢？买吧。《人间词话》、《解读语文》、《听王荣生教授评课》、《中国哲学简史》……我开启了买买买的节奏。

语文，真的很难。我也曾想过换个学科不好吗？但我还是无法割舍它。语文对我来说就是一个任意门，从文字之中，我可以上天入地，穿越古今，我能从中看到千种世界，也能从中感到万种风情，那里有美丽的梦，也有淋漓的血。

就这样读下去吧，读书读书，永远不停下读书的脚步。"

（王梦娇，2013级，学科教学语文）

在首都师大附属育新学校实习的李娜（2010级，学科教学物理）写道：

每次听课时我都发现这样一个现象：我的导师特别注意自己对学生的示范作用，对学生态度谦和，十分尊重。她的板书工整而又思路清晰，每次都会鼓励同学根据自己的特点灵活地记笔记，每次都会耐心地嘱咐同学们注意写作与解题的层次性、规范性和逻辑性，比如画物理过程和公式如何应用方面。我的导师还有个明显的特点，她总是让同学们明确每节课自己在学习什么，而且尽可能把抽象的知识讲得形象、融入日常生活的应用，比如她会把微分的思想类比到图片的像素、从新闻中思考物理问题，让我受益匪浅。

学生们在真实教育情境的学习中，每天都发生着这样或那样的故事，正如他们自己所言，"在不知不觉间渗透，在不经意间成长"。汪春红同学（2013，学科教学物理）在见习期间"与指导老师的每日一谈"，从"新教师的利与弊"、"新教师需要迅速具备哪些基本功"到"研究生阶段学习与中学的联系"、"突发事件的处理"、"关键时期的安抚教育"等，使她的见习生活格外有收获；王霞同学（2013级，学科教学历史）在谈自己的实习收获时用"不知道自己不知道"、"知道了自己不知道"、"知道了自己哪里不知道"和"知道了自己如何知道"为标题总结了实习期间重新认识自己的过程。

2. 实践课程在课程空间上实现贯通

首都师大教师教育共同体教师发展学校覆盖了北京市城区与郊区、城镇与乡村，每一位全日制教育硕士的集中见习和实习会进入不同类型的学校，感受丰富的教育现实，全面了解学校教育的发生，更好地理解教师的专业生活。

2014 年 9 月 17 日，广渠门中学为我们实习生开展了'教育硕士实习启动会'，嘱咐我们要尽快转变教师的角色，用心去学习；还专门为我们制定了'实习手册'，以方便我们记录每周的事情，也可以为我们的实习留下些什么。学校的用心良苦我们是深深感动在心的，因为学校一直用自己的育人理念来影响着每一位老师，影响着每一位学生。

在广渠门中学实习的三个月，学校真的是毫无保留地为我们提供了各种学习活动，比如，每周的备课组活动、市区的教研活动、青年教师培训、校会、体育节开幕式、祭孔活动、北京市的德育说课、各种公开课等等，丰富了我们的实习生活，让我们用一名正式教师的要求来要求自己，体会到了作为一名教师应该真正承担的一些责任和义务。参加每一个活动都会让我学到不少，都会有一些收获。

在这三个月的实习中，我做的最多的事情之一就是每天去听专业课导师（杨老师）的课，我感觉听他的每一节课都是一种享受，他把知识点讲解得非常透彻，能够抓住知识的本质。他上课不仅教学生知识而且在教学生怎样做人。他上的每一节课都可以用'精彩'两字来形容，不管讲什么知识点，杨老师的板书都是工工整整的，主次分明，让人看上去心里特别舒服。不仅杨老师的新授课能够吸引学生，习题课也照样能够让学生赞叹，杨老师教学能力真是值得我去学习！从杨老师身上让我学到很多，也是我今后努力的方向。

（崔凤娟，2013级，学科教学数学）

夏冰同学（2013级，学科教学思政）在密云二中经历了她人生"意义非凡的第一堂课"：

（本科）非师范毕业的我，从未参加过任何学校实习，对于站上讲台那一刻的经验和感受为零。但我对教育事业的敬重以及对教师职业的喜爱，极大地推动了我对于站上讲台那一刻的渴望。于是，我在见习的第二天，就主动向指导老师表达了我希望能有机会讲一节课的诉求。指导老师很欣然地答应了，并热心地帮我做备课指导，为我加油打气。

经过几天紧张细致的备课，终于在第二周的星期二，我怀着紧张忐忑的心情走进了班级，如愿以偿的站上了我渴望已久的讲台。当上课铃声响起，我喊'上课'的那一刹那，我感受到了作为一名人民教师的神圣与伟大；当我看到几十双渴望知识的眼睛都聚焦在我身上的那一刹那，我体会到了人民教师肩负的重任；当同学们积极主动地配合我，回答我提出的问题，以及我喊'下课'的时候，同学们不约而同地给予我的鼓励的掌声的那一刹那，我的心暖暖的，热热的。四十五分钟虽短，但这其中发生的种种瞬间，都使我更加坚定了未来做一名人民教师的信念，都让我体味到了作为人民教师的别样的美。

在学校教育教学实践中，学生们更加了解了教育，更加理解了教师的专业生活，也更加激发了他们做一名人民教师的动机与情感，坚定了他们从事教师职业的信念。

3. 在学、教、研的协调统一中实现贯通

全日制教育硕士在真实的教育情境中理解教育理论，用理论分析教育现象，从实践场域中提炼教育问题，以学习者、实践者、研究者的身份进行深入的思考，为解决教育问题寻找理论依据和实践证据，使理论学习、教育实践、教育研究三者自然、实在地融为一体。

正如张之玙同学(2013级，学科教学数学)所言：

再次走进初中校园，这次我的角色发生了变化，……。熟悉的课堂，但是现在的我是以一个全新的身份来到这里，我开始发现我的思维已不再是曾经初中生的思维，这是一种微妙的感觉，我会以一个研究者或教师的身份，从另外一个角度对课堂进行分析，关注的重点已不再是这节课的知识点我是否已经掌握了，而是教师这堂课为什么要这么教，教师的授课语言、授课思路有哪些值得我学习的，学生的听课情况、掌握情况是怎样的，这些都是我需要观察的。

……

我发现其实每个老师都有其独特的教学风格，而教师不同的教学风格会造成课堂氛围的差异。生物老师是属于那种教学经验丰富，对于学生课堂纪律的把控程度很好的教师，她会充分给学生展示自我的机会，给学生足够的机会来表达自己的观点。对于每个学生的发言，老师都会很认真地给予评价，因此在她的课堂上学生都很积极地表达自己的想法，通过他们的发言，我也发现了学生们的天真与活泼。语文老师属于那种严谨认真型的，因此在她的课堂上学生普遍都会很安静，跟随教师的脚步认真听课、踏实学习。政治老师是那种积极、客观、活泼开朗型的，在她的课堂上我能充分感受到她对教师这个职业的热爱，她在课堂上的激情可以感染课堂中的每一个成员。每个教师身上都有不同的特点，这些都值得我们这些没有教学工作经验的见习生学习。

许优琼（2009级，学科教学英语）在北京八十中实习期间，有幸参加了八十中的同课异构教学基本功大赛活动，她在实习收获中写道：

反思督导的评课逻辑，整个评课过程可谓环环相扣，层层递推，脉络清晰明朗。她从理论出发，理出评价维度，再以此为标准展开实际评价。她对理论的运用引起了我极大的反思。她提到的新课标让我联想到了教育课上教育思想家提出的各种教育本质问题及教育目标问题；她所倡导的习得理念也让我迅速回忆起二语习得中对语言学习者内在学习过程的关注；她对学生特点的认识唤醒了我对相关青少年心理知识的记忆。纵观我整个从乱到理清头绪的过程，我不得不承认自己所有学过的知识并没有真正为我所学会、所习得，并没有成功内化为我自身的一种能力。我所遇到的不会从听课中有效提取经验，不会从各种教学理念、教学法中汲取营养的问题，绝对不能归因于理论知识太丰富，操作方式太多彩，只能说明由于自身习得存在的问题导致我在实践中还不会综合运用各种理论知识，缺乏从理论根本出发指导实践的能力。那么究竟怎样才能习得？习得究竟是一个怎样的过程？

我此次在实习过程中遇到困惑再到解开困惑的经历告诉我，习得不只是学得，习得是一个从学习到实践、实践再回归学习的过程，我称之为学以致用，用以致学。习得首先是要学习理论，学习知识；然后再在实践中学会运用这些理论知识去指导实践，发现问题；最后再带着这些问题回归到继续学习中去，直至我们能够运用理论成功地指导实践，我们才算真正的习得。因此，实践不只是习得的目的，更是习得的重要过程环节，在这个过程中我们一定要遵循回归理论，回归根本的原则，掌握从根本上思考问题、分析问题、解决问题的能力。

霍德生同学（2009级，学科教学地理）参加北京四中高一地理组备课活动后有感道：

四中集体备课有这样一些特点：

第一，大家积极性很高，在整个活动中整个年级地理组所有教师全都参与。大家都积极发言献策，气氛也很活跃，但是绝不跑题，始终围绕着近期要讲的内容展开，思考得很深。对同一问题都有自己的观点和看法，自己独特的也绝不吝啬地与大家分享。不走形式，对于听会的我们都有很大的启发：对于教学，我们要积极思考，更要与别人交流，才能进步。

第二，大家很谦虚，没有一个教师觉得自己的想法很完美，虚心请教本组其他教师，认真听取别人的观点，讨论总结对比自己的优势和不足，最后都能达成共识。尽管有些教师是高级教师，还有特级教师，尽管大多数是研究生以上学历，谦虚谨慎的态度值得我学习。

第三，讨论的核心和热点，都集中在学生身上。比如：这个地方学生很难理解，这个地方学生经常怎样理解，这个地方学生不太理解有些是直接记住的。这部分我是这样做的，给其他老师展示，他是那样做的，然后大家讨论优缺点，在讨论优缺点时也是以学生为出发点的。听四中老师的课，尽管你会发现不像有些学校课改幅度那么大，但每一处都渗透着课改思路，真正从学生出发、为学生着想。真正的课改不是形式上的小组划分、围成圆桌，而是教师备课、授课是否从学生角度考虑。

第四，对问题求真较真。对一个问题大家讨论得很深入，不受时间限制，如果一节课没讨论完，那么下一节课还会继续讨论或约定下一个时间继续讨论，直到讨论出结果。贴近课标，绝不仅仅依赖教材，集思广益。注重细节，特别是一些细小的问题，上课之前都已经非常清晰。

参加备课活动，让我对备课有了更清晰的认识，特别是集体备课的意义。

贯通式实践课程的各个阶段衔接有序、螺旋上升，构成了全日制教育硕士从教素养提升的长效链。从教素养并非简单经历即可达成，需要全日制教育硕士解读表象、分析内涵、感悟实质与价值，形成驾驭教学的能力，持续提升从教素养。以教师教育共同体教师发展学校为平台的实践课程对这一过程的实现提供了有力保障。

### (四)教师教育实验室建设

为使全日制教育硕士在大学也能"进入"中小学教育现场，实验室模拟中小学教学是首都师大教师教育协同发展中的一项重要工作。学校投资建设了教师教育实验中心，形成了教师教育模拟教学实验室、教师教育创新实验室和教师教育课程资源点评系统相配合的实验体系。实现了大学教师、中小学教师和师范生的现场互动。

建设模拟教学实验室，搭建了大学与中小学即时沟通的平台，通过课程资源点评系统，形成互动实验教学模式（如图 7-2 所示）。

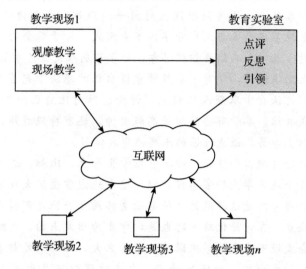

图 7-2　互动实验教学模式

在硬件设施上，模拟教学实验室设置百余机位，通过互联网可以与教师发展学校的教育现场实现信息交换，为全日制教育硕士模拟教学及其与大学教师、中小学教师的现场互动提供场地。教师教育实验室中的教学既可以发生在大学，也可以发生在中小学，甚至可以同时发生在多个教学现场，无论教学现场在何处，全日制教育硕士、大学教师、中小学教师均有机会同步听课，适时及时对授课情况进行分析，也可以反复播放教学过程，进行针对性深入研讨。

在软件设施上，课程资源点评系统为全日制教育硕士网络学习提供了支持服务。全日制教育硕士的学习内容得以丰富，他们可以从课程资源点评系统的案例库中选择观看优秀教学课例，特别是中小学特聘导师的授课录像，也可以将自己的授课实录上传；全日制教育硕士的教学与学习方式发生了变革，教师和全日制教育硕士采用课上案例学习和课下自主学习相结合等各种方式，通过使用平台资源以及专家对其课堂教学视频资源的点评，不断提升并完善教学实践能力和从教素养。

网络化、数字化的教师教育实验室使得中小学教师的说课、听课、评课、研讨等活动直接走入大学，中小学教师与大学教师、全日制教育硕士展开群体对话，师范生模拟教学，大学教师、中小学教师即时讨论和评价。

2013 级学生玄海圣参加了一次在教师教育实验室学生试讲研讨活动后

写下了近 4000 字的感想，可以从一个侧面反映我们如何利用实验室从事教师教育活动，限于篇幅我们截取其感想的部分片段：

"实验室"分为两个部分。我个人称为前台和后台。

前台有些类似微格教室，但比微格教室大，……可以作为现实中学的一间教室，各种现代化设备齐全。……后台就是另一种感觉了，或者说这种模式的核心就是在这里。我记得宁老师说了这么一句话：教师教育就在这里。

整个试讲环节是这样的：

前台是两部分人组成。试讲的同学，听试讲的同学。讲的同学与听的同学共同模拟现实的中学教学情境，完成 45 分钟的一堂课。整个 45 分钟，前台只有这两部分人，没有其他教师参与，前台教室也没有教师"坐镇"。上完 45 分钟之后，可以直接从后台，通过广播形式给予前台的同学评价。

关键在于后台。后台一共有 4 部分人组成。大学的教师教育研究的教授，中学的一线优秀教师和教育工作者，教育硕士研究生，以及必不可少的设备技术人员。

我们的整个教师教育的研究核心可以说就在这个后台。而且这个研究在这个后台无时无刻不在进行着。我认为，你在前台教室正式上课前的准备时期，正式上课的那一瞬间，上课过程的时时刻刻，结束的那一刹那，结束之后，整个过程我们在后台都在进行着教师教育的研究。

……

首先，因为两个空间的隔离，前台学生试讲的时候，是没有教师的。学生可以在最自然的情况下，没有任何干预的情况下做一次试讲。……空间的隔离，使得在试讲过程当中，没有教师的直接参与，学生可以更自然地表现，教师可以看到最接近现实的情景，我想这是这种模式的试讲的第一个好处。

其次，是最为关键的，最具特色的一点。整个研究、评价、学习是即时性的，连续性的。学生的试讲也是"真正的"连续性的。

还是那句话，因为空间隔离，不管主观上还是客观上，你的 45 分钟的上课，没人给你打岔。……因为，如果"评委"在台下，即便评委不打岔，有可能看到评委的某种表情，你自己就给自己打岔了。当然，有些严格的评委可能就直接停掉你的课，让你重新准备。

因此，对于学生试讲来说，结合第一点，这一次试讲不仅是自然的，还是连续的。

对于研究、评价、学习来讲，我们在后台，由于空间隔离与技术上的帮助，我们可以随时"打岔"，随时研究，随时评价，随时学习。这种对于试讲的即时性的评价，却又保证整个学生的试讲不受"干扰"，按"本色"继续进行，是这一模式的最大"亮点"。

当你在试讲过程当中即时评价和听完后评价，两者差距非常大。听完后的评价或多或少都是经过你的总结、增减后的评价、研究、学习，很大可能造成这一次试讲研究信息的"量"的遗失。但有了这一模式，不同领域的人可以在现场即时地针对某一教学现象，基于自己的领域，把想法表现（达）并交流。而且，这种即时的交流又不会影响试讲。这就保证了一次试讲研究中，研究的信息的"量"会是尽量全面的，而且带有强烈的"第一印象"或者"直观"性。

……

最后，这一模式具有很高的"性价比"。大家记住，我们做的只是一件事情，就是参与了一次试讲。但就是一次普普通通的试讲，有许多不同人员，在不同"岗位"，"全马力"地发挥作用。

……

这种模式，是集教育理论、教育实践与数字信息技术于一身的。大学的理论、中学教学实践、现代化技术在整个试讲环节，尤其是在后台表现得淋漓尽致。

作为一个理论工作者，可以通过这种模式，研究理论，使研究出来的理论可以更好、更有效地指导实践。

作为一线教师，也可以通过这种模式，反思自己的教育实践，学习教育理论，提高教育实践（质量）。

作为现代化信息技术人员，可以通过这一模式，把现代化技术应用到教育领域，是非常好的一次"实践"机会。

作为一名教育专业硕士研究生，可以通过这种模式参与到各个环节，……。尤其是理论的学习，不再是一种静态的、断开的、"死"的理论学习，而是动态的、连续的、"活"的理论学习。可以最直观地、"第一时间"地感受、理解、学习教师教育的理论。

因此，这一模式"性价比"之高不是传统的试讲模式可以比拟的。

网络化、数字化的实验室建设使教师教育的理论建设和课程建设以全新的实践形态得到实现。

**（五）教师教育基地建设**

实践作为教师教育的核心价值取向，突出的标志在于走进中小学教育现场，使学生在真实教育情境中观察教育现象、思考教育问题、体验教育理论的力量。首都师大教师教育共同体教师发展学校作为我校教师教育基地，为全日制教育硕士、本科师范生见习、实习、从事教育研究提供了特许资源。首都师大建设的教师教育基地在北京分布广泛，基地学校近300位优秀教师被聘任为首都师大全日制教育硕士的指导教师。

首都师大投入专项经费建设教师教育基地，并在以下几方面进行了探索：

1. 建设特聘导师队伍，不断探索双导师合作模式

特聘导师有着丰富的教学实践经验，但是他们缺乏指导全日制教育硕士研究生的经验。因此，特聘导师队伍的建设成为教师教育实践基地建设的重要任务之一。一方面，实施特聘导师培养计划，包括假期研修、有针对性的专业讲座、研究课题以及论文撰写的指导等，努力提升他们作为研究生导师的专业素质和指导能力。另一方面，不断探索双导师的有效合作。建设教师教育基地并不意味着大学的导师只负责学生在大学内学习的指导，而可以不参与学生教育实践的指导。恰恰相反，教师教育基地建设不仅为教育硕士研究生熟悉学校教育教学、锻炼教学本领提供了平台，也为大学导师提供了理解基础教育实践、全日制教育硕士成长规律和教师教育改革与创新的关键所在，并成为自身专业水平提升的动力。通过基地建设，大学与中学导师有了更多的交流机会、更多的共同学习的机会，取得更多的共识，使双导师对全日制教育硕士的分别指导与合作指导互动进行并更加和谐。

2. 努力建设合作基础上的教师教育基地自主管理和运行的机制

各所教师教育共同体教师发展学校有自己的管理规则和运行机制，作为全日制教育硕士教育实践基地的运行和管理只有纳入中学自己相应的机制中才可行。然而，教育实践基地又是为培养合格教师服务的，应该也必须要体现首都师大全日制教育硕士培养的指导思想、目标和课程内容，对全日制教育硕士教育见习和实习的内容、方式、手段、规格、数量等，要做出具有可实行的保障性措施，尤其要避免教学实习质量和实践课时数量打折扣的现象。因此，实践基地的管理模式和运行机制应该在双方取得共识的前提下，在为培养优秀教师奠定发展基础的共同追求下，体现基地学校的自主性，即由实践基地学校负责管理，这样才有可能最大限度地调动基地学校的主动性，最大限度地发挥基地学校的作用。

3. 提出建立全日制教育硕士教育实践基地发展性评价体系的构想

作为职前教师教育基地，应具备哪些必要的条件？学校对培养职前教

师的计划与管理是否纳入学校相应的管理机制中？是否将职前教师的培养与本校教师的专业发展有机结合？是否对指导职前教师的老师有一定要求、有激励与促进其发展的措施？等等。需要在调研和总结经验的基础上，研究制定教师教育基地发展性评价的指标体系，并据此分析现有教师教育基地建设的差距，提出实现的条件和日程，确保职前教师的培养质量。

## 四、首都师大教师教育共同体建设成效

首都师大经过两个阶段教师教育共同体的建设，与中小学合作在探索培养高质量的教师、推进教师教育改革、构建新的教师教育理论等方面取得了可喜的效果。

### （一）职前教师培养质量得到社会认可

#### 1. 师范生的从教素养高，专业意识强

通过教师教育合作共同体培养教师，使全日制教育硕士和本科师范生获得了成为教师的综合素养，有效提高了其入职从教专业水平的起点。2009 年至 2015 年 6 年来，我校培养全日制教育硕士 1176 人（包括在读学生）。自 2012 年我校全日制教育硕士参评奖学金以来，17 名同学获国家研究生奖学金；在被誉为大学生科技创新的"奥林匹克"——"挑战杯"的比赛中，获得国家"挑战杯"二等奖 1 项、北京市"挑战杯"特等奖 1 项；在全国全日制教育硕士教学技能大赛中先后有 4 名同学分别获得特等奖和一等奖、2 名同学获得二等奖。专业化培养模式也使全日制教育硕士树立了教师专业意识，有了更高的专业追求。每年都有同学报考博士研究生，也有学生在从教后在职攻读博士。以 2015 届毕业生为例，有 2 名同学考取了华东师范大学教育学原理博士研究生，2 名同学考取了首都师范大学教师教育、比较教育博士研究生。

#### 2. 社会需求契合度高，就业竞争力强

近年来，我校全日制教育硕士就业竞争力持续增强，反映了其培养质量与北京市中小学需求有较高契合度。到目前为止，2009 级至 2013 级五届全日制教育硕士毕业生平均一次性就业率达 91.87%；在北京市进京指标逐年压缩的情况下，毕业生中在京就业率达 53.65%（北京生源 5 年平均占比 25%），且 33% 的毕业生入职北京四中、北京十四中、北京十五中、汇文中学、八十中学、潞河中学、牛栏山一中、广渠门中学等北京市示范高中和一些优质学校，也有相当一部分同学进入了农村中小学从师任教。

### 3. 工作适应能力强，成效显著

追踪调查显示，中小学普遍反映我校全日制教育硕士毕业生专业素质较高。一些同学入职后很快取得了可喜的成就：有的工作一年就获得全国学科教学技能大赛一等奖；有的工作一年就走上了教学与学校管理的双重岗位；有若干名毕业生已经担当起了学校教研组的负责工作。用人单位普遍反映：他们"工作热情高，积极努力，综合能力较强，素质较高。能够综合运用多种教学手段实施教学，在教学中表现突出"。

### (二)为基础教育质量提升的贡献力持续增强

大学与中小学协同发展机制，为区域基础教育均衡发展做出了贡献。基础教育均衡发展的关键是教师质量的整体提升。基于教师教育合作共同体平台，不仅提高了大学教师为基础教育服务的意识与水平，同时，中小学特聘导师在参与全日制教育硕士培养的全过程中，作为教师教育实施者、研究者反观教学问题以及教师专业化发展问题，提高理论修养与研究意识，提升自身的"导师"品质与专业素养，进而转化为促进全日制教育硕士专业发展的实践智慧。职前教师与在职教师的共同发展对未来基础教育质量提升有显而易见的意义。

### (三)社会影响不断扩大

2011年9月胡锦涛同志视察北京市八十中学期间，了解到该校与首都师范大学建立了教师教育共同体，在教师队伍建设方面成效显著，他与身旁的刘延东国务委员和袁贵仁部长亲切交谈，一致认为全日制教育硕士从一开始就进中学、实行协同培养的做法很好，这是教师教育的发展方向。2012年我校在教育部主持的现场会上介绍了经验，成果被教育部誉为"首师大模式"；中央媒体对此也进行了广泛深入的报道，《光明日报》认为，"这标志着我国教师教育的最新改革模式开始落实。"我校在全日制教育硕士培养方面的特色也在兄弟院校中有了较高的影响。近年来，我校陆续接待了南京师范大学、江西师范大学、沈阳师范大学等师生代表来访，就全日制教育硕士培养模式进行了深入的交流与探讨，我校在全日制教育硕士培养方面的特色得到兄弟院校的普遍认可。

### (四)教师教育理论不断创新

在15年教师教育改革的探索中，我们从未懈怠作为大学人应该承担的教师教育理论建构的责任，持续实现着在教师教育专业领域的创新。

我们在第一阶段近十年的教师教育课程改革、教师发展学校建设以及走向实践哲学的教师教育理论研究等多个领域中的探索中，提出了"实践—意义"取向的教师专业发展理论，并以此作为教师教育理论的根基。

第二阶段的探索，面对全日制教育硕士培养的新的特点和需求：如何为文、理学士学位起点的教育专业硕士研究生提供有效的本科后教师教育，使他们在毕业后入职时拥有的专业水平优于本科毕业入职并从教两年以上的教师。而满足这样一种需求，是承担全日制教育硕士培养的师范大学面临的使命和责任。我们清楚，全日制教育硕士在大学教师教育课程的课堂上学习和探讨的正是他们将来作为教师在中学课堂上要做的事情，并且无论是在理念上还是内容、方式上都可以是对接的。我们坚信，理论的精神可以伴随并引导实践行动，树立理论意识，使学习成为有理论的实践，使经验的获得成为理论自觉的创造性获得。为此，首都师大自 2010 级开始在全日制教育硕士中开设"教师专业意识品质养成"试点班，探索以理论的超越品质促成全日制教育硕士"教"的经验在学习过程中有尽可能丰富的积累和获得。

经过两个阶段的探索，首都师大学者建构的教师教育理论体系不断完善："实践—意义取向"的教师专业发展理论，作为教师教育的基本理论；"教育学"应当培养教师的"教育学意向"，作为教师教育的课程理论；重新理解教师实践的境域与习惯，作为教师教育的实践理论。教师教育理论的源泉以及我们建构过程的所思所想，在本书的第八章中得到了较为完整的体现。

# 第八章　教师教育的理论建构

我们在大学与中小学的合作中探索教师教育新模式，自其开始之时，便把理论建设作为自己重要的内容和明确的目标。注重教师教育的理论建设，迄今为止，一直是我们教师教育合作共同体建设的一个重要的突出特点。十几年来，我们的建设以坚定的信念和不息的探索，形成着与自身建设行动和谐一致的教师教育理论建设成果。只有理论的突破才有助于实践的创新。因此，我们研究的重点在于突出理论先导，基于实践哲学、社会科学、教育学的最新理论成果建构教师教育共同体建设理论基础，突出师范大学在与中小学合作过程中应当自觉承担的学术责任——建构理论，即建构可以有效支持教师专业发展的理论，以此引领中小学教师真正形成拥有理论自觉的专业实践，并为建设高效的教师教育共同体提供系统的理论支持。

## 一、建构教师教育的基本理论——"实践—意义取向"的教师专业发展理论

我们把大学与中小学合作促进教师专业发展的理论建设命名为"实践—意义取向的教师专业发展理论"。这一理论建设，在我们与中小学合作的初期，已经有了明确的学术意图和基本思考，在 U-S 合作教师教育共同体建设两年后，明确提出以"实践—意义"为基本取向，在历经探索之艰辛与波折之后形成比较明确和贯通的理论体系。"实践—意义取向的教师专业发展理论"作为我们关于教师教育的基本理论表达，其基本要点包括：

基本命题：教育在本质上是实践的。

推论一：教育问题、关于教育的理解应当在实践领域而不仅仅是认识领域得到解决。实践不同于认识的性质特点，赋予探索教育、教师专业发展问题特有的视角和维度。教育理论因此是一种作为实践之理论形态的建设。

推论二：教师的专业是教育。实践是理解教师专业并获得普遍认同的基础和教师专业发展得以实现的途径。

探索一：教师专业发展和教师教育以意义为理论与实践共同的基本单元。

探索二：教师专业发展和教师教育以实践思维方式作为组织意义联系、建构理论和有效实施的线索。

探索三：在实践中实现和证明自身——基于实践的教育研究方法论探索。

探索四：教师教育：教师专业意识品质的养成——基于实践的教师教育理论建设。

总结论：教育在根本上是意识品质的养成。

以上要点汇集在一起，已经形成一个关于教师专业发展的理论体系，并且实际地涉及到教育学基本理论建设的一系列重要问题，成为教师教育共同体建设对于教师教育、基础教育改革和教育学学科建设的理论贡献。

以上要点，是在教师教育共同体建设过程中逐渐明晰、形成的，与现实有着密不可分的联系，大学文化的参与，在其形成过程中赋予其一定的超越性质，使它既作为实践之理论形态形成，同时又更加深刻和尖锐地指向诸多现实问题的内涵、实质。实践哲学是彻底的哲学，上述理论建构具有了这种彻底性质，这表现在从其作为教育实践的理论形态的根本的学理角度直到教育发生的具体环节，它都可以做到"吾道一以贯之"，无论是理论的表述还是教育实施的细节，它在信念、意向、追求、态度、基本理解和解释上总是同一的，总是具有内在的和谐与一致。

### （一）教育在本质上是实践的——关于基本命题

"教育在本质上是实践的"这一基本命题，在本书中已经多次使用。实际上，在教师发展学校建设开始的时候，它已经是我们最基本的理论出发点。这一表述的理论依据，最直接和最著名的，是马克思的著名论断——"社会生活在本质上是实践的。凡是把理论导致神秘主义方面去的神秘的东西，都能在人的实践中以及对这个实践的理解中得到合理的解决"。[①] 由此，我们所获得的不仅是教育作为社会生活的成分而"在本质上是实践的"这样的推演，同时，也获得对于实践与人的全部社会生活的联系以及避免把教育理论导向神秘主义、坚持在人的实践以及对这个实践的理解中寻求合理解决问题的信念。

---

① 马克思：《马克思恩格斯选集（第一卷）》，北京：人民出版社，1972年，18页。

在教师教育共同体的理论建设中，我们也努力吸取20世纪哲学思想的积极成果，注重以西方哲学语言转向、生活世界转向和实践哲学转向的理论成果丰富自己的理论建设。我们愿意表明：我们的理论建设在性质上，是属于实践哲学的。它作为一种实践哲学的理论建构，在反映着我们所坚持的马克思主义实践哲学立场的同时也反映着20世纪哲学思想成果的启示，使这一理论建设具有强大的学术支持。

"教育在本质上是实践的"，作为我们理论建构的基本命题，就其表达形式而言已经是我们理论建构的开始：首先，它表达着我们理论建构中的一个基本态度，从这个基本命题开始，我们将不再局限于以概念定义"存在者"的方式对教育是什么做出规定，而是直接朝向事情本身，寻求教育是什么的实质性理解。这样一种态度，也是实践的，是期待获得关于教育实践的理论形态的一个尝试。之所以要做这样的尝试，也是因为概念定义的方式在回答教育是什么时所面临的窘境。定义，通常是以属加种差的方式实现的。其前提，是在定义之前已经承认了种属等级序列的存在。在这样一个等级序列中，属加种差的定义总是可以获得严格确认的效果。形形色色的"存在者"正是通过这样的方式被我们认识的。然而，并不是所有的事情都处于这样的等级序列之中，在那些最终极的追问中，涉及的往往是最根本、最原初的所在。在那些最根本最原初的位置上，可以从内容结构上做出种属等级区分的序列往往并不存在。在这样的情况下，一定要用属加种差的方式下定义是难以奏效的，因为它尚未获得自身合法的前提。而关于教育是什么的问题恰恰是人类社会生活领域处于最终极的追问之一。但这并不意味着教育是什么的问题不可以回答。"教育在本质上是实践的"，明确确认了教育的实践性质，虽然没有确认教育是什么"事物"，但性质的确认也是一种确认，也是有意义的。作为基本命题，我们以意义表达的方式确认教育的实践性质，并将由此严格地在实践领域、以实践的方式展开对这一基本命题的推论与探索。

教育的实践性质，是我们对教育内涵实质的基本理解。教育在本质上是实践的，而实践则是人的全部社会生活。这决定了我们必须始终坚持把教育作为人的社会生活实践来理解。从根本上说，它总是处于发生状态，具有人的社会生活的全部的丰富和生动。在这个根本的层面上，它以其自身的发生活动呈现自身的存在。因而是具体的、有着丰富的内容的。它不为概念所定义，因为概念的抽象会使它失去原有的丰富；它不可以被分割，因为它总是整体地发生着，那些被认为是它的组成要素、影响因素的东西都是在它发生之后才分析出来的，而在实践的当场，那些后来被分析出来的要素、因素都没有也不可能孤立地存在，不可能被分别地感知，它是一个整体地发生着的事情，是教师与学生之间一种精神、意识层面的交互作用和影响。这是教育的根本，它从性质上决定了教育与其他事情特别是自然科学领域的许多事情的区别。以严格的科学态度对待教育，首先要看到这种根本区别的存在，无视这种区别，已经违背了实事求是的科学态度，如果在这个根本的层面上已经失去了科学的根基，那么后续环节上即使再也没有科学的缺失，那也不过是建筑在沙滩上的大厦，并且是另外一座大厦。尊重教育的实践性质，是以严格的科学态度对待包括教师专业发展在内的教育问题的基点。

### （二）从认识到实践——关于推论一

教育在本质上是实践的合乎逻辑的第一个推论，就是关于教育的问题应当在实践领域、以实践的形态、按照实践的方式得到解决，而不是像在认识论传统中所以为的那样，以认识的方式去解决。当我们说，教育在本质上是实践的，意味着一种领域的变换——从认识领域转向实践领域。认识领域里不能解决的问题，可以在实践领域探索。它们之所以在认识领域里未能得到揭示，或许正是因为它原本就是实践领域的问题。实践领域并不是认识领域的对立物，它们也不是对等的、并列的关系。实践之于认识，具有包容的联系。实践孕育着认识，所以认识源于实践，而实践远比认识丰富。认识可以更深刻地揭示人的生活实践，但这种解释只有重新融入到实践之中时才是真正有意义的。实践领域有着不同于知识王国的法度。实践不是一种仅仅在认识结论支配下的机械操作，而是人以全部信念、情感、认识、智慧和力量投入的具有丰富创造性的行动，认识只是其中的一部分。以为可以把实践理解为一种仅仅在认识结论支配下的机械操作，实际上仍是因袭认识的传统，把实践领域的问题仅仅作为一个认识问题去解决，其后果往往会因为认识结论的抽象而失去其原始的丰富，因为认识结论的固定而失去其新鲜和生动，并终于偏离了实践本身的面貌、性质和形态。

这个变革的突出表现，是从工具性到本原性的变革。从认识到实践的哲学变革，突出的正是表现为以本原性的追求而不是任何一种工具性的依循为根本。这既是在本体论承诺上的根本性变革，也是在认识论、方法论方面的根本变革。并且，由于实践的根本性质，使得它在本体论与认识论、方法论的关系上也与在认识论传统中的处置发生了根本性的变革，呈现出更具本原性的内在一致的联系。

关于工具性和本原性的理解，大致上可以说是这样的：人的社会生活首先是有意识的，人对于自己原意识的觉察是反思，这使得人类可以在实践中产生出认识；认识的结果，可以形成理论、方法、科学、技术；技术的运用可以产生创造。如果在这个过程的每一个环节上都只注重结果，那么，的确存在着一个从认识到科学到技术从而创造美好的人类生活的可能线索。所谓认识的方式，大抵就是循了这样的线索，认识、科学、方法、技术都是创造美好生活的工具，并且，只要掌握了这样的工具，就可以实现美好的创造。通常所说认识论传统、工具理性、技术理性大致即是如此。应当说，这个线索是现实地存在的，并且其本身并不错误。问题在于这个单向度的工具性的线索并不是人的生活的全部，工具性更看重的是这个递进线索上的结果，尤其是最可以获得功利性的也是工具性的实际效果的最后的结果。但是，它忽视了，人的生活并不是仅仅以结果的形态构成的，在每一个结果之前存在的一切都已经如其所是地存在着——当我们拥有现代技术的时候，科学已经存在着；当我们拥有科学的时候，理论存在着；当我们拥有理论的时候，认识存在着；当我们拥有认识的时候，意识存在着。并且，这不是以递进的方式逐级衔接的，而是以共在的方式益愈丰富的。意识及反思在实践中产生出认识，理论并不仅仅是认识的产物，意识及反思同样对它拥有滋养萌生的"动力因"的作用；技术决不会仅仅是科学的产物，在先存在的所有成分——意识、认识、理论、科学都对它的产生与存在发生着各自的作用。每一个在先存在的成分对所有的后者都从未停止过如其所是地发生着类似于种子对于植物萌生那样的、内在的生长的"动力因"的作用。正是这样一种机制，构成着人的实践着的生活。显然，居于最原初位置、作为最原初形态的意识，令人瞩目地贯彻于始终。正是在这个意义上，引起我们对于意识的关注，认为对于意识的关注和对实践的关注是同在的。

这个实践着的生活是人的实践、生活自身的本原，它生生不息地发生着，因而是一个活的总是在不断丰富着的本原，本原性因此并不意味着某一个历史源头的回溯，而是针对每一个生活的真实的发生（虽然它包含着历史的源头）。一切工具性的结果，都可以并且实际地汇入了这个原初的实践着的生活，这一切结果都是人的生活创造出来的，但是，它们却从未也不可能孤立地存在和发生作用。如果说，认识的方式，意味着对结果和工具的依循；那么，实践的方式就是坚持原初形态的内在生长是根本，决不采取这种单向度的依循，而总是从本原的原初形态做起。因此，可以说，认识的方式是工具性的，实践的方式是本原性的。本原性的实践方式远比工具性的认识方式更为丰富，这种丰富，不是同一层面的多寡，不是空间维度的增减，而是一种完全不同于工具性的单向度线索，在形态和方式上发生的根本性的变革。它可以使一切都在其中氤氲包孕，浑然天成，并且，这不是任何大自然的造化，不可仅仅以生命的力量、认识的逻辑来解释。它只能解释为人的能动的实践。在实践领域里，本原、原初的含义都在这种丰富中拥有它们的原本的意韵，本原不意味着作为基础的物体，原初不意味着一个起始的时刻，不仅仅是说它是认识的来源，它不仅是在一个起始点上具有源头的含义，而且一以贯之，始终是具有源出与展开、绽放意义的根本。教师发展学校的理论与实践建设，始终坚持了这样的本原性的追求，因此而有理论建设与实践在本原性意义上的本然统一。本文后续部分中对意识、对行动的关注以及赋予它们的本原性理解都是以这样的追求展开的。

正是由于对教育作为实践的本原性意义重视不足，才导致教育问题都被想当然地纳入了认识的范畴，以工具的方式加以处置了。由此造成了一系列的颠倒、分立、疏离、违背教育实践本性的结论。我们的理论建构正是针对这样一种状况，因而具有改革和探索的意义。这意味着对于教育的理解总是要这样充分地坚守它作为实践的根本性质：以自身为目的，非此则不是实践的。这也是为什么杜威如此强调"教育的过程在它自身之外没有目的；它就是它自己的目的"[①]。

从认识到实践，这个视域的转换并不是离开认识转向实践，而是在于避免夸大认识领域的法则而导致的以偏概全。在这里，囿于认识论传统的习惯理解，总是把认识与实践理解为两个分立的过程，无论怎样建立认识与实践的联系，总是把它们看作两个可以彼此分立的存在者之间的关系，这导致对这一推论的疑惑，每每说到转换，无论如何，总是摆脱不了非此即彼的轮回。问题恰在于这种分立的方式仍然是一种认识论传统的工具性的方式而不是采取实践的本原的方式。从认识到实践的视域转换，不仅仅在于看视的领域，还在于，甚至是首先在于，在看视的方式上从根本上采取实践的方式。这样，才有可能严格地走进实践领域，理解实践不同于认识的性质特点及其赋予探索教育、教师专业发展问题特有的视角和维度。

### （三）实践是教师专业认同和实现的基础——关于推论二

教师的专业是教育。因此，教育在本质上是实践的这一基本命题，也决定了中小学教师专业发展必定是以实践为获得被理解和认同的基础，也由此获得可以实现的基本途径。

---

[①]　杜威：《民主主义与教育》，北京：人民教育出版社，2001年，58页。

在这里，同样存在着工具性和本原性的问题。对"实践"这一重要理念的简单的、表层化的理解，往往导致对教育、教师专业之实践性质的忽视和误解，期冀以工具性的方式解决本应以本原性的方式对待的教师教育和教师专业发展的问题。经常为人所乐道的"授人以鱼不如授人以渔"表达的就是这样一种希冀。以为只要学会捕鱼的方法，就可以有鱼吃，殊不知，在会不会捕鱼之先，以及在运用捕鱼方法的过程中，都还有是不是愿意的问题。虽然有捕鱼的方法，但不愿去捕鱼，捕鱼的方法不是仍然得不到发挥吗？愿意去捕鱼，虽然没有捕鱼的方法，但不是仍然可以捕到鱼、发展出捕鱼的方法吗？实际上，捕鱼的方法不就是这样产生的吗？方法是工具性的而非本原的。讨论这个问题并非无谓的。在走向实践、促进教师专业发展的潮流中，确有这样的施行，这是必要的，但却不可作为根本。把方法作为根本，也就把实践置于方法的运用与操作的地位，是本末倒置了。认定教育在本质上是实践的，意味着实践对于教师专业而言，始终是根本的出发点。

由实践这个起点出发，教师教育共同体的理论建设和实践建设共同走向以不可分割的方式保有两个具有根本性质的维度指向：

其一是意识指向，对实践的重视内在地包含对意识指向的重视。我们提出的教师发展学校工作理念：热爱、自信、整体理解都是在意识层面的指向和追求。这一指向在建设过程中逐渐加强，最终形成以教师意识品质养成为目标和内容的教师教育改革主张和基于这一主张的教师教育标准建设构思。

其二是具体践行，对实践的重视也内在地包含对具体践行的重视。实践总是以具体践行的方式发生和存在的，总是可以以具体内容呈现的。意识指向和具体践行作为实践的原生性表现在源出意义上是整体不可分割地伴随一体的，自觉地把握这一理解是以严格的科学态度、科学精神对待教育、教师专业发展的体现。教育是实践的，实践是具体的，具体的是有内容的。"有内容的"，是对教育实践的解释。"在其运动轨迹的每一个点上"都是有内容的，实践的过程才是连续的、彻底的。注重具体内容成为教师发展学校建设的鲜明特点。当我们真实获得这样的过程，这个过程既是教育实现的过程，也是教师发展的过程，并且它自身又是教育实现、教师发展实现的验证过程。

以严格的科学态度、科学精神对待教育、教师专业发展是教师发展学校建设明确的意识指向，也是教师教育共同体建设在持久建设过程中历久弥坚和取得持续进展和成果的保证。而作为其具体践行的是我们在理论建构上务求内涵实质和明确解释的努力和与中小学合作实行"教师专业发展：求根务本"的一系列建设行动。

### (四)以意义为单元——关于探索一

以意义为单元，是对实践领域何以构成的探索。意义之于实践，从一定角度考虑，大致相当于概念之于认识。我们说，从认识领域到实践领域，有一个从工具性到本原性的变革。在实践领域何以构成方面，同样面对这一问题。

概念，对于人类认识的发展是重要的，如果没有获得抽象概念的认识能力，人对世界的了解，只能停留于原始的直观。概念的认识，使人类文明认识获得巨大的进步，建立了以概念为单元的知识体系，也形成了以概念为追求的认识传统。如果概念不明确，何以谈到认识呢？然而，人的生活并不仅仅是认识，它并不服从于什么概念，而是"如其所是"地以"事情本身"的样子发生着。在实践领域里，我们面对的正是这些正在发生着的事情。这些事情之间是有联系的，不过它们之间的联系，最终归结为意义的联系而不是概念的联系。意义，是在概念之先的，是所谓"前概念"的。概念，不过是意义被赋予了某个称谓而具有的规定性，它并不是原初的，本原的。意义相对于概念，处于更为原初的本原的地位。

在从认识到实践的转换中，既有着类似于像坚持方法支配地位那样，对于概念规定性的坚持——这二者共同的倾向是把实践仅仅视为操作，而没有看到它作为人类社会生活原初的、根本的地位，也有着形形色色的对于概念规定性的质疑——但解构概念规定性的同时也丢弃了在概念之先的本原的意义，而意义的迷失，最终只能导向神秘主义、相对主义。在这两种倾向之间，对于"前概念"的意义的理解显示出它对于走向实践的理论建构的启示。在走向实践的探索中，种种把实践理解为神秘的、莫名其妙的、不可知的或相对主义的说法，都是有失偏颇的。我们一直在强调严格科学的态度，正是力图冲破这些误解的笼罩。在更为源头处寻求对实践的理解和问题的解决。"前概念"并不意味着取消了一切秩序和联系，它只是突破那种概念的规定性的限制，以体现事情本身的生动和丰富。之所以会有那些非理论的主张，在于他们只看到实践对于概念的突破，以为只有采取一种非理论的方式，才能达致这种突破，才算"实践的"；而我们把希望寄托于另一个视角，把走向实践的变革不是指向理论体系的解构，而是指向构成理论体系的最基本的构成单元：如果这个最基本的构成单元并不是概念式的封闭的规定，而具有实践自身原本的生动、丰富、建构与生成的开放性质，那么我们不是同样可以突破概念的规定性而获得一种我们所期待的理论建构吗？那么，谁来承担这样一种理论体系最基本的构成单元呢？我们选择"意义"！

我们尝试以意义为单元理解教育和教师的专业发展。意义，可能是一个最普遍、最空泛的范畴，但正是这样的普遍与虚空的品质使得它有可能在每一个具体的、个别的实践环节都能够从最根本处承担事情本身的丰富。意义被实践所激活，它依然普遍，但却不再空泛而具有一种鲜活、生动的实在。这正是我们的探索所期待的。

实践和理论可以有这样一种关系：理论本身也是实践的，它作为理论形态的存在与教育实践之间所具有的是一种本然的直接的关系。这种本然的直接的关系，就像全息照片无论粉碎成多么微小的颗粒，在每一个仍然可视的微小颗粒中仍然可以看到照片的全部信息那样，使得理论无论分解为怎样的细微之处，都仍然保有教育实践本身的充盈、丰富和生动并且可以践行。同样，教育实践的活动，无论怎样分割，也都仍然显现着这种理论的全部意义。

意义是不占空间，不拘时间的，它因而可以不被分割，可以总是保有无限的生动和丰富，同时，它又不像概念那样因抽象而离开事情本身，它就是事情本身为实践所敞开的显现。它与实践的本然关系，无论分割成多么细微的部分或片断都仍然整体地存在和显现。它就像光，你可以遮蔽它，但却无法分割它，一旦去除遮蔽，它又是没有边界的一片光明。

强烈的前概念的、超越概念规定性的追求是否一定走向消解一切规定性或规律性呢？我们所追求的只是回到事情本身的态度和方式，对前概念的追求，只是因为它比概念的规定更接近事情本身。至于规律，也是一样，仅仅取决于事情本身是否有规律和规律是什么样子。就像生活世界的丰富不能为概念生动地反映，生活世界的规律性，也不像自然科学的规律那样简捷和确定。我们愿意用维特根斯坦的"家族相似"来描述这种规律性。就像家族成员间在容貌、声音、步态等方面的相似是可以确定的，但在每个成员身上的呈现却是不确定的，我们在教育实践领域面临着这样的规律性，它的存在是确定的，但它的呈现却是不确定的。我们期待以意义为单元的研究有助于我们走近这样一种不确定的规律，它可以使事情本身的不确定性、复杂性如其所是地呈现。

以意义为单元的理论建构，还显示着一种理论与实践的本然的统一。意义总是在人与事物或他人的联系中显现的。使人与事物或他人相联系的，正是人的能动的实践。人通过实践所实现的正是对意义的理解、追求和创造。意义就是这样与实践联系在一起。于是，我们获得这样一种可能性：意义，既是实践之根本追求，又是理论之构成单元。这样，理论与实践具有了一种直接的联系，而不再经过抽象概念的中介，也就无须概念与对象是否符合的证明。无须证明，并不意味着空洞虚妄，它的实在是直接的，它们是真正实在的。因为这一切都不是说说而已，而是真正要在实践中做到和实现的。

在教师教育共同体建设过程中，意义的发现具有重要的地位。它不仅实际地开启了我们理论与实践共同建构的探索道路，而且真实地成为我们实际工作的基本单元。正是对每个具体教学内容、教学环节的实质性的教育意义的求索，构成着教师发展学校建设和每一位教师专业发展的无可磨灭的足迹。

以意义为单元，不仅是以组成单元的开放性质而带来理论的变革，它的变革意义还将因为意义这个开放的、没有边界规定的单元如何组织在一起而得到成倍的放大。这是一个强大的诱惑，它也许很接近于哲学家们关于"人文科学的逻辑"、"实践逻辑"的探讨。我们注意到，这些探讨，都对逻辑的含义做了独特的解释，我们需要的，是能够把意义组织在一起的方式，就像逻辑能够把概念组织起来那样的一种意义联系。

### （五）以实践的思维方式为线索——关于探索二

以意义为单元，是以组成单元的开放性质而带来理论的变革。随之而来的，将是更加具有理论诱惑的重要问题，即：意义这个开放的、没有边界规定的单元将如何组织在一起？如何回答这一问题，我们尝试以实践的思维方式作为线索。怎样理解实践的思维方式，我们主要考虑如下几个方面：

第一，实践是以自身为目的的。这是从亚里士多德开始赋予实践的一个根本的意义。"唯有以本身为目的的'实现'才能称为实践"[①]。在教育学的历史上，杜威留下了"教育除了教育自身以外没有任何其他目的"的名言，说的是同样的道理。

第二，实践是可以反思的。在这里，重要的是理解反思的含义。为什么反思总是可以和实践这样一个根本的概念联系在一起。亚里士多德为"实践"赋予了"反思人类行为"的哲学含义，实践哲学被认为是对人类生命活动的理性反思。反思一词在这样场合的使用，意味着它并不是实践的下位概念，对反思，应当有与实践的根本性质相接近的深刻理解。

从实践哲学的角度理解反思，我们主要关注两层含义：其一，反思之

---

[①]　张能为：《理解的实践》，北京：人民出版社，2002年，94页。

意，在于可以从自身中得到解释，具有返回自身之思的含义。这使它可以与实践在一个根本性的层面上联系在一起。因为只有实践才是真正可以从自身中得到解释的。其二，反思是对原意识的意识，处于意识层面。它不是指"主体回过头来面对自己，使自己成为主体的客体"，[①] 而是"在直接激情的对世界本身的交付中，此在的本己自身从事物中反射出来"的"实际－日常的自身理解"[②]，是一种"第一性的自身－敞开方式"。这样理解反思，已经不是反思一词字面的含义。反思，既包括反思行为，也包括反思意识。通常说到反思，更多地是指反思行为，是指事情发生之后的回顾、批判和思考。反思行为是无法与实践同时发生的，正如胡塞尔所指出的，在发怒时如果转向对发怒的反思，已经以反思消解了发怒。但反思意识，是可以与实践同时在场的，此时，它只是蓄势待发的自识意识，虽然，它不能创造、产生原意识，但原意识却只有通过反思而被发现。

第三，实践具有强烈的意向性。实践除了自身以外没有别的目的，这意味着，实践总是充满着对这个目的难以抑制的渴望、追求。这种追求，并非朝向指定某个目标行进，而是直接地发自意识层面的全部身心的投向，实践的意向性，就是这样一种强烈的意识的指向。就像倾心之爱并不需要理由一样，这也许是范梅南教授为什么说，教育是像爱和友谊一样自然地发生的。但是，这并不等同于把实践理解为仅仅是一种情感的冲动，而没有了理性的地位。那个意向的指向，既有热情的冲动，也有信念的支配，而信念，既含有意识，也富有理性，在成熟的含义上，还充满知识、美德和智慧。

第四，实践具有伦理性质。实践以强烈的意向指向，追求自身目的的实现。自亚里士多德以来，就把这种追求之根本，归于向善。"实践的真理——即最高的善"，实践因此而是一种伦理行为。实践一定包含着伦理之知及其在具体生活情境中的实现，与人和社会的福祉相关。就思维方式而言，具有从根本信念到具体生活的直观性质。

第五，实践具有整体性质。实践总是在整体地发生着，把事情分解为若干侧面、若干因素进行分析，只能是在事情发生之后，或者是发生之前的预断，但在它发生的当时，那些侧面、因素并没有也不可能作为一个孤立的成分存在。实践与认识的不同，在这里有一个明显的表现：实践不像认识那样可以针对某一侧面、某一因素进行，它面对的是一个浑然一体、不可分割的整体。那些可以被分解成为的侧面和因素，在实践发生的当

---

① 倪梁康：《自识与反思》，北京：商务印书馆，2006 年，494 页。

② 同上。

时，都会有相应的体现，但它们是没有边界的。使它们得到实现是一回事（实践），规定它们的边界是另一回事（认识）。如果一定要在当时去区分它们的边界，那么，所做的已经是另一件事了。

第六，实践具有践行性质。实践的践行性质应从实践以自身为目的的本性去理解而不可做任何操作性的解释。它强调的是追求自身目的的执行，和在真实参与中"获得某种效果"①。它对于实践的参与和它在实践中的实现，并不是一个理论的原则在实践中获得应用取得结果，而应当以始终朝向事情本身的原初、直接、丰富和生动的样态，真实地参与教育本身，获得教育本身应有的效果，在实践中实现自身。

以上是我们关于实践的思维方式的探索。其中，实践以自身为目的更具根本性质，其他几个方面在一定意义上都是它的延伸或展开。它们与意义的联系，也在于此：意义就是实践所要实现的"自身目的"。人的生活实践是有目的的，人对自己的目的是有意识地、自觉地追求的，之所以如此，是因为"劳动过程结束时得到的结果，在这个过程开始时就已经在劳动者的表象中存在着，即已经观念地存在着。"②实践就是这样地发生的。它按照自身的方式发生而不是遵从认识的逻辑，因为尚无逻辑时已经有了实践，认识的逻辑是在关于实践的分析中获得的。它可以帮助我们理解实践，却不可能僭越、取代实践的方式或者说"实践的逻辑"。实践的方式或者说"实践的逻辑"是本原的，而认识的方式或认识的逻辑是工具性的。坚持实践的方式或者说"实践的逻辑"也正是从认识转向实践的变革所不可缺少的。

以意义为单元、以实践的思维方式为线索，是我们实现教师发展学校理论建构的两个探索性的尝试。选择它们作为这样一种理论建构的合法性在于：其一，它们都是内在于实践的，因此，它们不会违背实践以自身为目的的根本，不会改变实践自身的开放、生动和丰富；其二，它们作为实践的追求、思维方式，可以并总是与实践活动相伴随而同在，因此它们可以保有与实践的整体联系，并且这种联系是直接的、本原的。选择它们作为这样一种理论建构的有效性，在于它们可以使实践有所依循，在这方面，它们的作用在于唤起、增强实践的自觉，这是实践所需要的。并且，它们作用的方式是内在的，在具备有效性的同时也具备对于实践领域的合法性。选择它们作为这样一种理论建构的合理性，在于它们保有理论与实践的本原统一：意义是实践及其理论形态共同的起点，实践的思维方式既

---

① 转引自张能为：《理解的实践》，北京：人民出版社，2002 年，65 页。

② ［德］马克思著，刘丕坤译：《1844 年经济学哲学手稿》，北京：人民出版社，1979 年，50 页。

是实践活动中的方式，也是实践理论建构的方式。

我们的理论建设尚在进行之中，但迄今为止的探索，已经可以使我们看到它大致的面貌。在教师专业发展领域，它已经可以获得类似全息图像那样的呈现。无论是整体还是哪怕是最小的碎片，它都可以作为教育实践之全息提供解释和付诸实施。

我们的探索，着重于中小学课堂教学和教师教育以及教师专业发展领域。我们之所以做这样的选择，也是出于对教育本身、教育的生活世界的理解。在这里，我们所说的教育，主要是指学校的教育。应当承认，今天，在我们这个世界中，它仍是教育存在的基本的和主要的形式，也是教育学术所关注的主要领域。现象学教育学要显示出自己的生命力，应当对这一领域有真实的参与，并且获得某种效果。教育的生活世界并不一定是要在学校之外、课堂之外。生活世界的含义，更重要的是强调"发生"，正在发生的事情，因其尚未被定义而是事情本身，构成生活世界。教育恰恰是在每一个课堂上，在教师与学生之间发生着。当它在课堂上发生的时候，它在学生真实地承受了教育的同时，也使教育得到真实、具体的呈现。这对于我们理解、把握教育有着根本的重要意义。

以意义为单元、以实践的思维方式为组织线索使我们看到教育理论与实践共通的建构。关注教育的意义和追求、实现教育意义的行动是我们理论与实践共同的起点。意义以及对意义的追求，以实践的思维方式组织起来，展现着实践之所以为实践的面貌、形态，为理论提供着充盈、丰富和生动，也为实践提供着理论的追求、态度和生活方式。

### （六）在实践中实现和证明自身——关于探索三

这一探索是在"教师专业发展：求根务本"的建设行动中发展起来的。前已述及，"教师专业发展：求根务本"建设要求教师的发展、课堂教学的改进必须有对内涵实质的深刻理解，而其效果，必须可以明确解释。真实地参与教育本身，获得教育本身应有的效果，在实践中实现自身，既是我们获得的理论表述，也是我们亲身的实践行动。当我们在教师教育共同体建设中，终于以建设的行动获得可以明确解释的效果时，它同时也在我们努力坚持的理论与实践统一的探索方向上引起了新的建构。这一新的探索中的建构，开始似乎是涉及实践的检验或证明，继而它更使我们对于教育及其作为实践的本体论含义的理解得到进一步的深化，同时，它也在方法论层面给予我们弥足珍贵的启示。也许，它在方法论方面的意义在当前对于我们尤其重要。

任何研究，如果不能提供对研究结论的有效证明，其作为研究的价值总会受到质疑。教育是实践的，实践是以自身为目的的，如果对于教育的研究不是以教育自身为目的而是以证明研究的结论为目的，那么就难以避免这样一种冲突：教育实践的效果需要一个独立于教育自身之外的研究来证明，而这样的证明难免有违教育以自身为目的的实践性质进而有异于教育自身的实践形态。以实践自身改进为目的的行动研究为克服这种冲突提供了可能的条件。如果实践自身改进的行动同时也是自身的证明过程，那么前述的冲突不是就理想地得到化解了吗？

存在这样一种证明，数学上称为构造性证明。其意为：对于某一数学构造，不是在获得其构造结果后以数学的原理、法则给予证明，而是在展开这一数学构造的过程中以其严密遵循数学原理、法则的要求而使得展开的每一步都是数学原理运用的正确结果，从而使得数学构造展开的过程也就是这一数学构造及其展开过程的证明。

由此，类推至教育领域，当以严格的科学态度保证行动充分地贯彻了实践的理论的自觉，使得行动的过程和效果始终可以在实践自身中得到明确解释，这个行动的过程——使得教育自身的目的得到实现的过程就成为自身得以构造性地证明的过程。不是所有的行动过程都可以成为构造性证明过程，只有当以严格的科学态度使得理论可以在行动中一以贯之地得到贯彻，最终是行动的效果可以明确解释的时候，行动的过程才可以成为自身的证明过程。而这一过程，恰恰是使教育研究回到了它的根本——研究如何采取行动使得教育真正发生。

从20世纪40年代逐渐发展起来的行动研究，它的产生，是教育改革的现实需要，也与20世纪哲学思潮的转折相关。但在一个认识论传统的解释系统中，它似乎总是带有另类的窘迫与尴尬，被认为不能达到某种理论的高度，不能列入教育的学术范畴。从教育研究自身演进的角度来看，它的窘迫与尴尬之处，也许正是它得以发挥更大贡献之所在。我们正是从这里出发，强调以严格的科学态度保证行动充分地贯彻了实践的理论的自觉，使得行动的过程和效果始终可以在实践自身中得到明确解释，这个行动的过程——使得教育自身的目的得到实现的过程就成为自身得以构造性地证明的过程。它意味着一种不违背以实践自身为目的，从方式、策略上都可以完全遵循实践的逻辑方式的教育研究新的道路的可能性。

教师教育共同体建设所经历的正是这样一个过程，也正是由于我们亲历了这一过程并始终坚持着实践的理论自觉，才觉察和解释了这一过程。教师教育共同体的建设，真实地经历和呈现了这样的过程：理论、研究汇入实践的行动，使得理论、研究在实践的行动中展开成为其中的必要成分，行动也因此可以从自身中获得充分的和明确的解释，使得实现实践自身的目的和构造性证明成为同一过程。由此凸显的这种过程的方法论的抑或是范式变革的重大意义在于：在这一过程中，研究不再孤悬于实践的行动之外而走向与实践的融会贯通，实践的行动也由此而强大起来，它不再依赖外在的研究来证明，而总是以充分的理论自觉信心百倍地前行——我们所遵循的一切，都不是一种外在的约束，而是我们发自内心的倾心所愿，我们之所以倾心所愿，是因为理论与研究的结论和精神伴随着我们，使我们对所从事的事业总是具有执着的信念和深刻的理解。我们之所以可以相信理论与研究的结论，是因为理论学习与研究的全部经历使我们看到人类文明的前进方向（拥有这样一个学习与研究的经历是每个人成熟地进入社会生活的充分必要条件，这就是维系了人类文明的延续与发展的教育，做到这样，就是每位教师的倾心所愿），我们之倾心所愿是我们在人类文明前进方向宽大正面上做出的选择。我们不能保证时时处处"从心所欲不逾矩"，但在丰富的实践行动中，当发生失误与偏差，总是会被觉察其事与愿违而得以改正。觉察和改正失误与偏差的过程也汇入了我们实践行动的过程。这个行动的过程处处都是可以明确解释的，实践在实现自身的同时也得到自身构造性地验证。我们这样描述实践的形态，一切实践领域的事情都是以采取这样形态的方式发生着。

### （七）教师教育：教师专业意识品质的养成——关于探索四

这一探索来自教师发展学校建设中形成的教师专业发展工作理念——热爱、自信、整体理解。这一理念的提出与关于实践的内涵实质有关。教师的专业是实践的，实践的自身目的性质，要求教师不能在教的实践行动之同时去做离开了教育自身目的的另一件事情，可以在实践行动同时存在，参与实践的行动并在实践行动中具有根本意义和实际的作用，又能够在实践行动中得到增强的，是意识，对于教师的实践行动而言，就是教师的专业意识。教师教育要做什么？要有教育的知识，要有教育的能力，但是在知识、能力的"前"状态，还有意识的问题，既有意识的指向——是否愿意、喜欢、热爱；又有知识、能力在意识层面的呈现。教师教育说到底，是教师专业意识品质的养成。意识不是一个空的形式结构而是有内容的。意识不是静态的自我陶冶，而是始终伴随实践的行动，具有执行状态。在教师教育研究中对于实践的关注引起我们对于意识的关注。

1. 实践与意识

我们是在哲学意义上选择意识而不仅仅是把意识理解为一种心理品质。意识是社会实践的产物，意识因此与实践相联系，并具有可以与实践的根本性质相匹配的地位。意识是能动的，它不仅反映着人的社会生活，而且在其中起着建构性的作用，因此它又具有与实践的源起的性质相匹配的地位。意识是人所特有的属性，是人对自己行为与意识的觉察，人，因为有意识才能够觉察到作为人的社会生活实践。意识，既是人的一切精神活动的总和，又是人的一切精神活动最原初的形态，因此意识对于实践具有原初的一体的性质。意识总是与人的社会实践相伴随的，因此它有可能不是从实践中剥离出来，而是在实践自身之中，以其与实践根本的、源起的和原初一体的性质，使丰富、具体、生动、鲜活的实践形态得到整体的呈现。

通常说到实践，总会强调实践能力，以为能力是可以与实践相匹配的属性特征。我们的理解与此的不同之处，在于看到意识处于比能力更为根本和原初的位置。实践无疑是要有能力的，但实践不仅仅是能力，也不是能力在孤立地施展，实践是人的全部力量未经分化的绽放。知识、情感、意志、能力、经验，以至智慧、体力，人的全部生命力量，都还未曾分化地汇聚着在实践中绽放，这个未曾分化的形态，是意识。是意识孕育了这一切，伴随、觉察和支配着它们的生长，而它们的生长，无论可以多么宏伟壮阔，都依然要体现于意识的层面，以未曾分化的意识的形态绽放出来，在这样的意义上，它们才是实践性的存在。我们既然承认教师的专业是教育而教育在本质上是实践的，那么，选择意识是一个真正如其所是的呈现。

2. 教师教育：从知识到意识

我们从"教育在本质上是实践的"这一基本命题出发，形成对教师专业发展实质的理解，即：教师的专业是教育，因此教师专业发展只有通过实践才能够获得广泛认可和真正实现的基础，同样，教师个人的专业水平、状态也是以实践的形态呈现出来。实践，是人的全部社会生活的根本，它是那么丰富而又具体、生动、鲜活。我们可以找到一个什么样的角度，可以使丰富、具体、生动、鲜活的实践形态得到整体的呈现而不被分解或改变呢？

教育正在发生着一系列重大的变革。这些变革集中的指向，是改变单纯知识传递的倾向，关注教育发生和实现的实践过程。这一变革对教师教育同样产生着重大的影响。教师的工作由于不再仅仅是知识的传递而更加显现出它自身的创造性质、专业性质。那么，我们应当怎样教育、培养不是仅仅以知识传递为业的教师呢？教师教育是否也不应当仅仅是知识的传递了呢？不仅仅是知识传递的教育又是什么呢？

教师教育共同体建设的过程使我们走向这样的理解：教师教育应当确认自身的实践本性，关注教育的意义，深入到意识层面。教师教育可以是这样的：树立教师的教育信念、教育意向、专业伦理、反思策略和习惯、思维方式、对学科性质特点和具体教学内容的整体理解、对教育意义的清醒意识，这些既是教师教育的目标，也是教师教育的内容。

在这里，我们选择了意识，强调了教师教育确认自身的实践本性，一定是深入到意识层面的。树立教师的教育信念、教育意向、专业伦理、反思策略和习惯、思维方式、对学科性质特点和具体教学内容的整体理解、对教育意义的清醒意识，都是指向教师专业意识品质的养成。这是一个重要的理解，从知识传递到意识品质的养成正是教师教育改革的焦点，是走出近代认识论传统，确认教育自身的实践本性应有的转变。

### (八)结论：教育在根本上是意识品质的养成

在我们把教师教育作为教师专业意识品质的养成展开探索的时刻，这一探索即得到了进一步引申：它也适用于教师对学生的教育，亦即：一切教育，最终都是某种意识品质的养成。

在教育领域里，对于实践的关注和对于意识的关注一定是同在的。就整个人类社会的延续和发展而言，这一理解也是成立的。我们都承认教育对于人类文明的传承以至人类社会发展的根本意义，必须强调的是，教育作为人类文明传承的意义不是在于书卷的写作和印制，不是在于文物的保存和流传，不是在于任何物的形态的传承，而是在于人的意识品质的养成，为每一代人养成与他们生活的时代相匹配的人的意识品质。我们总在说，教育就是使人"成其为人"，教育之使人"成其为人"，也就是养成人的意识品质，因而才使它们可以觉察和创造人的生活。

我们不是在寻找可以使丰富、具体、生动、鲜活的实践形态得到整体呈现而不被分解或改变的教育的形态吗？我们不是在追问不仅仅是知识传递的教育是什么吗？所有这类问题，在讨论了实践与意识的理解过后，可以有一个统一的回答，即：教育在根本上是意识品质的养成。任何教育，都是某种意识品质的养成。任何教育，都只有在达至某种意识品质的养成时才是真正存在的。

教育的历史和人类的历史一样久远，从古至今，在漫长的历史岁月里教育一直存在着，曾经以各种各样的样态存在着，它们都是如上所说的"意识品质的养成"吗？当前成为改革鹄的"应试教育"，本书中矢志改革的"基于近代认识论传统的教师教育"也都确然地存在着，它们是否也如上述所说，达至了"某种意识品质的养成"呢？如果是的话，我们又何必耿耿于心，必欲改之呢？意识对于人及教育的根本的、原初的意义，使得意识品质的养成在任何教育中都是恒有的，任何教育，必是具有了意识品质养成的成分才发生了的，能够盛极一时的某种教育形态，必是对于意识品质的养成有其特有的效果才得以持续地存在了的。其可以区分者，在于教育作为意识品质的养成是自觉地还是不自觉地实现着，是主动地直接地实行着还是盲目地间接地实行着。即以"单纯知识传递"而言，知识的传递并没有错误，难道教育可以没有知识的传递吗？之所以批评单纯知识传递、过于注重知识内容的教育倾向，是因为这样的教育把知识内容的传递当作了教育的根本，以为这就是教育的全部而忘记了教育之所以有知识的内容是为了以知识的内容为媒介养成意识品质。

教育在根本上是意识品质的养成，实质上可以作为对于"素质教育"的一种解释。

素质是指这样一种基质，它构成着一切发展，而又在这一切发展和构成中依然存在，并始终起着类似于种子对于植物萌生那样的动力因的作用。对于人的一切精神活动来说，意识正是这样一个范畴，意识是人类一切精神活动最原初、最基本的形态。意识意味着对世界一切的觉察，教育不过就是让学生学会如何去觉察这个世界。作为一种最原初的形态，人的精神活动的后续过程——知识、情感、意志、行为在这里都还未曾分化。所以，意识是包孕着这一切的，在关于素质教育的探讨中，往往感到素质的含义太广泛、太丰富，因而难以被囊括，说不清楚。这样的思路是试图在一切都有了之后，找一个能够把这一切都囊括在内的东西，尽管做了很多尝试，却至今未能如愿以偿。我们的做法不是试图在后面去囊括，而是走向它的源头，向一切尚未分化、包孕其中的源头去寻找。而意识正是这个源头。这个源头的含义不是一个历史的开端，而是每一件事的发生都有其发生的源头，意识是伴随着每一件事情发生的。对人的行为而言，意识又是有支配作用的。至此，对于"素质"作为一种基质的三个条件都已经得到了满足。

选择意识作为研究素质教育的基点和方向，是一条"回溯到直观中的原初形态"的道路。意识，既是人的一切精神活动的总和，又是人的一切精神活动最原初的形态，这可以作为对于"素质"的理解，意识有强弱、敏感程度的不同，因而有可以呈现的品质，养成则对应于教育，强调着"素质教育"——意识品质的养成性质。

教育在根本上是意识品质的养成，无论是基于实践哲学的理论探讨，还是我们在与中小学合作中关于教师专业发展必须求根务本的实践建设最后都归结于此。我们在教师教育共同体建设中所做的一切努力，都是为了使教师能够成为自觉地这样从事教育的人，以此作为教师专业的有效建设和有效支持教师专业成长的教师教育理论。这也是为什么我们以这一命题作为我们理论建构最后的总结论。

## 二、建构教师教育的课程理论——"教育学"应当培养教师的"教育学意向"

我们在教师教育的理论建构过程中，始终关注着教师教育的课程理论建设。我们希望通过建设系列"成为教师"的原理课程，使得"成为教师"不再是一件偶然的或说不清楚的事情，而是让"成为教师"有其原理可循，有其原理可依，使得教师的教育实践成为有理论自觉的教育行动。因此，我们首先强调应当重新理解"教育学"作为教师教育的专业课，以及重新思考"教育学"对于"成为教师"究竟意味着什么。由此展开的将是建设一门作为"成为教师"的原理课程的"教育学"的理论探索，以及由此形成所有的教师教育课程都应当拥有的课程建设原则和理论指导思想。

"教育学"作为教师教育的专业基础课程，其现实处境一直不理想。在形式上，作为公共课的"教育学（原理）"没有受到职前和在职教师的重视；在实质上，"教育学（原理）"对于帮助职前和在职教师成为一位优秀的教师并没有起到多大的作用。要真正发挥"教育学"作为"成为教师"的原理课程的作用，使"教育学"真正变得有尊严，首先应当重新确立"教育学（原理）"是专业课而非公共课的观念；其次，"教育学"教学要追求深刻地理解教育学意蕴，并在此基础上形塑个人教育信念和"教育学意向"。"教育学意向"是以"教育学意蕴"为内容的"意向性"，是指向"孩子及其积极的生长"，并使发生在成人与儿童之间的际遇、关系更富有"教育学意蕴"，成为一种"教育学关系"的"意向性"。因此，培养教师的"教育学意向"对于教师专业发展具有根本性的意义。

### （一）作为专业基础课的《教育学（原理）》

一次"教育学（原理）"课后，一位教育硕士对我们说："老师，想不到公共课也有这么精彩的。"我们除了说"这是我的工作"之外，又进行了一次布道："教育学（原理）应该是你们的专业课，而且是专业基础课。"而那位学生的反应是："那就是说，要考 75 分以上才行啰。"我们只好在心理安慰自己：老师们起码感受到"教育学"的重要性，以形式带动内容也能起到不小的作用啊。确实，教师资格制度的实行，增强了"教育学"的重要性砝码

（工具意义上的），但并没有从目的论层面上理解"教育学"对于成为一名优秀教师的意义。

"公共课"，这是师范大学职前教师对《教育学（原理）》的定位，大学生的这一印象来自于师范大学对《教育学（原理）》课程的定位。师范大学对《教育学（原理）》课程定位在一定程度上可以说是与教育学系共谋的结果：一方面，诸多涉及《教育学（原理）》教学改革的研究都使用一个相同的称呼"公共教育学"；另一方面，教育学系在校内、院系内的各种场合都不断地抛出"承担着全校的公共教育学课程，教师压力很大"的论调。

就我国目前的教师教育培养模式而言，如果以"是否为所在院系开设的课程"为判断标准，"教育学（原理）"自然是公共课，因为它来自于教育学院（系）。而职前教师对大学学习还有一个"共识"：公共课不重要，专业课才重要；公共课是挣学分的，专业课才是攒学问的。于是，绝大部分"教育学（原理）"的教学效果并不理想。我们在这里不想讨论导致"教育学（原理）"教学中教师厌教、学生厌学的原因，只想表明，解决这种现状的一个前提，就是从师范大学、教育学系到职前教师都必须转变观念："教育学（原理）"是专业课，而且是专业基础课！因为师范专业各院系学生的专业首先是教育，而不仅仅是他们所学的物理、数学或其他"专业"；他们是在学习"教"物理、"教"数学——而且，他们的"教"必须要配得上"教育"这一神圣的称号。

我们所面临形势的困境，在西方教师教育中是一个假问题。西方教师教育的培养模式主要是"大学＋教育学院"，"教育学"类课程是在教育学院开设，自然，职前教师根本就不可能产生公共课（通识课程）的印象，"教育学（原理）"就是专业课。在实质上，"教育学（原理）"的教学有效性及其学术含量也同样是一个非常紧迫的问题。[①] 培养模式或体制改革上的改革不可能一蹴而就，因此，提升"教育学（原理）"教学的有效性乃当务之急。

### （二）"教育学的"意味着什么

我们以为，"教育学（原理）"教学应完成四个基本任务：第一，理解教育学基本概念；第二，把握教育学分析框架；第三，领会教育学意蕴；第四，形塑个人教育哲学（教育信念）。而目前"教育学（原理）"的教学基本上没有完成（甚至没有意识到）后两个任务。其主要原因在于：

其一，"教育学原理"不够"原理"。一部分学者认为，"教育学（原理）"

---

① S. S. Dalton. Pedagogy Matters：Standards for Effective Teaching Practice［DB/OL］. 1998. http：Mrepositories. cdlib. org /crede /rsrchrpts /rr04.

就是要从理论的或哲学的高度对教育的一些重大问题进行研究，就是教育哲学。这种观点有一定的合理性，"教育哲学"的取向之一就是"教育原理"，<sup>①</sup> 很多教育哲学著作的主要内容亦不外乎涉及教育本质论、教育目的论、教育价值论等，这些内容亦是"教育学（原理）"的基本内容。在目前这种既定局势中，尤其是对没有面向全校师范生开设"教育哲学"必修课程的情况下，"教育学（原理）"应该具有"教育哲学"的成分。事实上，"教育基本理论"与"教育哲学"在很大程度上是重叠的，因为最基本的问题、"零点问题"，就是哲学问题。

其二，作为实践性理论的教育理论，不够"实践"。教育在本质上是实践的，这意味着教育是意向性的、发生性的、情境性的、伦理性的、经验性的、智慧性的、反思性的等，这些特征很难以实证主义的方式去把握。基于实证主义教育研究得出的各种律则性命题在面对具体的教育实践时，必须经历所谓的"理论—实践"的转换，这个环节处于断裂状态，而更大的困惑是："规律与事实虽然达到了真正科学的状态，但仍然不能由此产生实践的规则。"<sup>②</sup>因此，"实践"主要指的并不仅仅是指要给学生更多的教学技能训练与实习机会，也不仅仅是要求更关注现实中的教育问题，还不仅仅是提供一些指导"如何教育"的规范或原则，更是指一种教育者的意向性品质的养成，如敏感性、强烈性、深刻性等。如一般的"教育学（原理）"教材，对"教育学"的界定是：教育学是一门以教育现象或教育问题为研究对象，揭示教育规律的科学。这种回答无助于学生形成"教育学到底是一门什么样的学问"的印象，并不能使学生感受到"教育学"对成为一名优秀教师意味着什么？因此，对实践性理论的学习，重要的可能不是要问"是什么"，而要问"意味着什么"。只有真正领会了"教育学""意味着什么"，才能保证"意向"的内容是"教育学的"，即具有一种"教育学意蕴"。

如果教师的行为中缺乏"教育学意蕴"，就算这一行为发生在课堂中，也没有资格称得上"教育"。这一态度是严格的、科学的，当年杜威调和新旧教育的立场的态度就在于回到根本："究竟什么东西才有资格配得上'教育'这一名称。"<sup>③</sup>这即是说，一个发生在成人与孩子间的行为是否有资格称为"教育"，关键要看此行为是否具有丰富的教育学意蕴，即要看此行为是否是"教育学的"（peda-gogical），正是"教育学的"造就了"教育"，是 peda-

———————
① 李奉儒：《教育哲学：分析的取向》，台北：扬智文化事业股份有限公司，2004 年，13 页。
② J. Dewey. *The Sources of a Science of Education*［M］. NewYork：Liveright Publishing Corp, 1929：28.
③ 杜威：《我们怎样思维·经验与教育》，北京：人民教育出版社，1991 年，305 页。

gogical 使得 pedagogy 成其为 pedagogy。

1. "教育学的"意味着成人与孩子的"相遇"

范梅南的基本工作就是"希望从滥用词汇的人手中挽救教育学信念"，他想用"教育学"这个术语来重新恢复已被遗忘的大人和孩子的关系。他把教育学定义为"父母与孩子、老师与学生、祖母与孙子女在一起的某种际遇。简言之，即成人和一个正在成长中的年轻人之间的实际活动的关系"；并指出"教育学总是深刻地凝结在大人和孩子的关系的本质当中"，它存在于我们每天与孩子说话的情境中，存在于我们与孩子在一起的方式之中。①

教育学存在于我们与孩子的具体的关系当中。"关系"，首先是"教育学"形式方面的要求与表现，在实质方面，则是指"关系"应该有一种"教育学意蕴"，这种意蕴即是"相遇"：知识、思想、灵魂、目光、肢体、言语等各个层次、各个面向的"相遇"。因此，问题在于我们能否意识到这种关系在根本指向上应该是"教育学的"，我们能否把种种实在的生活关系（潜在的教育学关系）变成富有"教育学意义"的现实的教育学关系？学"教育学"应该养成一种基本的教育信念（或教育哲学），即"相遇哲学"。"相遇"信念时刻提醒着教师：教育就是教育者与受教育者之间的一种发生了的、发生着的实质性、意向性关系。教育即是教师与学生的相遇，课堂应是"我"与学生"相遇"的场所，如果学生与"我"只是共同"在场"而没有"相遇"，教育就没有发生！而这首先要追究的是教师的责任，因为这是教育的内在要求，是教育者的责任。

2. "教育学的"意味着责任的召唤

年轻的父亲，什么时候感到自己真正地成了一位父亲？并不是他期待着孩子出生的过程中，也不是他第一次把啼哭的孩子捧在手里的时候，而是当他的目光与孩子的目光相遇的那一刻。此刻，他产生了责任感，他感受到了来自孩子的召唤，这种召唤就意味着一种责任。同样，教师什么时候有了做教师的感觉？不是在因为非常成功的一堂课而受到领导和广大同行认同的时候，这是表层的"师感"，而是在成就感隐匿而责任感出场的时候：成就意味着责任的圆满完成。因此，范梅南强调："对孩子的责任感也是教育学的条件。"②

一部分教师确实也很负责，但这种责任感不是指向孩子，而是对学校的责任感，是对自己声誉与前途的责任感，是对家长的责任感。事实上，教育学的责任感首先指向的对象应是学生，学生的成人、成己、成事。而

---

① Max van Manen：*The Tact of Teaching*[M]. Ontario：the Althouse Press，1991：17.

② Ibid. 68.

且，"责任"不仅仅意味着教育者要保障"关系"的发生，更有一种内在的"教育学"要求，即必须要造就孩子的"生长"："教育学就是迷恋他人成长的学问"，"教育学使我们(老师、父母、顾问，等等)心向着孩子、心向着孩子生存和成长的固有本性"。①

教育学乃是责任之学，它要求教育学本身必须是道德的，是基于责任伦理的，教育学的基本立场应为"责任伦理"立场。教育实践与教育学分析的首要范畴，即道德性。在责任伦理的视域中，教育学应被视为一种"使命"，或者一种"召唤"："只有当我们真正感受到教育作为一种召唤而激起活力和深受鼓舞"，并"以适当的方式去行动"时，"我们与孩子的生活才会有教育学意义"。② 责任伦理要求树立一个最基本的教育学信念："我"所做的是在影响孩子的一生！教育实践要做的工作就是：无论学生的背景如何，都要使他们一生有变化，要使所有学生的生活机遇发生变化，并且在充满活力且日趋复杂的社会中有助于造就出能够生存和有工作成果的公民。③ 这是"教师"这一职业最令人心跳之处，也是教育学的责任伦理立场基本的表现。

3."教育学的"意味着文化的规范

首先应区分"影响"与"教育"。人以其未完成性被抛入到世上，人对于文化与传统来说，始终是后来者，因此，人注定要"被""影响"。但并非所有发生在成人与孩子之间的交往关系都可以称之为"教育"或"教育学的"。"教育"或"教育学的"关系首先应是一种意向性关系，即教育应是一种"有意影响"：只有当交往是"一种以传递经验，影响人的身心为直接目的的活动，交往才转化为教育"。④ 这种"有意影响"可能是经过与权力相结合后的被选择出来的知识、也有可能是纯粹的政治或社会意识形态、还有可能是某种文化精神或要素等。"有意影响"的实现，即意味着一种"灌输"——一种作为原则的"灌输"(在这一意义上，甚至可以说，不理解教育学的"灌输"，就不理解"教育")，而不是一种作为方法的"灌输"(这正是我们所反对的)。教育实践是就是一种"灌输"。在"有意影响"、"灌输"及教育乃文化传承活动等意义上，可以说"教育学"即意味着文化的规范。

作为实践性理论的教育理论，其规范性不仅仅是方法或技术方面的，更是指价值方面的。因此，对"有意影响"、"灌输"甚至"文化"本身的内容

① Max van Manen：The Tact of Teaching[M]. Ontario：the Althouse Press, 1991：13，32.
② Ibid. 25.
③ M. 富兰：《变革的力量》，北京：教育科学出版社，2000 年，133，197 页。
④ 叶澜：《教育概论》，北京：人民教育出版社，1991 年，40—41 页。

进行价值判断是教育学的内在要求。"教育学"始终是与区分什么对儿童好、什么对儿童不好的分辨能力与过程有关，施密特所指出的作为教育理论的教育学所包含的内容中——教育学是"一种理想的或观念的人类学"、"一种价值论"等①——均是一种价值选择。我国的传统对"教育"与"教育学"的这一特征从一开始就是自觉的："育，养子使作善也。"——"教育从来都同'使人向善'相关，或者说它以'使人向善'为内涵，是个规范词。"②指向孩子的"好的"、积极的生存和成长，这便是"教育学"基本的条件。因此，为了使"教育学"成为真正负责任的"教育学"，教育学应是"伦理学"，应是"反思教育学"——必须对我们所信仰的、所认同的、所坚持的理想、信念、观点等进行持续不断的批判性省思。教育学的文化规范性还来自于教育系统在社会场域中的位置。场域中的位置是根据这些位置在不同类型的权力（或资本）的分配结构中实际的和潜在的处境而得到客观界定了的。从总体上来说，教育在社会场域中是被支配的教育。被支配的教育必须要完成一些被指定的任务，这部分也构成了"有意影响"的内容。

4."教育学的"意味着希望与可能性

在教育学研究与教育管理中，"希望"是一个被忽略的概念与领域。不管是"希望使我们更加深刻地理解教育学的意义"，还是"教育学促使我们理解了希望的意义"，③希望与可能性内在于教育学，是教育学意蕴的基本内容，是"教育学"的基本特征。所以，范梅南强调：对孩子的希望是教育学的条件。④

"教育学的"要求教育者对孩子永远怀有希望，绝对不能对孩子绝望，不要放弃每一个孩子，这是一种基本的教育信念。"对孩子寄予希望"是"教育学"要求的面对孩子的方式。在教育教学过程中，缺乏希望品性的教育者，很容易只把眼光放在自己喜欢的"好"学生身上，相对忽略中等生，至于"差生"，可能的后果就是"破罐子破摔"。"教育学的"要求教育者"目中有人"，有所有的人。苏霍姆林斯基的一段话，直接道出了教师应该具备"希望"的教育学品质："教师永远也不会遇到这样的时刻的到来，使他有权利说：由于我尽了自己的努力和操劳，这个学生已经达到了极限，从他身上再也得不到更多的东西了。学校教育里的许多失误，其根源正是在

---

① 参见瞿葆奎主编：《教育学文集·教育与教育学》，北京：人民教育出版社，1993年，303—305页。

② 陈桂生：《教育学视界辨析》，上海：华东师范大学出版社，1997年，16页。

③ David Halpin. Hope，Utopianism and Educational Man-agement[J]. *Cambridge Journal of Education*，2001，31(1)：103—118.

④ Max van Manen：*The Tact of Teaching*[M]. Ontario：the Althouse Press，1991：67.

于有些人抱有这种思想。请你记住：人的力量和可能性是不可穷尽的。一个学生可能在一整年里都没有把某种东西弄懂弄会，可是终于有那么一天，他懂了，会了。这种'恍然大悟'——内在的精神力量，是在儿童的意识里逐渐积累起来的，而且我们，做教师的人，是在用自己的信心帮助它的积累。任何时候都不要急于灰心失望。"①教师要有耐心，等待学生"开窍"，因为"希望指的是那些给了我们对孩子的发展的各种可能性的耐心和忍耐，信念和信任"。② 同时，教育者要通过自己的努力，使学生尽早"开窍"。而且教育过程追求这种"开窍"，学生一旦"开窍"，一旦被"唤醒"（"思维的觉醒"），有效的自我教育就是可能的。

"教育学的"意味着突破界限，保持开放，超越自我。希望就是超越有限，以"无限"的眼光来看"有限"，以"可能性"来观"现实性"。首先，"教育学的"，意味着一种基本的学生观，即学生是一种可能性、未完成性存在："何谓儿童？看待儿童其实就是看待可能性，一个正在成长过程中的人"；而且"正是在这种自我发展的可能性问题里教育学找到了它的真正含义"。③ 其次，"教育学的"强调的并不是完满性，而是完满性撕裂；不是肯定精神，而是否定精神，尤其是"自否定"。"自否定"意味着自我超越，这是一种存在的勇气。"超越"、"自否定"是一种基本的"教育学态度"。

5."教育学的"意味着爱和关心

与"教育学"的"希望"与"责任"品质相关的另一种品质是"爱"："爱和关心孩子是教育学的条件。"④"教育学的"意味着一种"教育爱"，不喜欢跟孩子打交道的人、不爱孩子的人不适合做教师，教育者对孩子们的"教育爱"是"教育学关系"发展的先决条件。在日常生活中，人们只对他们真正热爱的人怀有希望；而"教育学的"则要求对所有的孩子怀有希望。因此，教育者首先要爱你所教的孩子，在此意义上，"教育爱"是一种责任之爱。其次，教育学者要爱所有的孩子，在此意义上，"教育爱"是一种人类之爱。"教育爱"是一切教育活动成功的坚实基础。一般认为，"教育爱"是教师对学生的真挚的热爱以及由之生发的学生对教师的尊重和爱戴。在现实的教育实践中，教育爱确实主要表现为这种爱，但"教育爱"还意味着更多。即："教育爱"使教育中弥漫着一种宗教气质、一种"圣"性。爱之于教育，就如水之于池塘，没有水的池塘不能称为池塘，只是一个"坑"，其所

① 苏霍姆林斯基：《给教师的建议》，北京：教育科学出版社，1984 年，420 页。

② Max van Manen：*The Tact of Teaching*[M]. Ontario：the Althouse Press, 1991：67.

③ Ibid. 1，33.

④ Ibid. 65.

承载的就只是"空虚"，没有爱的教育同样不能称之为教育。"教育爱"不仅仅是一种情感之爱，亦是一种灵魂之爱、智慧之爱、生命之爱、人类之爱。"教育爱"是教育学作为人文科学的本质特征的基本表现，是"教育学"的基本信念之一。那种专横的爱，不是真正的"教育爱"，因为它没有尊重"求"教育者作为一个"己"的内在力量；那种放任的爱，亦不是真正的"教育爱"，因为它没有正视"受"教育者作为一个"群"的依赖性与限定性。"教育爱"必须以"唤醒"和"生长"为前提与目标："教育是基于对他人的精神施与之爱，使他人的全部价值受容性及价值形成能力从内部发展出来。"①这即是说"教育学意向"由"教育爱"来引发，并指向教育目的。

6."教育学的"意味着情境性实践

"教育学"首先被要求印证自身，方式就是《教育学（原理）》教学。"教育学"老师讲不好《教育学（原理）》，致使《教育学（原理）》被大学生列为"最没兴趣的课"，这意味着什么？很多人认为这是一种讽刺，认为这表明"教育学"的失败，因为"教育学"并没有做到像其所宣称的那样："教育学本身即意味着优秀的教学。"②但笔者不认为这是"教育学"的困境，而是教《教育学（原理）》教师的困境：要么是老师们根本不理解"教育学"到底意味着什么；要么是老师们根本不用心。若原因是后者，那实际上也是前者的反映：不用心"教"的教师违背了"教育学"内在的责任伦理诉求。因此，教《教育学（原理）》的教师有一项责任，即必须把《教育学（原理）》教好，这是出于对"教育学"这门学问的尊重，也是给学教育学的人以希望，同时，这亦是给自己所从事的事业挣尊严。教育在本质上是实践的，因此，教育学首先是门实践性学科，是门关于实践的学问，实践是教育学的目的。但这并不意味着教育学理论就是一个百宝工具箱，范梅南认为，"在具体的情境中与孩子相处才是教育学的精髓"，③ 这符合实践性理论的特点，实践性理论并不会告诉你在一个具体的教育情境中去做"什么"，而是使你养成一种"知道"应该"怎么"做的品质，一种判断力，一种临场的即席创作的能力，即范梅南所说的"教育学机智"。"实践的"的"教育"，意味着不完全理性，意味着没有一种教学设计能把握无限的可能性。在"发生性"这一意义上，教育学的艺术气质要重于其科学气质。情境性的教育实践要求以"教育学机智"去保障"优秀的教学"。重要的是"教育学"机智而不仅仅是"教育"机智，因此，不能只看教师的行为是否"机智"，更重要的是，此"机

---

① 邹进：《现代德国文化教育学》，太原：山西教育出版社，1992 年，69 页。

② Max van Manen：*The Tact of Teaching*［M］. Ontario：the Althouse Press，1991，30—33.

③ Ibid. 44.

智"中是否蕴含着"教育学意蕴"——"机智"的行为首先必须是"教育的"！无"教育学意蕴"的"机智"不配称之为"教育学机智"。这即是说，"教育学机智"不仅仅是一种技巧，更是要求在技巧中内蕴着一种品质。"教育学意蕴"是"教育学机智"的"本"，行为层面的机智是"教育学机智"的"迹"，"教育学意蕴"体现的是一种教育理论的自觉与深刻："富有教育学意蕴的行动，意味着一种卓越的将教育学理论应用于实践的能力。"[①]甚至可以说，"教育学机智"正处于教育学理论这一实践理论的核心，亦是造就优秀教师的根本。因此，在教育教学中，"方法"不是最重要的，学习（甚至模仿）别人的"方法"是低级的学习。优秀教师必须自己去寻找解决自己所面临的独特的教育学情境的方法，"唯有你在其中倾注了自己的智慧、自己的活的思想的教学方法，才是最好最有效的方法"。[②] 因此，我们不能简单地说，"要学一点教育机智"。诚然，我们必须学会一些使我们显得"机智"的技巧，但更应重视那种赋予教师机智行为的灵魂的"教育学意蕴"，教育学理论的教学应该首先着眼于此。这也就不难明白：为什么我们可能学了所有的技术但却仍然不能成为一名优秀的教师——因为我们的行为、思想、思维方式中缺乏一种"教育学意蕴"。

7．"教育学的"意味着智慧养成之学

知识是教育系统的基本交往媒介，但知识不是教育的旨趣，"教育学"不只意味着一门知识掌握的学问。知识是有限的，人能掌握的知识更有限，而世界是无限的，仅凭有限的知识不足以应对无限的世界。所以，倾向于掌握更多的知识，在怀特看来，这是一种"全面狂"，其实质是"过度强调教育的一种价值——以知识为目的，而忽视其他价值的结果"。[③] "知识本身倾向"的教育把知识获得当作教育的终极目标，这无异于把手段当作目的。"教育的全部目的就是使人具有活跃的智慧"，[④] 知识所承载的个体价值即是智慧的养成。因此，真正的教育的旨趣在于："即使是学生把教给他的所有的知识都忘记了，但还能使他获得受用终生的东西的那种教育，才是最高最好的教育。"以智慧养成为目的的教育，必须做一个"转识成智"的工作，其践行的操作概念是个人知识（或诗性知识），这标示着教育的回归。[⑤]

① Moacir Gadott. *Pedagogy of praxis*：*a dialectical philoso-phyofeducation*［M］．New York：State University of NewYork Press，Albany，1996，7．

② 苏霍姆林斯基：《给教师的建议》，北京：教育科学出版社，1984年，422页。

③ 怀特：《再论教育的目的》，北京：教育科学出版社，1997年，139页。

④ 怀特海：《教育的目的》，北京：生活·读书·新知三联书店，2002年，66页。

⑤ 蔡春：《个人知识：教育实现"转识成智"的关键》，《教育研究》，2006年第1期。

　　一个有智慧的人，是一个会"思"、会"想"的人。教育中最重要的不是作为确切答案的知识，那只不过是教育中的"鱼"。教育过程追求"真正的有知识"：对知识有深刻的理解并且把知识多次地反复地思考过，在知识的活的身体里要有情感的血液在畅流。① 教育的过程，就是一个引导学生由学习"如何思"走向"自觉地思"的过程，是一个不断地把学生带入到"思"的状态中去的过程。"思"，才是教育中的"渔"！ 如果教育不能使受教育者成为"思"者，那也只是造就了一些"有学识的无知"者。对于教育者来说，对所教内容的理解越深刻，就越容易把学生引入到"思"的状态，也能把学生往"思"的道路上引得越远。"教育学"乃智慧养成之学，这是学过《教育学(原理)》的人应有的对于教育目的与教育过程的基本的"教育学"信念：受过教育的人应该是一个有智慧的人，而不能仅仅是一个有知识的人，不能是一个"有学识的无知者"。

　　8."教育学的"意味着一门总体性学科

　　由于心理学、哲学、社会学等学科为教育学的知识发展提供了立足点、视角、观点、方法甚至分析框架，杜威将它们视为教育科学的资源或源泉，而赫斯特则称之为"相关贡献学科"；在国内，这些学科常常直接冠之以教育学的"理论基础"。在教育学的发展过程中，不断地扩大其理论阵营，希望藉"根深"而达至"叶茂"，确实，这种方式使教育学在一定程度上表现出了一种"繁荣"的景象。但有学者冷静地意识到，"教育学忙于占领其他学科的材料，最后反被其他学科所占领"，从而成为"别的学科领地"。② 教育学何以"自持"？ 也许这本来就是教育学的存在方式。赫斯特认为，教育学知识不是一种独立的"知识形式"(如数学、物理学等)，也不是一个"知识领域"(如地理学)，而是一种"实践理论"，工程学、医学、教育学等都属于实践理论。③ 尽管赫斯特的理论在不断变化，但其提出的术语及其思维价值是不容忽视的。确实，教育是一个实践领域，我们可以背着其他学科的犁在这块土地上耕耘，并有所收获：保障"理性的行动"及有效的教育。也正是因为这一点，可能没有任何一个领域像教育学世界一样受到如此广泛的关注，也没有一个领域得到如此全方位的诠释。教育学因其实践本性而伴生的开放性，使得教育学对其他学科具有一种吸纳意向与能

---

　　① 苏霍姆林斯基：《给教师的建议》，北京：教育科学出版社，1984 年，425 页。

　　② 陈桂生：《略论教育学成为"别的学科领地"的现象》，《教育研究》，1994 年第 7 期，38—41 页。

　　③ 李奉儒：《教育哲学：分析的取向》，台北：扬智文化事业股份有限公司，2004 年，150—157 页。

力。而狄尔泰的解释则更具有诱惑力。在狄尔泰的精神科学科目列举中，并没有教育学，难道教育学落在精神科学之外？并非这样。在狄尔泰看来，"人，这一大事实构成上述各学科之间的纽带"，而教育是培养人的社会实践活动，是人的自我全面再生产，是以各精神科学为文化去进行人的自身的再创造。因此，各门具体学科从属于精神科学，而作为"成人"之学的教育学是以各门具体科学为内容、为中介、甚至为方法去进行人的培养的总体学科。如果说精神科学是"人学"，那么精神科学教育学则是"人的整体发展学"。① 教育学乃成人之学，所有与人有关的学科都与教育学有关，所有与世界有关的学科都与教育学有关，这是教育者应持有的基本的"教育学信念"；当然，也给教育者提出了很高的要求。当然，教育学意蕴远不止这些，有研究者指出了其他的一些教育学意蕴，如诺尔提出的"教育学的个体性"、李政涛提出的"教育学的生命之维"等，限于篇幅，此处不再展开论述。

### （三）"教育学意向"及其对于教师专业发展的意义

"意向性"一词自布伦塔诺开始就一直受到误解，被看作与"意图"、"倾向"或"期望"相同的概念。国内教育学界研究意向性，一般也把"意向性"理解成"意图"，如"教师的教育意向性"、"学生的教育意向性"等。事实上，"意向性"在布伦塔诺那里，指的是"含有客体的、指向客体的或与客体有关的"，后来胡塞尔继承了布伦塔诺的"意向性"概念，并通过引进"意义"概念来说明意向活动的指向性，克服了布伦塔诺在意向对象问题上的困境，从而使"意向性"成为现象学不可或缺的起点概念与基本概念。

在胡塞尔那里，意向性是意识的本质，是精神活动固有的内在属性，"意识总是关于某物的意识"："意识之流中充满着的事实就是意识总是和它一定的对象联系着的，而这样的一种联系正是每一意识行为的本质特征。"② 这个说法包含两重含义：一个含义是意识构造对象，另一个含义是意识指向对象。意向性既意味着意识构造客体的能力，也意味着意识指向客体的能力。前者专指客体化的意识行为，后者可以指所有的意识行为。总之，意向性标志着所有意识的本己特性。③ 意向性是一种趋向，是意识的一种状态，它以其强烈的指向性，不仅仅展示（显现）（实存的）意识对象，亦构造（逻辑的）意识对象。

---

① 邹进：《德国文化教育学》，太原：山西教育出版社，1992年，27页。

② 马云驰：《现象学的意向性理论》，《深圳大学学报》，1992年第2期，28—34页。

③ 倪梁康：《现象学背景中的意向性问题》，《学术月刊》，2006年第6期，47—50页。

　　教师的"教育学意向"指的是胡塞尔意义上的"意向性"。"教育学意向"给普通的"意向性"加了一个限定词，即"教育学的"，它赋形式性"意向性"以内涵，即以"教育学意蕴"为内涵的"意向性"。"教育学意向"保障了教师的意识指向与客体化构造的形式与内容中均有丰富的"教育学意蕴"，由此而引发的意识与行动均有资格称得上"教育"。

　　首先，教师的教育学意向，是教师必须具备的教育信念的表征。"教育学意向"，实际上意味着对教育实践的一种理智而深沉的理解，是出于"教育"的内在要求的每一位教师都应有的教育信念。以教育学意向为前提的教育信念才是真正的"教育"信念。"教育学意向"保障了教师的意识与行动是有资格称得上"教育"的。

　　其次，教师的教育学意向使教师保持一种对教育学世界的敏感与亲切性。日复一日的长期相似的工作，很容易使教师们对自己的工作程序越来越熟悉、越来越顺手，同时也越来越麻木。于是，"教育"在教师的专业生活方式中，就成了一种"技术"、一种"技艺"，而忽略了更根本的方面：教育乃是教师与儿童之间的相遇，教师应该对发生在自己与孩子间的种种事件保持高度的敏感性。因为，尽管许多事件教师已经经历了很多次，但对于每一个孩子来说，总是头一次。教师只有保持这种敏感与亲切，才能给予每一次与孩子的遭遇以真正的"关注"——不是"关于"某物的"关注"，而是"指向"对象的"关注"，是一种"关注性进程"、一种"关注流"。[1] 依凭教育学敏感，教师才能真正关注发生在自己和孩子之间的所有关系的教育学意义与价值。

　　第三，教师的教育学意向，有利于发现与构建"教育学关系"。"教育学关系"作为教育理论的基础，是在狄尔泰的精神科学上发展起来的。狄尔泰认为，"教育学作为一门学科只有从教育者与儿童的关系描述出发才是可能的。"但真正对"教育学关系"给予完善的是他的学生诺尔。诺尔认为，教育的本质在于对儿童主体生命的态度，"教育学关系"是一种在"成人"与"发展中"的人之间的爱的关系，"成人"为了让儿童发现他自己的生活与形式而进入到这种关系。[2] 教师的教育学意向，有利于教师以教育学敏感与教育学机智，把握住每一个"教育学时机"，把每一次成人与孩子之间的遭遇变成一个教育学事件，使发生在成人与孩子间的行为更有"教育

---

　　① Lester Embree. Reflective Analysis: A First Introductioninto Phenomenological Investigation[EB/OL]. 2002. [2008-02-06]. www. phenomenologycenter. org /ne-wslink /ra. pd. f.

　　② Ben Spiecker. The Pedagogical Relationship[J]. *Oxford Review of Education*，1984，10 (2)，203—209.

学意蕴"。教师的教育学意向，使教师"像一位教师去行动与生活"，使教师更像教师。在此意义上，"教育学"就是研究教育关系及其展开过程，及如何使发生在成人与儿童之间的一个际遇、一个关系、一个情境活动更富有"教育学意蕴"的学问。

第四，教师的教育学意向是专家型教师的重要表征。"普通教师"们每天做的事情肯定也体现了"专家型教师"所主张的东西，但可惜的是，教师们没有意识到其行为背后的东西，而这一点正是"专家型教师"与"普通教师"之间的最主要的差距。专家型教师不仅有漂亮的教学设计（"指哪打哪"），而且，其每一个设计背后都有一个深刻的理由在支撑着它，正是在对"为什么这样做"的解释中，体现出深刻的教育意义或教育学追求。这种自觉的意识，就是一种"教育学意向"：不仅是认识论意义上的在更深刻、更本质的层面上描述、领会、把握、并解决教育实践，更是一种实践论意义上的行动的状态。专家型教师意味着"自觉地深刻"——教育学意向使教师们成为深刻，而不是显得深刻！而这一过程是通过教师"富有创造性的心灵以其原创性的应用而完成的。"[①]

第五，教师的教育学意向，有利于教师养成"教育学反思"惯习。"教育学反思"的指向性是非常明确的："对儿童生活的境遇与事件的教育学意义的理解。"[②]教育学反思更多地强调在教师与学生的关系中，我们所传授的知识、我们解决问题的方式、我们对学生所说的每句话、我们对学生的态度等对学生而言到底意味着什么？是不是"教育学的"？教育学反思可以使教师对自己的专业生活、对发生在自己和孩子之间的事件的教育学意义更加敏感，对自己的专业生活方式的教育学意义也更加明晰。这一反思过程实际上就是一种教育学意蕴的展示过程，也是一个教育信念形成的过程。

## 三、建构教师教育的实践理论——重新理解教师实践的境域与习惯

如果说"教育是一朵云推动另一朵云，一棵树摇动另一棵树，一个灵魂唤醒另一个灵魂"[③]，未曾引起人灵魂深处变革的教育都不能称得上是真正的教育，都不能称得上是教育真正得以实现。那么，对于教师教育而

---

① W. illiam James. *Talksto Teachers*[M]. Harvard：Harvard University Press，1983：15.

② Max van Manen. *The Tact of Teaching*[M]. Ontario：the Althouse Press，1991：41.

③ 这句话出自华东师范大学李政涛教授读完雅斯贝尔斯《什么是教育》之后写下的经典语句。

言，道理也是同样的。然而，教师教育如何能够唤醒教师，如何能够触动教师，或者说教师教育如何才能够真正得以实现，这需要教师教育的理论建构做出深刻的思考与有学理依据的回答，由此帮助教师能够深刻理解自己在实践中所处的境遇与习惯。

在日常生活中，人们各自生活在他们的世界之中，儿童的世界、教师的世界，家长的世界……如此等等，这些就是胡塞尔所说的"特殊世界"（即人们各自的境域）①。根据胡塞尔的生活世界理论，对象从来不是孤立地向我们显现出来的，它们是在其意义中相互指引的，即对象总是在某个境域中与我们照面，而诸境域通过它们之间的指引构成一个境域性的总体联系，即作为普遍境域的世界——"生活世界"②。基于此，我们既看到了特殊世界的多样性与有限性，也看到了通过特殊世界进入普遍世界的可能性。若依据这一理论视域重新考察教师的世界，或许能够看到教师的境域决定其观看的方式、思考的方式、表述的方式和行动的方式等等习惯。如果教师固守其个别境域，就可能妨碍他对普遍境域的世界敞开目光，即在一定程度上影响教师对教育实事的理解与准确把握，进而阻碍其走上真正的专业发展道路。如果教师能有意识地克服自身境域的局限，或许能开启他在此境域中的重新判断与行动的可能性空间，他也能因此成功地驾驭其整个生活。

### （一）现象学视域中的境域与习惯

根据胡塞尔的理论，一方面，生活世界总是预先给定的世界，它"凭其自身"始终已经存在，并且将作为普遍境域存在下去；另一方面，每一种由人类（个别地或共同地）形成的特殊世界本身都是生活世界的一部分，都以生活世界为前提，作为特殊境域显现出来。③ 但是，一切由其职业目的结合在一起的人们，受到其行动的习性化制约，只关注到其生活中的特殊世界，却忽视了特殊境域与普遍境域的内在关联。换言之，境域似乎以其主体性特质阻塞了人们通往自在存在的道路。在此，胡塞尔的理论或许能够拓展我们理解这类问题的思路。

#### 1. 世界是人的普遍境域

基于胡塞尔的理论，世界被理解为普遍境域，即普全的指引联系，所

---

① "特殊世界"是胡塞尔使用的概念。胡塞尔认为，生活世界是非主题的，我们只有在特殊的世界中才能以主题的方式生活；我们以特殊世界作为唯一的主题的世界，作为我们兴趣的地平线。参见《欧洲科学的危机与超越论的现象学》，商务印书馆，2008 年，555 页。

② ［德］胡塞尔著，王炳文译：《欧洲科学的危机与超越论的现象学》，北京：商务印书馆，2008 年，556 页。

③ 同上书，558－559 页。

有意义指引的个别联系都共同归属于其中，而人的行为就是由这种意义指引来引导的。指引联系的这种不可锁闭性乃是一种潜在的无限性，它也是作为普遍境域的世界的主要特征。① 根据当代现象学家黑尔德对胡塞尔生活世界理论的解读，"世界乃是现象学的真正实事。"②它本身并不引起我们的关注，并且总是保持在背景当中，或者说，就是处于我们当作"课题"的事物的阴影中。从"回到实事本身"的现象学基本态度中，我们可以理解胡塞尔关于去除遮蔽，以及让"实事"本身显现出来的现象学诉求。

因为"世界"本身是完全不显现的，它只是从我们在与上手事物打交道中的活动性开放出一个空间。但这个空间不是一个静态现成的容器，作为敞开状态之维度的世界是一种发生，并且是一种紧张的发生。因为在这种发生中包含着两种运动，它们恰恰由于相互冲突而构成为一个整体：作为自行遮蔽的自行克制；作为让事物显现的自行开启。它们之间构成"紧张的和谐"。作为这种发生，世界乃是一切区域的区域——普遍境域。

由于世界的存在具有一种发生性质，显现之发生就是"生活世界"的生气活力。生活世界本身就是"自发地"发生的、具有"大自然"特征的显现过程，它对于一切人而言是共同的世界，对一切人的行为举止来说是预先给定的。也就是说，在我们的每一种行动举止中，我们都处于对已经事先给定的世界的依赖状态之中。我们所遇到的一切都是由这些世界中走出来的，普遍境域就是我们人类生活于其中的这些"世界"。

2. 境域是每个人的特殊世界

一般而言，每个人总是生活在许多不同的境域之中，即不同文化的境域。这些不同境域就是个人生活于其中的那些"特殊世界"，例如教育界、体育界、工商界等等。在日常生活中，一个人总是与某些当下境域实际联系着，并且为其思想和行为定向。他也因此体验到世界的有限性。例如，特定的职业、年龄和生活经历会使得一个人具有不同于他人的境域。事实上，这样的特殊境域总是由个人特定的对象兴趣决定的。

由于个人的对象兴趣会把其意识推向相应的目标设定。这样，每一个人的个别境域都是一个特定的视界。这个视界是这样形成的，即：意向性意识构成总是与这种目标相关的指引联系着。为此，它就给某些指引联系以优先地位，而削弱其他一些指引联系。由于这种限制，个别的境域只不

---

① ［德］胡塞尔著，王炳文译：《欧洲科学的危机与超越论的现象学》，北京：商务印书馆，2008年，554—555页。

② ［德］黑尔德著，孙周兴编，倪梁康等译：《世界现象学》，北京：生活·读书·新知三联书店，2003年，97页。

过是普遍境域的片段，它因此是有限的。具体而言，一个人只能从他自己的境域出发来认识作为普遍境域的世界。或者说，这个世界仅从我们的"特殊世界"的角度向我们开放。

由此可见，境域规定了我们每个人能够从生活中的某个事件转向其他事件上的方向和顺序。在此，生活中的事件是指我们当下正在关心的对象，如一个人、一件物、一个机构、一种想法等等。换言之，我们当下正在关注的世上事物会根据其意义而把我们继续指引到何处，这取决于境域。每个境域皆是一种指引关系，当我们想掌握自己行为的某些可能性时，我们即让自己为此种指引联系所引导。①

3. 习惯：境域在时间中的积淀

境域对我们来说始终是先行被给予的，因为绝没有一种行为是能够独立于所有指引联系而发生的。境域之所以作为先行被给予的东西而为我们熟悉，是因为我们对它们已经习惯了。通过习惯化，我们形成了相应的习性。这里的习性是指生活的自身负责的持续状况。

由于习性化过程维系于主体性的自由，所以，境域的先行被给予性得以与其主体性格相协调。对于人来说，习性化过程是一种被动的发生，即一种经受。或者说，习性是"自然地"降临到我们身上的，成为我们的"第二本性。"在此，时间是一种强力，我们的行为方式藉着时间积淀为习惯，而境域则是藉着习惯而开启给我们的。归根结底，一个人不可能像占有某物那样养成正常习惯，习惯之习性化过程总是要归因于时间。

从某种意义说，我们的自然态度②就是这样一种习惯，它经受一定的时间，"自然地"、"自发地"形成。它是我们完全无需要加以采纳的，因为我们自始便生活于其中，它也被黑尔德称为"原习惯"（德语 Urgewohnheit）③。它对于人来说是自明的，以至于人置身其中而浑然不察。笛卡尔在其《沉思》中首次认识到，自然态度就在于一种习惯，也就是一种肯定世界之存在的根深蒂固的自明性的倾向④。持自然态度的人，他们的思想和行

---

① [德]黑尔德著，孙周兴编，倪梁康等译：《世界现象学》，北京：生活·读书·新知三联书店，2003 年，275—276 页。

② 胡塞尔认为，自然态度即自然观点或自然思维，在自然的思维中，我们的直观和思维面对着事物，这些事物被给予我们，并且是自明地被给予。或者说，我们表达直接经验所提供给我们的东西。例如，在知觉中，一个事物显而易见地摆在我们眼前。参见胡塞尔：《现象学观念》，北京：人民出版社，2007 年，16 页。

③ [德]黑尔德著，孙周兴，倪梁康等译：《世界现象学》，北京：生活·读书·新知三联书店，2003 年，60 页。

④ [法]笛卡尔著，庞景仁译：《第一哲学沉思集》，北京：商务印书馆，1986 年，35 页。

为风格特点在于：他们局限于他们各自的"我觉得"的见解方式之上。这种拘泥于片面立场的状况妨碍了他们将自己敞开给那些有别于他自己见解的见解。

4. 摆脱特殊世界之囹圄，目光转向普遍世界

在日常生活中，人的注意力并不放在普遍世界之上，而是放在他在特殊世界中必须处理的事件之上。人们一般处理事件常常依据传统或习惯，他们的处理态度具体表现为"我觉得"、"在我看来"。这些态度被柏拉图称为"意见"，被胡塞尔看作是"自然态度"①。换言之，他们的思想和行为往往局限于他们各自的"我觉得"的见解方式之上。事实上，这些人由于持自然态度，常常拘泥于片面立场，也就在一定程度上妨碍自己向有别于其见解的人敞开。因为传统习惯的惯性力量是拒绝新东西的当前化的，所以，生活的一种持续状况是对即将来临的变化视而不见，并使传统习惯得以维系，即使它已经显得陈旧过时。

胡塞尔洞察到世界的原初的先行被给予性与境域的受习性化制约的先行被给予性之间的关系。为了戒除这种习以为常的肯定倾向，胡塞尔主张，只有在摆脱了特殊世界的限制之后，一个人才能真正进入无成见的、不先入为主的同一个世界（即普遍世界）②。这就意味着一个人必须从那些将意向意识羁绊于特殊世界的兴趣中脱身出来，借助于"悬置"，让意识穿透那些遮蔽同一个世界的重重屏障。或者说，只有摆脱自然态度的成见困囹，一个人才可能以哲学的真理诉求的目光观看世界之本源。而这种目光的转向首先依赖于一种情调——"惊奇"的出现，这也正是亚里士多德所说的哲学始于惊奇（即不知所措的惊讶）。

在自然观点中的人始终被固定在他们各自的特殊世界的兴趣之上，并习惯于从中寻找生活的根据，这就造成一般人在辩解实践之时始终处于"意见"的层面之上。若要突破这种限制，人必须向作为普遍境域的世界敞开自身。或者说，人必须从特殊世界的自然态度转向普遍世界的反思态度③，从而让我们接受一种与这同一世界的新型关系。

总之，现象学关于世界、境域和习惯的理论分析为我们重新理解教师境域与习惯提供了学理依据，藉此理论维度，或许能够获得建构教师专业

---

① ［德］胡塞尔著，倪梁康译：《现象学的观念》，北京：人民出版社，2007年，16页。

② ［德］胡塞尔著，李幼蒸译：《纯粹现象学通论》，北京：商务印书馆，1996年，91—93页。

③ 在胡塞尔看来，哲学态度或哲学思维首先表达一种批判性的任务，或者说是一项认识论的任务，通过对认识本质的研究来对自然态度进行反思与批判。参见胡塞尔：《现象学的观念》，北京：人民出版社，2007年，16—24页。

发展理论的新视域。

### （二）教师境域的有限性

在古希腊哲学的意义上，所有职业知识都是一种技艺知识。从事一个职业的前提就是熟悉那些与特定职业相关的特殊世界内可能出现的对象，也正是这种熟悉开启了一个人对特殊世界的观看。与此同时，人的特殊世界的兴趣也阻止其自然态度向普遍世界开启自身。因为，针对特殊世界的兴趣遮掩了那些通向普遍世界的指引关系。例如，商人在其职业兴趣中看到的是物品的价格或价值；画家在其职业兴趣中看到的可能是物品的色彩或形状；教师在其职业兴趣中看到的是物品的教育功用等。

1. 教师的意向兴趣将其束缚在特殊世界中

胡塞尔认为，自然态度的兴趣是与其意向状态联系在一起的，一个人的基本兴趣主宰其意向意识，而意向意识则构成特殊世界，亦即构成局部的对象境域。[①] 教师所从事的特定职业和生活经历会使得他具有不同于其他人的境域。这样的境域总是由特定的对象兴趣决定的，教师在其特殊世界中所遭遇的东西只是在他的兴趣之光中显现给他的。例如，有些教师在教学过程中偏爱教学技术，即着力于通过改进教学设计程序来实现某些教学效果。

在自然态度中，教师的意向兴趣状态将其束缚在特殊世界上，使得教师失去了明确地进入一种与普遍世界的关系之中的可能性。在自然态度中，教师始终被固定在他们各自的特殊世界的兴趣之上，并从中寻找生活的根据。这就造成教师在为其实践进行辩护的时候始终处于意见的层面之上。例如，教师之间讨论问题多用"我觉得"或"我认为"之类的语言，很少有教师能够为其观点寻找严格的理论上的论据。

由此可见，教师出于自然态度的判断、决定和行动始终是一个自身限制的过程，并带有"有限性"的印记。若要突破这种限制，就要摆脱对特殊世界的兴趣，也就是强调超越个人兴趣的直观，即古希腊实践哲学的传统意义。在古希腊哲学意义上，理论兴趣与实践行动之间是相互蕴涵关系。从最高意义上看，只有那种活动于思想领域，并且仅仅为这种活动所决定的人，才可以被称作为行动者。[②]

2. 教师的习惯使其趋于保守与平庸

基于上述现象学理论，境域之习性化过程的对象化结果是不变更的先

---

① ［德］胡塞尔著，李幼蒸译：《纯粹现象学通论》，北京：商务印书馆，1996 年，92 页。

② ［德］伽达默尔著，薛华等译：《科学时代的理性》，北京：国际文化出版公司，1988 年，78 页。

行被给予性。由于习性是按照时间强力生成和消逝的，所以，境域的先行被给予性是受历史制约的。但是，作为习惯化的结果，这种先天性却是实际的和偶然的。某些确定的习惯正是由于被某个共同体视为"正常"的习惯来贯彻自身的。与此同时，另一些习惯或习性则被视为"反常"而被拒绝。正常习惯也因此在某个特定的人类共同体中获得某种约束力。如此引发令我们关注的问题：教师的哪些习性在特定境域中变得习以为常呢？

就教师的境域特征而言，近代学校教育制度形成之后，每一个教师只是在既定的教学组织中，按照既定的课程体系、课程编制和课程机制进行教学活动。这就是说，每一个教师的行为仅是统一的课程组织活动中的一个环节而已，故教师自主活动的时间与空间非常有限。长期以来，教师的教学行为已经习惯于以课标为指导，以教材为依据，以考纲为标准……在这样的学校文化群体中，教师的这些习惯借着交互主体性已经习性化了，教师也因此形成其自然态度（或者说原习惯），而与此不相一致的现象都被他们视为"反常"。

长此以往，教师可能逐渐对一些新事物反应迟钝，其行动与思考方式也日趋保守与平庸了。例如，一位拥有多年教学经验的语文教师看到实习教师在说课时提出"语言的意义在于使用，语文课要体现语言的使用"，她表现出十分不解，并以课标中"语文学科是工具性和人文性统一"来反驳实习教师，却不去追问或深究这两种观点之间的差异。

如前所述，每个人都活在他自己的特殊世界中，而且在他作出判断和采取行动时首先依赖于他自己的特殊世界。一个人的境域就可能因此变得狭窄，或者说，一个人的视野也可能变得狭窄了。如果教师能够有意识地征服自己的境域局限，他或许能让自己"被唤醒"，他的职业生活世界也将可能因此显现奇迹。

### （三）教师境域的开放性：教师专业发展之可能

一般来说，教师所进行的生活只能滞留在其特殊世界中，但是，依据上述现象学理论，这些特殊世界并不是彼此隔绝的，而是相互指引的，并因此通过这一指引关系构成一个唯一的作为普全境域的普遍世界。因此，现象学家一方面指出境域之有限性，另一方面，他们也承认世界恰恰因其有限性而成为一个敞开维度。[①] 作为敞开维度的"世界"，尽管其本身是完全不显现的，却为我们在与上手事物打交道中的活动性开放出一个空间。

---

① ［德］胡塞尔著，李幼蒸译：《纯粹现象学通论》，北京：商务印书馆，1996年，92－93页。

它使得我们能够从锁闭状态里被解放出来。当然，这种解放是由惊奇这一基本情调而引发的，惊奇让世界从其自明性和不惹人注目的性格中突显出来。对于教师来说，这种惊奇之情调必须在世界中的某个事件上"引燃"自己，这就是古希腊哲人所说的"契机"。契机的开放性蕴含着教师被唤醒的内在可能性。

1. 惊奇：教师从自然态度走向反思态度

众所周知，在多年的教学生活中，教师或多或少都积累了对这部分教材或那部分教材如何教的可贵的实践经验（简言之"教学法"）。虽然这些经验成不了学术理论文章，但是，教师大抵能按照这些经验去评价教学，"以致在很长时间里，从事一般教育理论研究的大学教师，如果不懂这中小学教材教法，因同中小学教师缺乏共同语言，而很难走进中小学。"①但是，教师因受狭隘分工的局限，又缺乏教育理论的视野与教育研究的训练，使得他们难以应对教育实践领域出现的新问题。

面对儿童、教材、学校乃至世界发生着的日新月异变化，如何有效地教，这是每个教师回避不了的难题，但是，凭借个人经验无法做出准确判断和采取有效的行动。依据上述现象学理论，教师只有摆脱个人经验的成见，才可能以新的目光观看教学或教育之本源。这种目光的转向首先依赖于一种态度的转向，即从自然态度转向反思态度。在此，反思态度与自然态度的决裂预设了作为一种对世界敞开之情调——惊奇。

自亚里士多德把惊奇作为哲学的本源以来，人们已经认识到，必定有一种情调推动着世界开放状态的提升。从态度转向的意义上，我们重提古希腊哲人的"惊奇"，必须审慎地承认惊奇的本真创始力量在今天仍然持续存在。它使得教师能够从盲目的封闭经验境域里走出来，这也意味着教师获得一种思想解放。这股力量就像新生儿从孕育的子宫的锁闭里显露而出现于"能在"的开放之中。

在教师的日常生活中，其注意力多是放在工作中必须处理的事件上。教师在其日常生活中每天打交道的人多为学生、同事，打交道的事件多是备课、上课、批改作业等等，这一切恰恰构成他所熟悉并信赖的境域。他习惯于依据经验确定自己处理上述事件的方向和顺序。例如，他最关心的是学生的学习成绩，这种特殊的指引弱化了其境域中的其他可能指引联系，或者说，他的特殊世界中的其他指引联系始终于处于隐蔽之中。这也意味着"教育的本质已处于完全失落的危险之中。"②因为，教师忙碌于教给

---

① 陈桂生：《普通教育学纲要》，上海：华东师范大学出版社，2009年，196页。

② 雅斯贝尔斯：《什么是教育》，北京：生活·读书·新知三联书店，1991年，46页。

学生混杂的知识，并期待学生以此获得考试成绩，而缺乏对整体教育的关心。

纵观哲学史，正是内在于惊奇里的创始力量在古希腊哲人那里实际地发生效用，惊奇的光辉照亮古希腊哲学的道路。同理，我们希望惊奇的光辉照亮教师的专业发展之路，即教师能够实现从自然态度向反思态度的转向，获得对教育本质的关注，而非对技术性东西的执着。胡塞尔把摆脱自然态度的行为称为"悬置"，而通过"悬置"暴露的正是朝向普遍世界的敞开状态，这样，奇迹就得以显现了。例如，如果教师"悬置"其对某个学生的固有看法，那么，寻常的孩子或许会显现为不同寻常的状态了。当然，教师的这种惊奇之情必须在其世界中的某个事件上"引燃"。这就需要教师始终保持一颗"赤子之心"，在预先给定的境域中恭候那惊愕之情的不期而遇，或者说，一旦有新的"契机"，教师就能够立刻采取行动。

2. 契机：教师实现自我更新的可能性

由于自然态度的惯性力量是拒绝"看见"新事物，所以，对于教师而言，一种对日常教育生活的全新思考只能以一种反思态度为依据，而这恰恰需要一个契机。契机是一种新的可能性，它隐蔽在将来中，但又已经突入当前之中。如果一位教师真正抓住这样一种可能性，那么，他的特殊世界就借此获得了一个全新的形态，其世界自行开启之发生仿佛也获得一种新的推动力。

对于教师的当前行为来说，时间起着支配作用：一方面，时间总是使某种思或行的方式变成习惯；另一方面，如果教师能够意识到一种即将来临的变革使传统教学习惯显得陈旧过时，他就会又令人吃惊地使这个契机从可能性变为现实性。例如，在大学与中小学合作的过程中，一部分教师意识到理论的原创性力量，于是，他们能够在其实践辩护中自觉地从自然态度转向反思态度。

对教师来说，一种处境是否被衡量为可能的契机，他的"决心"或许能显示出一个行动开端的基本情调。这里的决心是透过一种觉醒情调而成为可能的。在教师的觉醒情调中，他获得了一种"诞生"的体验，即从一种允诺生命的隐蔽状态中感受到自己，亦即感受到他的特殊世界向普遍世界开放之可能。当然，对于教师做出某个特殊决定来说，有一个"时机成熟"的时刻；但是，教师也可能"错失良机"，这取决于他在某种处境中究竟如何行动。

总之，教师的专业发展成功与否首先取决于他自己。但是，关节点在于教师如何理解本己的责任，并赋予其作为此在的基本状态。由此引出的关键所在是，教师个人对其生活负责的持续状况的形成。综上所述，由于受到各自境域与习惯的局限，教师在判断和行动时首先依赖其特殊世界，藉着自然态度去决定如何行动。而事实上，只有凭借反思态度，教师才可能拓展其思想方式与行动类型，得以超越其境域的界线，并能够向普遍境域开放自身——理解教育本质。只有通过这条道路，教师方可从经验世界通达理论世界，进而实现真正的专业发展。

# 后　记

　　本书是首都师范大学承担的教育部人文社会科学重点研究基地重大项目"大学与中小学教师教育共同体建设研究"（项目批准号：12JJD880008）的主要研究成果。自 2012 年承担本课题以来，项目组全体成员以建设大学与中小学教师教育共同体为己任，研究过程中大家认真研究、积极探索，既有分工又有合作，每年都有针对性地开展研讨与交流活动，以期为我国教师教育的改革与发展做出我们应有的贡献。

　　书中的每一章都反映了项目组成员乃至首都师范大学教师教育共同体的相关同仁对教师教育理论与实践的研究、思考、探索与创新，都是集体的成果。本书的序由孟繁华执笔，第一章由张爽执笔，第二章、第三章由蔡春、卓进执笔，第四章由张景斌、朱洪翠执笔，第五章由康丽颖、王海平、任纪远执笔，第六章、第八章由宁虹、胡萨、蔡春、朱晓宏执笔，第七章由张景斌、孟繁华执笔。全书由课题负责人孟繁华、张景斌审阅、统稿。

　　除上述执笔者外，本项目组的其他主要成员也对本研究成果做出了贡献，他们是：刘晓玫、张彬福、王智秋、王天晓、田树林、刘长铭、沈杰等。本书写作过程，参考了王天晓、王恒、朱洪翠的博士论文，特此声明。

　　首都师范大学教师教育合作共同体建设是我们承担此课题的动力和源泉。在此，我们对所有参与共同体建设的来自大学和中小学的伙伴表示衷心的感谢！同时，感谢北京师范大学教师教育研究中心的信任和朱旭东教授的多次指导！

　　我们深知，我们所做的努力远比本书所呈现的要多，我们希望能有更多的大学和中小学的同仁以更多形式、更丰富内容、更高水平的成果推进我国教师教育事业的不断发展！

孟繁华　张景斌
2016 年 4 月 19 日